Holger Beirant

Wie Frau Holle das Rumpelstilzchen unterm Sofa traf

Holger Beirant

Wie Frau Holle das Rumpelstilzchen unterm Sofa traf

Eine Geschichte vom Erzählen

Roman

Alle Rechte vorbehalten
© 2007 Text und Bilder Holger Beirant
Kontakt: www.beirant.de

Lektorat: Eva Massingue, Frankfurt

Umschlag-Gestaltung: wenzdesign/ffm

Herstellung und Verlag: Books on Demand GmbH, Norderstedt

Bibliografische Information der Deutschen Nationalbibliothek
Die Deutsche Nationalbibliothek verzeichnet diese Publikation in der
Deutschen Nationalbibliografie; detaillierte bibliografische Daten
sind im Internet über http://dnb.d-nb.de abrufbar.

ISBN-13: 978-3-833-49664-6

Der Anfang	7
Das blaue Licht	11
Dienstag	16
Mittwoch	21
Frau Wagner kocht	30
Viele neugierige Fragen	35
Schlechte Nachrichten	53
Sonntag	61
Noch mehr Fragen	81
Der gestiefelte Kater	98
Treiben und getrieben werden	115
Anders	129
Alles ist anders	151
Arbeitsteilung	171
Das Telefon klingelt	182
Hausaufgaben	203
Von Fröschen und Prinzen	217
Das Interview	233
Was weiter geschah	248

Der Anfang

„Erzähl' mir eine Geschichte", sagte sie und sah ihn mit großen Augen an.
„Es war einmal ...", begann er.
In die Pause, die er machte, sagte sie:
„Nein, das meine ich nicht. Du sollst mir kein Märchen erzählen, sondern eine Geschichte."
„Ja, worüber denn?"
„Über etwas, das du so erlebst."
„Das ist sicher langweilig. Ich gehe morgens ins Büro und dann komme ich abends zu meiner Maus zurück und sitze an ihrem Bett. Da passieren wenig Geschichten, meinst du nicht?"

Sie ließ sich in ihr Kissen fallen. „Du hast recht", sagte sie, „aber du wirst doch sicher für deine Tochter eine Geschichte zur Guten Nacht haben. Seit ich krank bin, muss ich den ganzen Tag im Bett liegen. Die Tage sind öd und endlos."

„Du bist jetzt bald zwölf", meinte er, „ich weiß nicht so recht, was dich interessiert."

Sie rückte ihren Teddybären auf dem Kissen zurecht und sah ihn ernst an. „Ich bin die meiste Zeit allein, außer, wenn meine Lehrerin kommt oder Frau Wagner da ist, um mich zu pflegen. Alles interessiert mich. Das Fernsehen langweilt mich, es ist mehr für Erwachsene gemacht und nicht für Kinder, außerdem vertrage ich das Flimmern nicht. Ich kann mich nicht richtig ins Bett setzen, um etwas zu tun und von Musik bekomme ich Dröhnen im Kopf. Der Arzt hat aber gesagt, das geht mit der Zeit weg.

Also, was machst du zum Beispiel, wenn ich eingeschlafen bin und du noch weggehst?"

„Wenn du eingeschlafen bist, dann gehe ich nur in die Kneipe, hier um die Ecke. Da sind ein paar Leute, die sitzen an der Theke und trinken ein Bier und reden miteinander."

„Ja, ja", rief sie freudig aus, „über was reden die?" Sie wurde ganz munter bei dem Gedanken an eine Flut von Geschichten. „Die unterhalten sich doch sicher", platzte es aus ihr heraus, „was sind das für Menschen?"

Sie richtete sich auf, die Wangen leicht gerötet.

„Du musst dich hinlegen und darfst dich nicht aufregen", bremste sie der besorgte Vater.

„Papa, erzähl' mir von den Menschen dort, was reden sie, was sind das für Menschen?"

Er blickte etwas hilflos im Raum umher, sah das Glas auf ihrem Nachttisch, das nach kaltem Tee roch, das Thermometer, das achtlos daneben lag. Er ließ seinen Blick durch den Raum schweifen, sah den Schrank, den Fernseher, das zugezogene Fenster, das Poster mit der Boygroup, das Bett, in dem seine Tochter lag. Sein Blick blieb an der Tür hängen und glitt dann wieder zurück zum Nachttisch, auf dem sich eine Fliege niedergelassen hatte.

„Was erzählen sie sich, Papa?" Da war wieder ihre Stimme.

„Wie mager sie geworden ist, seit sie hier im Bett liegt", dachte er, „früher war sie ein fröhliches Mädchen gewesen. Irgendwann hatte sie vor ihm gestanden und ihm einen Frosch gezeigt. Schau Papa, hatte sie gesagt, den habe ich gefangen. Er ist so glitschig, willst du ihn Mal anfassen? Und sie hatte ihn hoch gehalten."

„Papa!", sagte sie und er blickte sie wieder an.

„Ja", meinte er, „was sagen die Leute? Also, neulich, da waren drei Ausländer da. Die konnten die Speisekarte nicht lesen. Denen hat der Wirt je ein Bier hingestellt, das haben sie interessiert angeschaut und gegen das Licht gehalten. Bei denen daheim gibt es wohl kein Bier. Jeder hielt das Glas hoch gegen das Licht und dann haben sie etwas in ihrer fremden Sprache gesagt, das haben wir aber alle nicht verstanden."

Er sah zu seiner Tochter hin. Sie war schon eingeschlafen. Die Locken hatte sie von ihrer Mutter, aber die Haare hatten nicht ihre Farbe, sondern seine, waren also nicht blond, sondern braun. Sie hatte auch die Augen ihrer Mutter, blau, nicht seine braunen. Er stand auf und ging zur Tür, schaltete das Licht aus und zog sie im Hinausgehen langsam hinter sich zu.

Er ging in sein Studierzimmer, trat an seinen Schreibtisch und schaltete die kleine Tischlampe ein, wandte sich zum Bücherregal, suchte kurz und zog ein Buch heraus. Grimms Märchen, stand auf dem Buchrücken. Er zog den Stuhl zurück und setzte sich an den Schreibtisch, klappte das Buch willkürlich auf. ‚Das blaue Licht' stand in großen Lettern auf der linken oberen Seite des Blattes. Er richtete das Licht aus und begann zu lesen.

Er las von einem Soldaten, den der König mittellos davon jagte, als er ihn nicht mehr brauchte, von einer Hexe, die ihn ausnutzte und allein in einem Brunnenschacht zurück ließ. Der Soldat zündete sich an einem blauen Licht, das er eigentlich für die Hexe holen sollte, seine Pfeife an. Da erschien ein kleines Männchen, das ihm alle seine Wünsche zu erfüllen versprach.

Erster Wunsch: Raus aus dem Brunnen. Dabei findet er die versteckten Schätze der Hexe, die er zusammenrafft.

Zweiter Wunsch: Rache an der Hexe. Sie wird gehängt.

Dritter Wunsch: Rache am König. Das Männchen entführt nachts die Tochter des Königs, die nun für den Soldaten die Arbeiten einer Magd verrichten muss. Am Morgen bringt das Männchen sie zurück. Das klappt zwei Mal, beim dritten Mal wird der Soldat entdeckt, die Prinzessin hatte einen Schuh unter seinem Bett versteckt und der wird bei ihm gefunden.

Höhepunkt: Der Soldat sitzt im Gefängnis. Kurz vor seiner Hinrichtung bekommt er für seinen letzten Dukaten das blaue Licht wieder, zündet seine Pfeife an und lässt das Männchen, das erscheint, Rache üben am Gericht und am König. Viele Menschen sterben, der König fleht um Gnade, der Soldat heiratet die Prinzessin.

Er klappte das Buch zu. Dass die Märchen der Brüder Grimm so brutal waren, das war ihm gar nicht mehr bewusst gewesen. Er schüttelte den Kopf. Seine Tochter wollte kein Märchen der Brüder Grimm hören und solch eine Geschichte war auch überhaupt nicht gut für ihre angeschlagene Gesundheit.

Das blaue Licht

Es war wieder Abend und er hatte lange arbeiten müssen. „Tut mir leid, dass du so lange alleine warst." „Aber das macht doch nichts. Ich verstehe das", hatte sie gesagt, als er etwas hilflos an ihr Bett getreten war. „Hast du mir eine Geschichte mitgebracht?", fragte sie und ließ ihren Kopf tief in das Kissen sinken. Sie sah an die Decke.

„Ja", sagte er, „ich habe dir eine Geschichte mitgebracht."

„Oh, wie schön." Sie richtete sich wieder auf und sah ihn an. „Von gestern?"

„Ja, von gestern", bestätigte er.

„Wie geht sie? Was ist passiert?"

Er fuhr sich durch die Haare, die sich immer weiter aus der Stirn zurückzogen. Verlegen schob er diejenigen, die in die Stirn fielen, auf die Seite.

Er räusperte sich: „Also das war so. Ich bin doch gestern noch in die Kneipe gegangen, um mein Bier zu trinken, wie jeden Abend. Da hat sich jemand zu mir gesellt, der sah ganz traurig aus und mit dem bin ich ins Gespräch gekommen. Der hat mir Folgendes erzählt:

Er hatte lange in seiner Firma gearbeitet und jetzt, wo er älter war und vielleicht nicht mehr ganz so schnell beim Arbeiten, da haben sie ihn entlassen. Sie haben ihm kein Geld gezahlt, sie haben ihm einfach gesagt, sie würden ihn nicht mehr brauchen. Arm wie er war, hat er alles versucht, eine neue Arbeit zu finden. Er hat bei einer alten Frau nachgefragt und die hat ihn einen Tag beschäftigt. Er musste den Garten umgraben, aber das war so viel Arbeit, dass er es nicht an einem Tag geschafft hat. Sie hat ihm zu Essen gegeben und er konnte dort übernachten und am anderen Tag hat er wieder eine Arbeit bekommen, die er unmöglich schaffen konnte.

Er war ganz enttäuscht und wollte eigentlich schon wieder kündigen, da hat sie ihm gesagt, er solle nur kurz noch etwas aus dem Brunnen holen, das ihr da hineingefallen war.

Sie ließ ihn also mit dem Eimer nach unten, er fand im Dunkeln auch einen Gegenstand, den nahm er an sich. Die alte Frau zog ihn wieder hoch und angelte über den Brunnenrand, um ihm das Ding abzunehmen. Er aber wollte zuerst sicheren Halt bekommen und hat es ihr nicht gegeben. Da hat die alte Frau das Seil losgelassen und der Eimer mit dem Mann ist den Brunnen hinunter gesaust."

Sie hatte ihm gebannt zugehört. Hier und da hatte sie entrüstete Worte eingeworfen, jetzt aber war sie empört.
„Dass es so etwas gibt", stieß sie hervor. „Dem Mann hätte doch alles Mögliche passieren können. Er hätte sich ernstlich verletzen können. Was ist es denn gewesen, das er gefunden hat?"
„Oh, das habe ich nicht gefragt. Oder er hat es mir gesagt, aber ich habe nicht hingehört. Soll ich die Geschichte weitererzählen?"
„Ja, ja", antwortete sie und legte sich wieder hin, ihr Kopf versank im Kissen und sie hing wieder an seinen Lippen.

„Er fand einen Gang aus dem Brunnen heraus. Der Weg ging durch den Keller, wo die alte Frau all ihre Schätze gestapelt hatte. Sie hatte ihr Geld nicht zur

Bank gebracht, sondern im Keller versteckt. Er nahm ein paar Bündel Geldscheine an sich. Schließlich hatte er keine Bezahlung bekommen. Die alte Frau verklagte er und sie wurde streng bestraft, weil man so etwas nicht machen darf."

„Hat sie denn nicht gemerkt, dass er ihr Geld genommen hat?" „Ich glaube nein. Sie hat sicher so viel Geld gehortet, dass sie nicht gemerkt hat, dass es weniger geworden war oder sie hatte andere Dinge im Kopf, als sie verhaftet wurde."

Er erzählte weiter. „Der Mann mietete sich also in einem Hotel ein und wollte sich an seinem alten Arbeitgeber rächen. Der Arbeitgeber hatte eine Tochter und die wollte er bestrafen."
Wieder fuhr sie hoch: „Das ist aber gemein, stell' dir vor, jemand will sich an dir rächen und tut mir etwas an. Das ist aber ein unsympathischer Mensch, den du da gestern getroffen hast."

„Ja, ich weiß, aber lass mich doch die Geschichte weitererzählen. Die Tochter war gerade mit der Schule fertig und wollte jetzt einen Beruf ergreifen. Er setzte eine Annonce mit einem Angebot in die Zeitung. Sie antwortete darauf. Sie vereinbarten, dass die Tochter zu ihm kommen und ein paar Tage auf Probe arbeiten solle. Ihr kam das alles sehr merkwürdig vor. Aber sie nahm trotzdem an, schließlich sind die Zeiten schlecht und das Angebot klang zu verlockend.
So arbeitete sie drei Tage bei dem Mann. Doch dann erzählte sie alles ihrem Vater. Der Mann kam vor Gericht und wurde streng bestraft."

„Richtig so", sagte sie und sah dabei ganz befriedigt aus.
„Ja", sagte er, „aber die Geschichte geht so aus: Er kam aus dem Gefängnis wieder frei, dafür wurde sein

alter Arbeitgeber streng bestraft, man entlässt niemanden ohne triftigen Grund und außerdem nicht, ohne dass man ihm eine Abfindung zahlt.

Später hat er dann die Tochter von seinem Arbeitgeber geheiratet."

„Haben die sich geliebt?" Er atmete tief aus und sah an die Decke. „Was soll ich sagen, sie werden sich geliebt haben, wenn sie geheiratet haben." „Na ja", fragte sie, „nicht dass das wieder eine Art Rache war wie bei der alten Frau oder das mit seinem alten Arbeitgeber oder wie er aus dem Gefängnis freigekommen ist oder so."

„Ach, ich denke mal, dass es Liebe war."

„Dann ist es ja gut", sagte sie und drehte sich auf die Seite.

„Sah er denn glücklich aus?", fragte sie und drehte sich wieder zu ihm herum. Ich frage, weil er doch um diese Zeit in der Kneipe war, wie du. Du hast ja niemanden mehr außer mir, aber wenn man verheiratet ist, dann ist man doch abends daheim und nicht in der Kneipe, oder?"

„Das ist klug beobachtet", antwortete er, „aber seine Frau wird sicher etwas anderes vorgehabt haben, deswegen war sie nicht da und er war allein."

„Ich habe erst gedacht, es ist eine traurige Geschichte, aber am Ende haben alle das bekommen, was sie verdient haben. Der Mann vielleicht nicht, man sollte nicht so viel Rache nehmen, findest du nicht, Papa?"

„Sicher, sollte man nicht. Rache ist eigentlich etwas Schlimmes. Nun schlaf aber und denk nicht mehr darüber nach."

Sie nickte, lächelte ihn an und sagte: „Gute Nacht, Papa." Dann schloss sie die Augen, er antwortete: „Gute Nacht, mein Kind" und küsste sie auf die Wange. Dann stand er leise auf, ging zur Tür und schaltete

das Licht aus. Im Halbdunkeln konnte er sie noch einmal sehen, sie sah so friedlich aus, wie sie da lag.
Dann zog er die Tür hinter sich ganz zu.

Dienstag

Er war spät daheim angekommen und sie hatte das Licht schon ausgeschaltet. Leise war er in ihr Zimmer geschlichen, das Licht aus dem Flur zeichnete einen hellen Fleck auf den Teppich, er schob die Tür zu, der Lichtfleck wurde kleiner, die Stille kehrte in den Raum zurück. Er konnte sie atmen hören. Er schlich an ihr Bett und blieb stehen, um in ihr Gesicht zu sehen. Es lag im Schatten, er konnte sie nicht sehen, nur hören. Sie atmete gleichmäßig, ihre rechte Hand lag auf der Bettdecke, der Teddy wachte über ihrem Schlaf. Wenn der Teddybär erzählen könnte, würde er über glückliche Zeiten berichten, als er beim Zubettbringen zwischen Mutter und Tochter saß. Aber er würde auch erzählen, wie er den Unfall erlebt hatte. Er saß an die Wand gelehnt halb auf ihrem Kissen, lächelte und breitete die Arme aus. Nichts würde seine gute Laune vertreiben können.

Der Vater beugte sich tief über sein Kind und gab ihm einen zarten Kuss auf die Wange. Seine Tochter erwachte nicht, sie atmete weiter tief. Er lächelte, wie friedlich sie aussah. Heute würde er keine Geschichte erzählen. Er würde sie morgen erzählen. Geschichtenerzähler war nicht sein liebster Job, aber er machte ihn gerne für seine Tochter. Es machte beinahe Spaß, wenn sie an seinen Lippen hing und er die Geschichte erzählte, die er sich ausgedacht hatte.

Ganz langsam und leise richtete er sich auf und schlich in Richtung Tür. Er drehte sich noch einmal zu ihr um, während er die Tür ganz langsam, um ein Knarren zu vermeiden, zuzog.

Nun stand er im hellen Licht der Diele. Er strich sich über die Haare, war ein wenig ratlos. Dann ging er in die Küche und sah in den Kühlschrank. Frau Wagner hatte eingekauft. Einer seiner Töpfe stand im Kühlschrank, ein Zettel war daran: ‚Eintopf, guten Appetit.' Er lächelte. Wie nett, sie dachte an ihn. Er schob die Tür wieder zu. Eintopf war jetzt nicht sein sehnlichster Wunsch. Der Tag war hart gewesen, er hatte ein Gespräch mit seinem Vorgesetzten gehabt. Da waren diese unterschwelligen Vorwürfe, diese Ermahnungen. Aber hatte er nicht alles gegeben? Er hatte sein privates Leben zurückgestellt. Er hatte alles seinem Beruf untergeordnet. Und nun das: Zeigen Sie mehr Einsatz. Zeigen Sie mehr Identifikation mit Ihrer Aufgabe.

Noch mehr. Da war wieder dieser Kloß, den er schon gespürt hatte, als er aus dem Büro seines Vorgesetzten heraus gekommen war. Hatte der ihn eigentlich verstanden? Hatte er verstanden, was in ihm vorging? All' die Überstunden, all' die Urlaubstage, die er in der Firma verbracht hatte. Abends saß er oft bis tief in die Nacht da und las Akten, machte Notizen, um sie am nächsten Tag abzuarbeiten. Er erschien gut vorbereitet in der Firma. All das war seinem Chef zu wenig. Seine Tochter sah er meist nur schlafend, morgens ging er früh fort, da schlief sie noch. Fremde Menschen kümmerten sich um den liebsten Menschen, den er hatte. Sie lernten mit ihr, sie kochten für sie, sie wuschen sie. Und was tat er? Er arbeitete und arbeitete und musste sich trotzdem Vorwürfe anhören. Der Kloß stieg höher.

Er drehte sich zur Tür, drückte die Klinke herunter, er würde in die Kneipe um die Ecke gehen und ein wenig ausspannen. Dann sah er sich noch einmal um, ging in sein Büro und nahm das Buch, das auf dem

Bücherregal lag, mit. Grimms Märchen unter dem Arm schritt er energisch zur Tür, blieb im Rahmen stehen, fingerte nach seinem Schlüssel, nickte befriedigt und zog vorsichtig und leise die Tür zu.

In der Kneipe war die Stimmung wie immer. Der Gastwirt wischte gerade an einem Glas herum, die Jukebox dudelte vor sich hin, an der Bar standen ein paar Gestalten, ein paar Köpfe drehten sich zur Tür, als er eintrat, wandten sich aber bald wieder ihren Gläsern, ihrem Gesprächspartner oder einfach der glimmenden Zigarette zu.

Mit dem Buch unter dem Arm ging er zu einem freien Platz an der Bar, nickte dem Gastwirt zu, der ein Glas unter einen der Hähne schob, um ein Bier zu zapfen. Das Buch legte er auf den Tresen vor sich und setzte sich auf den Barhocker. Er sah nach links und rechts. Links saß ein nicht mehr junger Mann, der aus seinem Glas trank und dabei die Wand vor sich betrachtete, rechts saß eine Frau, auch im mittleren Alter, etwas dicklich, der Pullover, den sie trug war noch ein Relikt aus der Zeit, als sie noch schlanker war.
„Prost", sagte die Frau und hielt ihm ihr Glas entgegen. Sie lächelte und hielt es weiterhin hoch, als er nicht reagierte.
„Prost", sagte sie erneut und lächelte ihn an. „Ich habe noch nichts zum Anstoßen", antwortete er. „Oh", sie ließ ihr Glas sinken, „das habe ich gar nicht gesehen." Sie lächelte wieder. Er nickte freundlich und drehte sich wieder zur Bar.
„Ich heiße Susanne", sagte sie. „Ach ja", brummte er, „freut mich." „Du musst mir jetzt deinen Namen sagen!" Er drehte sich um. „Muss ich das?", fragte er. „Du musst das!", sie war schon leicht angeschickert und konnte seinem Blick nicht standhalten. „Du musst das einfach. Ich heiße Susanne."

„Hallo, Susanne." Sie prostete ihm kurz zu und setzte das Glas an. Fluten braunen Gerstensaftes flossen in sie hinein. Sie setzte ab, atmete tief aus. „Es gibt nichts Schöneres, findest du nicht?" meinte sie und schaute zu ihm hin. „Sicher", sagte er. Der Gastwirt stand vor ihm, ließ einen Pappdeckel auf die Bartheke fallen und setzte das Glas drauf: „Wohlsein!" „Prost" war die Antwort. Er nahm einen tiefen Schluck und ließ das Glas laut und vernehmlich auf den Pappdeckel aufsetzen.

„Was ist das für ein Buch", fragte Susanne und verbog ihren Hals, um den Titel lesen zu können. „Grimm", sagte er. „Ach ja", sie nahm einen Schluck aus ihrem Glas, „das ist lange her, das ist ganz lange her. Aber was macht ein Mann wie du mit einem Märchenbuch in einer Spelunke wie dieser?"

„Ich lese", antwortete er. Eigentlich wollte er nicht mit Susanne reden. Er wollte das Buch aufschlagen und darin lesen. Sicher fand er wieder eine Geschichte zum Erzählen. Susanne ließ jedoch nicht locker. „Was machst du mit dem Buch?" „Lesen", wiederholte er, während er den Deckel aufklappte und versuchte, sich in das Buch zu vertiefen. „Ein erwachsener Mann und liest Märchen! Wo hat man so was schon gehört", sie lachte vulgär, während sie ihr Glas hob und hinein prustete. Schaum spritzte hoch und flog in ihr Gesicht. „Oh", sagte sie und wischte mit der flachen Hand durch ihr Gesicht. „Bier", sagte sie, wie zur Bestätigung.

Er hatte das Buch aufgeschlagen und gar keine Notiz von den Geschehnissen neben sich genommen.
„Was liest du?", fragte sie wieder.
Er brummte zurück, war schon tief in der Geschichte drin. Aber sie gefiel ihm nicht, so blätterte er weiter und suchte.

Susanne hatte noch nicht aufgegeben. Sie hatte die Reste des Biers bei dem Versuch, einen besonders tiefen Schluck zu nehmen, auf sich verteilt. So saß sie etwas verschmiert auf ihrem Hocker und versuchte sich abzuwischen.

„Ein Mann und liest Märchen. Das ist doch Kinderkram. Zauberer und Könige und Prinzessinnen und so. Wer will das schon lesen."

Er beachtete sie gar nicht und blätterte weiter. Ab und zu blieb er bei einer besonders schönen Illustration hängen. Einmal musste er kurz lächeln. Es war ein Bild vom Froschkönig. Wie lange hatte er diese Geschichte nicht mehr gelesen.
Er hatte seiner Tochter gerne Märchen erzählt, aber nun war sie in einem Alter, in dem man sich nicht mehr für Prinzessinnen interessierte. Dabei standen hinter den Geschichten weitere Geschichten. Man musste sie nur suchen und sie erzählen.
Nachdenklich schlug er das Buch zu.

Er sah die „Prinzessin" an, die neben ihm auf dem Barhocker saß.
Die verstand den Blick völlig falsch und versucht ihre Lippen zu einem Lächeln zu verziehen, doch mit dem verschmierten Lippenstift und dem ebenso verschmierten Rouge sah sie alles andere als prinzessinnenhaft aus.

Er zuckte zusammen, so, als wäre er aus einem schlechten Traum erwacht, drehte sich zum Gehen und rief dem Wirt ‚Anschreiben' zu.
Dann war er auch schon draußen und ging mit schnellen Schritten nach Haus.

Mittwoch

Den ganzen Tag hatte er darüber nachgedacht, welche Geschichte er seiner Tochter erzählen würde. Nach der letzten Nacht, da war sie ja schon eingeschlafen, würde sie sicher wieder eine hören wollen. Er hatte sich den ganzen Tag den Kopf zermartert, aber ihm war keine gute Idee gekommen. Sein Chef hatte schon gefragt: „Sie sind so abwesend, sind Sie krank?" Er hatte den Kopf geschüttelt und gesagt: „Nein, nein, das sind nur Kopfschmerzen, die gehen sicher bald wieder weg."

Dann war er nach Hause gegangen und hatte immer noch keine Idee, sogar als er an ihrem Bett stand, war immer noch keine Idee da. Als sie dann nach einer Geschichte fragte, hatte er ein gedehntes ‚Ja' für sie, hatte gelächelt und „ich glaube, ich habe da noch was für dich" gesagt.

„Also, das ist eine Geschichte, die ich irgendwann beim Mittagessen gehört habe.

Es haben sich immer drei getroffen, die im gleichen Unternehmen beschäftigt waren. Sie haben Geld angelegt, aber da es viel Geld war, haben sie kleinere Unternehmen kaufen können. Die Menschen, die dort arbeiteten, haben sie entlassen oder zur Umschulung geschickt. Sie mussten lernen, wie man in einem großen Unternehmen arbeitet und dann haben sie eine andere Arbeit bekommen. Die Kunden der kleineren Unternehmen mussten jetzt bei dem Großunternehmen kaufen und das wurde dadurch noch größer und noch reicher.

Die drei trafen sich regelmäßig zum Mittagessen und erzählten sich, was sie als nächstes planten. Der eine sagte: „Ich werde die Spedition an der Ecke kaufen, wer braucht schon solch eine kleine Firma? Ich kaufe sie auf und dann baue ich auf dem Grundstück ein großes Haus."

„Das ist aber gemein", fuhr sie hoch, „dann haben die Menschen da ja auch keine Arbeit mehr." Er nickte.

„Ja, das hat auch der eine am Tisch gesagt, der von den drei Kameraden den schlechtesten Job hatte. Die anderen beiden waren Direktoren, haben viel Geld verdient und wichtige Entscheidungen getroffen. „Nein", sagte der Dritte, „das ist doch kein Gewinn für unser Unternehmen, ich würde die Spedition nicht kaufen. Die Menschen wären sicher bei uns auch nicht glücklich."
Der andere hatte noch eine Idee: „Dann kaufe ich für das Geld diese unbedeutende Fluggesellschaft. Die hat nur drei kleine Flugzeuge. Damit können wir dann herum fliegen. Wir hätten jeder ein Flugzeug zur Verfügung und wenn wir Termine auswärts haben, dann werden uns alle beneiden.
„Nein", betonte der Dritte, „wir müssten viele entlassen, weil wir ja nicht mehr so viele Angestellte für die Flugzeuge bräuchten. Die Stewards und Stewardessen, die müssten alle entlassen werden. So oft fliegen wir doch gar nicht!"

Nun fing wieder der Erste an: „Dann kaufen wir den Supermarkt um die Ecke, da gehen so viele Menschen hin und kaufen ein, der macht so viel Gewinn, der muss gut sein. Den öffnen wir nur noch, wenn wir selbst einkaufen müssen und alle anderen dürfen da nichts mehr holen."
Wieder hatte der dritte einen Einwand: „Das geht nicht, die können doch nicht nur für uns drei alle Ware

vorrätig halten. Das wird doch schlecht und dann muss der Supermarkt zumachen."

So saßen sie oft da und beratschlagten, wie sie das Geld ihrer Firma anlegen sollten.

Eines Tages wurden sie aber selber entlassen und mussten sich einen neuen Beruf und einen neuen Arbeitgeber suchen. Da erst merkten sie, wie schlecht es Menschen geht, die keinen Beruf und kein Einkommen haben.

„Das geschieht den beiden ganz recht, nur um den Dritten tut es mir ein wenig leid, aber um die anderen beiden nicht. Da merken die auch mal, wie das ist, keine Arbeit zu haben. Was passierte dann?"

Ja, weil sie doch zusammen ein tolles Gespann waren, suchten sie überall nach einem neuen Arbeitgeber, der Arbeit für sie alle drei hätte.

So kamen sie in ein Unternehmen, dem ging es schlecht. Die Waren wurden unzuverlässig ausgeliefert, es dauerte lange, bis sie bei den Kunden waren und die Kunden waren oft unzufrieden mit der Ware, wenn sie dann endlich eintraf. So konnte es nicht weitergehen. Da schlug der Besitzer der Firma den Dreien vor, wenn sie das schafften, seinen Betrieb wieder flott zu machen, dann sollten alle drei eine neue Arbeit bekommen und auch gut bezahlt werden.

„Ihr müsst aber alle drei zuerst eine Aufgabe lösen. Bei Expresslieferung muss meine Ware überall in Deutschland in 12 Stunden da sein."

Mit diesen Worten gab er dem Ersten ein Paket in die Hand und meinte, in 12 Stunden müsse es in Flensburg sein. Der Erste nahm das Paket, rief bei einem Expressdienst an und wollte das Paket abholen lassen. Der Expressdienst hatte aber gerade viel zu tun und als endlich ein Bote kam, um das Paket abzuholen, sagte der, dass es ihm leid täte, aber das Paket könne vor Morgen früh nicht in Flensburg sein. Das waren aber mehr als die zugebilligten 12 Stunden, und damit war die Aufgabe nicht gelöst.

Da gab der Chef dem Zweiten ein Paket und sagte: „Das Paket soll in 12 Stunden in Cottbus sein." Der Zweite war schlauer. Er nahm das Paket und setzte sich in sein Auto und fuhr los. Unterwegs kam er aber in einen Stau und dann in ein Unwetter, so erreichte er Cottbus erst am nächsten Morgen. Auch er hatte die Aufgabe nicht gelöst.

Der Dritte nahm das Paket, seines sollte nach Lahr im Schwarzwald. Er rief bei der kleinen Spedition um die Ecke an, und sagte: „Sie müssen mir helfen, ich habe ein eiliges Paket nach Lahr. Es muss unbedingt in 12 Stunden dort sein." Die Dame am Telefon überlegte. Das werde aber teuer, sagte sie. Das sei egal, Geld spiele keine Rolle, antwortete er. Die Dame überlegte kurz: „Wir können das so machen: ich schicke Ihnen einen Fahrer vorbei, der bringt das Paket zum Bahnhof, dort steigt er ein und fährt mit der Bahn, das ist bei dem Wetter am sichersten. In Lahr habe ich eine Tante, die kennt sich dort aus. Die schicke ich zum Bahnhof und zu zweit werden sie das Paket an den Mann bringen, sie kennt den Weg und er wird es tragen." Der Dritte freute sich: „Ja, so machen wir das! Ich bin so froh, dass Sie mir helfen können." Da klingelte es schon und der Bote stand vor der Tür: „Sie haben ein wichtiges, eiliges Paket?" „Ja, dieses hier", er reichte es dem Boten und der war flugs aus der Tür. Nach sechs Stunden war das Paket zugestellt. Alle drei waren froh, weil sie das Problem dann doch noch gelöst hatten.

Der Chef sagte: „Ich habe vor, Euch drei Aufgaben zu stellen. Die erste war noch einfach, die zweite ist schon schwieriger. Dieses Mal soll das Paket nicht in

Deutschland verschickt werden, es soll ins Ausland. Es ist eigentlich auch kein Paket, es ist ein Bär. Er trat an das Fenster und richtig, das Maskottchen der Firma, ein Bär, der lief unten im Garten auf und ab. Der Chef sagte zu den Dreien: „Organisieren Sie, dass der Bär nach Australien kommt. Dort ist ein großer Zoo, da sind andere Bären, dann ist er nicht so allein. Aber er muss morgen schon dort sein, sonst nehmen die einen anderen Bären. Es eilt also."

Der Erste lächelte. Das ist eine einfache Aufgabe, der Bär kann schon Mal in eine Kiste gesperrt werden. Er hob den Telefonhörer und wählte die Nummer einer Fluggesellschaft. Aber dort wollte man ihn nicht nehmen, weil kein Platz mehr in den Maschinen war. Australien war außerdem sehr weit weg und da flog heute kein Flugzeug mehr hin. Mit wem er auch telefonierte, niemand wollte den Bären fliegen.

Der Zweite wollte schlauer sein und rief bei der Bundeswehr an, weil die große Flugzeuge haben und viel transportieren können, aber die Bundeswehr wollte den Bären auch nicht transportieren. So etwas würden sie nicht machen, wenn es dem Bären schlecht ginge, dann vielleicht oder wenn man ihn freilassen wollte. Sie würden nur Soldaten und Waffen transportieren, sagten sie. Da war der Zweite enttäuscht.

Der Dritte aber hatte eine Idee und rief die kleine Fluggesellschaft an, ob sie ihm nicht helfen könnten. Und wirklich, diese kleine Firma hatte noch ein Flugzeug, das war früher aus der Werkstatt gekommen als gedacht. Wir müssten aber ein paar Mal zwischenlanden, weil das Flugzeug nicht so groß ist, aber wir schaffen es ganz sicher, den Bären nach Australien zu bekommen.

Da war der Dritte froh und wirklich, es fuhr ein Lastwagen vor, der die Kiste mit dem Bären auflud. Am nächsten Tag rief jemand beim Besitzer an. Sie sprachen lange auf Englisch miteinander. Dann kam der Besitzer aus dem Büro und lächelte.

„Diese Aufgabe habt Ihr drei auch geschafft. Nun aber die schwierigste. Wir stellen Kekse her. Unser Absatz ist in der letzten Zeit sehr schlecht. Niemand kann uns sagen, warum. Findet es heraus und löst das Problem. Ihr habt zwei Tage Zeit und jeder in der Firma wird Euch helfen."

Wieder dachten die drei nach.

Der Vater sah seine Tochter an: „Was hättest du getan?"

„Als erstes hätte ich die Kekse probiert, ob sie schmecken."

Er lobte sie, das sei eine gute Idee, selber zu probieren. Aber die Kekse waren richtig lecker.

„Waren Sie zu teuer?"

„Nein, guter Einfall, sie waren auch nicht zu teuer. Hör weiter."

Der Erste griff wieder zum Telefon. Er sprach mit dem Großhändler. Aber dort konnte ihm auch niemand etwas sagen. Der Großhändler sagte nur, er habe noch so viel Ware, er brauche die nächsten Wochen keine mehr und bat um Stornierung seiner Bestellungen, bis die Ware verkauft sei.

Der Zweite rief bei einer Werbefirma an. Die sollten ganz schnell Werbung machen für die Kekse. „So schnell geht das nicht", sagte man am Telefon, „wir müssen uns erst etwas ausdenken und dann müssen wir einen Fernsehspot drehen für das Werbefernsehen und Plakate aufhängen, da brauchen wir mindestens eine Woche dazu."

Da waren sie beide ratlos. Der Dritte aber hatte wieder eine tolle Idee. Da war dieser Supermarkt um die Ecke. Er nahm eine Kiste Kekse unter den Arm und ging zu dem Besitzer. „Ich habe diese Kekse", sagte er, „probieren Sie, die sind ganz lecker." Der Supermarktbesitzer probierte: „Oh ja, die sind wirklich sehr lecker", er schaute auf den Preis, „und gar nicht Mal so teuer. Gut dann stellen Sie die Kiste ruhig bei mir in den Laden und wir wollen sehen, wie sie sich verkauft."

Es war wieder sehr voll in dem Laden. Die Kiste stand mitten im Gang und der Dritte stand dahinter, um zu sehen, wer sich die Kekse ansah und wer sie kaufte. So stand er eine ganze Stunde, aber niemand beachtete die Kekse. Manchmal sah jemand auf die Packungen, die einladend ausgebreitet waren, aber niemand griff in den Ständer oder in die Kiste. Der Dritte war ratlos.

Als ein altes Mütterchen mit seinem Wagen vorbei rollte, trat er hinter den Keksen hervor und fragte die Frau: „Sagen Sie, gute Frau, warum haben sie eben nicht bei den Keksen zugegriffen? Sehen Sie, hier, 'Die Besten' steht in goldener Schrift auf blauem Grund um die Keksrolle geschrieben. Möchten Sie probieren?" Die alte Frau schob ihre Brille nach oben. „Ja, junger Mann, probieren möchte ich gerne. Ich kenne die Kekse gar nicht. Der Supermarkt, wo ich sonst einkaufe, der hat immer nur die gleiche Sorte Kekse." Während sie das sagte, griff sie zu und schob sich dankend einen Keks in den Mund.

„Der ist aber lecker", sagte sie.

„Sehen Sie", meinte der Dritte, „ich schenke Ihnen die restliche Packung. Nur sagen Sie mir bitte, warum sie die Rollen nur ganz kurz angeschaut haben und dann weitergegangen sind."

„Das ist ganz einfach, junger Mann", antwortete die Alte und zog ihn am Ärmel um den Ständer herum.

„Schauen Sie selbst. Da liegen alle Rollen nebeneinander. Das sieht auch schön aus. Aber was lesen Sie auf der Beschriftung?"

Jetzt war er es, der seine Brille nach oben schob.

DieB, DieB, DieB las er auf den Rollen, den Rest der Beschriftung konnte man nicht lesen, weil die anderen Rollen sie ja verdeckten. Er lachte laut auf. Das war es gewesen. Jeder der Kunden hatte nur Dieb gelesen und war weitergegangen. Niemand konnte ja wissen, dass es leckere Kekse waren, weil Butterkeks nur ganz klein auf der Rückseite stand.

„Ich danke Ihnen, ich danke Ihnen wirklich sehr. Am liebsten würde ich Ihnen die ganze Kiste schenken." „Dann tun sie es doch", ulkte die Alte, „Ich bin auf dem Weg zu meinem Altenklub, die Damen und Herren werden sich sehr freuen." „Gerne", sagte der Dritte, „gerne, greifen Sie nur zu."

Da war er auch schon fast an der Tür und rief dem Supermarktbesitzer zu: „Ich habe der alten Frau die Kekse geschenkt. Danke, dass ich sie bei Ihnen auslegen durfte." „Tja", sagte der Supermarktbesitzer, „wenn es etwas Leckeres gibt, dann bekommen meine Kunden das gleich mit. Ich habe keinen festen Großhändler, der mich beliefert." Der Dritte blieb trotz seiner Eile in der Tür stehen. „Ach, so ist das", er drehte sich um. „Ja, die anderen Supermärkte können nur das ins Regal stellen, was der Großhändler anliefert. Ich bin da besser dran, ich bestimme selber, was ich meinen Kunden anbiete. Übrigens, werden sie mir morgen wieder eine Kiste hinstellen? Die Kekse sind einfach zu köstlich und die Kiste ist ja nun leer."

„Natürlich, natürlich", rief der Dritte.

Er stürmte danach aus dem Supermarkt."

Sie lächelte, das sei aber eine schöne Geschichte. „Wie ist sie ausgegangen?" „Der Dritte ist zurück gelaufen und hat die Bestellung aufgegeben. Außerdem hat er gesagt, er habe das Rätsel gelöst. Zu jeder Kiste müssten große Plakate mitgeliefert werden mit der Aufschrift 'Neue Kekse'. Außerdem habe er schon die erste Bestellung. Der Besitzer war sehr erfreut, als er hörte, warum der Absatz so schlecht gewesen war und wie einfach man das Problem lösen könne. „Ich sehe, Ihr habt die Aufgaben gelöst und zwar alle zusammen. Darum soll der Dritte von euch Geschäftsführer werden und ihr anderen zwei werdet die zwei Fabriken übernehmen. Da waren sie alle froh. Die drei hatten endlich wieder eine Arbeit und der Chef hatte drei wirklich clevere Angestellte gefunden."

„Das freut mich aber. Und wer hat dir die Geschichte erzählt?" „Oh, das weiß ich nicht mehr, ich habe sie beim Essen gehört, am Nachbartisch hat man sie sich erzählt. Weißt du, seit ich dir keine Märchen mehr erzählen soll, ist es schwierig geworden für mich. Nun höre ich genauer hin, wenn sich die Menschen etwas erzählen. Nun schlaf aber, morgen ist sicher wieder ein langer Tag und du musst viel lernen."

„Ja, Papa", sagte sie und seufzte tief. „Nach der Geschichte werde ich sicher gut schlafen. Gute Nacht, Papa."

„Gute Nacht, mein Kind."

Aber das hörte sie schon nicht mehr. Er strich ihr über den Kopf und setzte den Teddy ordentlich hin. Sie atmete tief.

Frau Wagner kocht

Er war hungrig daheim angekommen. Er ließ die Tür ins Schloss fallen, den Schlüssel auf der Anrichte liegen, stellte seine Tasche daneben und warf sein Jackett achtlos darüber. Dann ging er zum Zimmer seiner Tochter. Er hatte ihre Stimme nicht gehört, also musste sie gerade schlafen, denn sonst rief sie ihm schon etwas zu, kaum, dass er die Tür geöffnet hatte. Richtig, sie lag in ihrem Bett und hatte die Augen geschlossen. Er wollte sie nicht wecken, ging in die Küche und machte den Kühlschrank auf, um etwas Essbares zu finden.

Ein großes Schild stand vor ihm: ‚Eintopf von heute Mittag, Mikrowelle, 3 Minuten höchste Stufe'. Er lächelte, Frau Wagner hatte gekocht und dabei an ihn gedacht. Das machte sie manchmal. Kleine Portionen Eintopf könne man nicht kochen und außerdem habe er bestimmt Hunger nach einem anstrengenden Tag und dann sei so etwas doch gerade das Richtige. Sie hatte ihm das zu erklären versucht, neulich, als sie Erbseneintopf gemacht hatte. Rezept meiner Mutter, hatte sie gesagt, als er einen großen Löffel nahm. Erbseneintopf war etwas Leckeres. Er hob den Deckel vom Topf, diesmal war es Graupeneintopf. Graupen mochte er noch lieber als Erbsen. Ein Griff in die Schublade und mit einem Zwischenstopp im Topf wanderte ein großer Löffel voll Eintopf in seinen Mund. Der Eintopf war zwar kalt, aber er schmeckte einfach gut. So löffelte er weiter, das schale Licht des halboffenen Kühlschranks fiel auf ihn, wie er da mit dem Topf in der Hand stand wie ein kleiner Junge, der etwas Verbotenes tat. Er aß, bis der Topf leer war, dann schob er ihn wieder in den Kühlschrank, ließ den Löffel hineinfallen und machte die Tür zu. Er stand im Dunkeln. Jetzt konnte er die Stimme seiner Tochter hören. Sie war doch nicht von dem Geräusch des fallenden Löffels wach geworden?

Er tappte durch die dunkle Küche der Stimme entgegen, als es plötzlich hell wurde. Sie musste das Licht auf ihrem Tischchen angeschaltet haben.
„Papa, bist du das? Papa, ich habe geschlafen."
„Ich weiß, Engelchen. Ich war nur kurz in der Küche, ich wollte dich nicht wecken."
„Aber Papa! Du musst mich immer wecken, wenn du da bist, damit ich keinen Abend mit dir verpasse."
„Aber natürlich, Engelchen. Ich wäre noch bei dir vorbeigekommen."
„Hast du den Eintopf gesehen?
Er ist lecker, nicht wahr?
Frau Wagner hat extra mehr gekocht, damit du auch etwas abbekommst. Du hast doch heute dieses Meeting gehabt und dann bekommst du meistens kein Mittagessen mehr."
„Stimmt, ja, ich habe noch nie darauf geachtet."
„Frau Wagner hat das gesagt, weil, immer wenn du solch ein Meeting hast, dann futterst du am Abend aus dem Kühlschrank."
„Oh", er lachte, „ist das wirklich so?"
Als Antwort nickte sie nur.
„Und das hat Frau Wagner beobachtet?"
Sie nickte wieder. „Frau Wagner sieht so etwas", sagte sie.

„Erzähl mir von heute", sagte sie und sah ihn erwartungsvoll an.
„Ich weiß nicht", antwortete er, „was soll ich erzählen?"
In Gedanken sah er in das Buch und blätterte darin herum, vor seinem inneren Auge wanderten Teufel,

Katzen, Prinzen, Prinzessinnen und Riesen auf und ab. Wo war die passende Geschichte, wo war sie? Da war das Märchen von diesem Bauern und dem Teufel, die Früchte unter der Erde und die Früchte über der Erde.

Er lächelt sie an. Sie lächelte zurück. Kleiner Zeitgewinn.

„Ich habe ...", sagte er, „also da war ..." Er seufzte. Wie anfangen? Er musste improvisieren, wobei das nicht eine seiner besten Fähigkeiten war.

„Du weißt doch", so fing er nun an, „dass bei Wohnungsauflösungen immer wieder wertvolle Dinge gefunden werden. Da war neulich einer, der hat beruflich Wohnungsauflösungen gemacht, aber ihm ging es finanziell nicht so gut. Er konnte sich keinen weiteren Wagen leisten, obwohl er ihn gebraucht hätte. Da hat sein großer Konkurrent ihm vorgeschlagen, sie sollten doch halbe-halbe machen.

Er würde den Wagen liefern und der andere solle die Beladung und den Verkauf machen. Das würden sie zwei Jahre so durchführen, dann könne der kleine Unternehmer den Wagen für sich behalten. Er, der größere von ihnen beiden, würde dafür alles bekommen, was in den Wohnungen sei, -schließlich würde er ja auch den zusätzlichen Wagen liefern-, und der andere all das, was im Keller sei.

Aber der kleine Unternehmer war nicht blöd, der Wagen war nämlich uralt und wäre nie nach zwei Jahren über den TÜV gekommen. So ging er am Vortag der Haushaltsauflösung durch die Wohnungen und stellte alle wertvollen Dinge in den Keller und alles Wertlose aus dem Keller in die Wohnungen. Das ging eine ganze Zeit so, bis der große Unternehmer einen Schwindel vermutete. Sein Anteil war immer weniger wert als die Sachen aus dem Keller. Er beschwerte sich und so machten sie aus, dass der große Unternehmer nun die Waren aus dem Keller bekommen sollte und der kleine Unternehmer alles, was in der Wohnung war. Nun brauchte der kleine Unternehmer nicht mehr zu schleppen, sondern schaute nur kurz in den Keller. Der große Unternehmer merkte, dass er die schlechtere Wahl getroffen hatte, konnte aber nun nicht wieder zurück.

Als die zwei Jahre fast vergangen waren, fiel der alte Wagen auseinander. An einer Ampelkreuzung verlor er erst die Reifen, dann krachten die Achsen durch, die Karosserie fiel auf die Seite, der Fahrer sprang erschreckt aus dem Führerhaus. Ihm passierte nichts, aber alle Waren aus dem Laster fielen auf die Straße. Viele Menschen blieben stehen und sahen sich das Ganze an. Als die zwei Jahre vorbei waren, forderte der kleine Unternehmer den ihm zustehenden Lastwagen. Da musste der große Unternehmer einen seiner anderen LKWs liefern, für ihn ein Verlustgeschäft. Er hatte eigentlich gedacht, er würde das große Geschäft mit dem zusätzlichen Inhalt der Wohnungen machen, seinen alten Wagen los werden und letzten Endes den kleinen Unternehmer für sich arbeiten lassen. Das war gründlich misslungen. Der kleine Unternehmer blieb weiterhin erfolgreich und ist es bis heute."

„Papa, wie ist es dem großen Unternehmen ergangen?"
„Ich weiß nicht, ich habe lange nichts mehr von ihm gehört."
„Wie hieß es denn, Papa?"
„Du, selbst das habe ich schon vergessen, keine Ahnung mehr."
„Ach so", sagte sie und schloss die Augen, „jedenfalls hat der Kleine den Großen überlistet, nicht wahr?"
„Ja", antwortete er. „Manchmal passiert auch das."
„Dann ist das wie bei David und Goliath."
„Ja, dann ist es wie bei denen. Halt, nein, die haben sich doch geschlagen. Unsere beiden ja nicht. Da hat einer den anderen versucht zu betrügen!

Aber schlaf jetzt.", sagte er und strich ihr mit der Hand über die Stirn. Da war sie auch schon eingeschlafen.

Wie mochte es ihr eigentlich ergangen sein an diesem Tag? Er war gar nicht dazu gekommen zu fragen.
Morgen, dachte er, morgen würde er sie fragen, morgen würde er früh Feierabend machen, sich bei Frau Wagner bedanken für alles und alle Fragen stellen, die ihm auf der Seele brannten.

Viele neugierige Fragen

„Frau Wagner", wollte er sagen, „Frau Wagner, warum tun Sie das eigentlich alles. Frau Wagner, ich finde das toll, aber ich kann Sie mir einfach nicht mehr leisten. Sie wissen, ich verdiene nicht viel, die Krankheit meiner Tochter ist teuer. Ich bin Ihnen sehr dankbar, aber ich glaube, es ist besser ich finde eine andere Lösung. Meine Tochter geht besser in ein Krankenhaus, dort wird man für sie sorgen, man wird sie dort behalten, bis sie gesund ist. Wir könnten sie besuchen, vielleicht Sie am Vormittag und ich am Abend, dann wird ihr die Zeit nicht so lang."

Er fuhr das Auto in die Garage, zog den Zündschlüssel, stieg aus und ging zur Wohnungstür, sie war nur angelehnt. In der Diele stand Frau Wagner und trocknete gerade einen Kuchenteller ab.

„Guten Abend", sagte sie und lächelte.

„Guten Abend", sagte er und stelle seine Tasche in die Ecke.

„Ist es nicht gefährlich, die Tür offen zu lassen, Fremde könnten hereinkommen, außerdem wird es kalt", gab er zu bedenken.

„Da machen Sie sich mal keine Sorgen, ich habe ihr Auto gehört, wie Sie um die Ecke gebogen sind. Da habe ich die Tür aufgemacht und auf Sie gewartet."

„Ach, so ist das", sagte er. „Wie geht es ihr heute?"

„Gut", antwortete Frau Wagner, „der Arzt war da, es ist alles auf dem Wege, sagte der Doktor."

„Da bin ich aber beruhigt. Ich will ihr nur schnell ‚Guten Abend' sagen und dann hätte ich gerne mit Ihnen gesprochen, Frau Wagner."

„Natürlich. Soll ich einen Kaffee kochen?"

„Oh ja", meinte er. Dann stockte er, schob nach:

„ ... wenn es Ihnen nicht zu viel Arbeit macht?"

„Aber nein", antwortete sie und war schon verschwunden.

Er drückte die Klinke zum Kinderzimmer herunter. Der Wind bewegte die Gardine.

„Zumachen!", hörte er sie rufen, eilig trat er ein und schloss die Tür hinter sich.

„Wieso hast du das Fenster auf? Ist dir nicht zu kalt? Das ist doch unverantwortlich, wenn du dir einen Schnupfen holst! Und deck' dich wieder zu."

„Guten Tag, Papa", sagte sie, anscheinend ohne von seinen Worten Notiz zu nehmen. „Ich habe den Vögeln im Baum zugesehen. Die haben gebrütet und jetzt sind sie Eltern und füttern die Kleinen. Hörst du sie?" Er wandte sich zum Fenster.

„Oh ja, man kann sie hören. Aber jetzt machen wir das Fenster besser zu, bevor noch so ein Windstoß kommt. Wie war dein Tag?" Er setzte sich auf ihr Bett.

„Langweilig, Papa. Morgens haben wir gelernt. Geschichte, das war eigentlich sehr interessant, dann Mathematik, das war nicht so toll. Der Arzt war da und hat mich untersucht. Sonst ist nicht viel passiert. Und bei dir?"

„Ach, es war viel zu tun. Ich war froh, als ich vorhin gehen konnte."

Sie legte ihren Kopf auf ihr Kissen und sah ihn an: „Du bist aber heute früher hier als sonst, nicht wahr? Ich habe nicht auf die Uhr gesehen, aber wenn Frau Wagner noch da ist, dann ist es noch vor 18 Uhr."

„Du hast recht", sagte er, „ich bin früher gekommen, weil ich mit Frau Wagner sprechen will. Sie ist immer so hilfsbereit und für dich da. Ich habe gemerkt, ich habe seit langem gar nicht mit ihr gesprochen. Ich habe mich eigentlich nie mit ihr unterhalten seit ...", er machte eine Pause, „ ... seit damals."

„Sie hat noch nicht Tschüss gesagt, Papa, dann ist sie noch da."

„Ich habe sie schon gesehen, ich werde jetzt gleich zu ihr rübergehen und mich mit ihr unterhalten und du bleibst brav im Bett und lässt das Fenster zu. Sieh, man kann auch von hier aus die Vögel sehen."

Sie drehte sich zum Fenster. „Oh ja, ich weiß. Tagsüber schaue ich immer, ob sie schon da sind, aber wenn ich aufwache, dann sitzt meist ein Vogel schon auf dem Nestrand und schaut. Geh' jetzt zu Frau Wagner."

„Ich bin sicher gleich wieder da", sagte er.

Damit ging er zur Tür und verschwand.

In der Küche saß Frau Wagner am Tisch mit einer Tasse Kaffee in der Hand. Mit der anderen Hand machte sie eine einladende Bewegung auf eine weitere Tasse zu, die auf dem Tisch stand. „Schwarz", sagte sie, „ ohne Milch und Zucker, nicht wahr?"

„Dass Sie sich daran erinnern."

Sie lächelte ein wenig und hielt die Tasse und die Untertasse in der Hand, um sie zwischen den einzelnen Schlucken nicht absetzen zu müssen. Sie hatte blonde Haare, wie sie seine Frau gehabt hatte, überhaupt erinnerte sie ihn sehr an seine Frau. Sie trug einen braunen Rock und einen beigen Pullover. An ihrem Handgelenk klapperte ein Armband und über dem Pullover trug sie eine goldene Kette. Die wenigen Male, die er sie gesehen hatte, war sie immer eine gepflegte Dame gewesen und so gar nicht die Hausfrau, die sie hier geworden war.

„Sie haben viel von meinem Mann, der hat auch hart gearbeitet. Er war auch abends spät daheim und er trank auch schwarzen Kaffee. Ich habe mich immer gefragt, wie er nachts schlafen konnte. Ich muss etwas Zucker nehmen, das reduziert das Koffein. Wussten Sie, dass mein Mann auch bei einem Verkehrsunfall ums Leben kam, wie Ihre Frau. Das ist jetzt vier Jahre her. Manchmal kommt mir das viel kürzer vor. Die große Wohnung ist leer – Kinder hatten wir ja keine – die alten Freunde kommen nicht mehr. Sie wollen keine Witwe sehen, die abends alleine mit ihren Erinnerungen da sitzt."

Er senkte den Blick. Er fühlte sich ertappt. Eigentlich wollte er gleich damit beginnen, mit ihr zu reden und jetzt hatte er sie wortlos angestarrt. Das war ihm nun unangenehm.

Während sie sprach, hatte er sich an den Tisch gesetzt und die Tasse Kaffee in die Hand genommen, er spürte die Wärme, das tat gut, er nippte daran, sein Bauch füllte sich mit etwas Warmem. Er hörte ihr zu und sah sie an. Sie sah so gar nicht aus wie man sich eine Witwe vorstellt. „Wie war Ihr Tag?" Sie hatte ihn angesprochen, er war aber irgendwie abwesend gewesen.

„Äh", sagte er verwirrt, er war auf die Frage nicht vorbereitet. „Oh, mein Tag, der war anstrengend. Wir haben so viel zu tun und keine Hilfe."

„Ja, das kenne ich", antwortete sie, „so ist mir das früher auch gegangen, aber jetzt brauche ich nicht mehr zu arbeiten."

„Wie kommt das denn?", fragte er neugierig.

„Das ist ganz einfach. Mein Mann hat immer gut verdient. Nach seinem Tod habe ich die Firma verkauft, seine Lebensversicherung habe ich ausgezahlt bekommen, eine Unfallversicherung hat ebenfalls gezahlt und von der Versicherung des Unfallverursachers bekomme ich eine Unterstützung. Ich weiß auch gar nicht, ob ich noch mal arbeiten will."

„So ist das. Das erklärt auch, warum Sie tagsüber so viel Zeit haben."

„Ja", fuhr sie fort, „ihre Frau und ich waren die besten Freundinnen, sie hat mir sehr geholfen damals. Ich wäre nie aus meinem Loch herausgekrabbelt, wenn sie mir nicht geholfen hätte. Geld ist doch nicht die Lösung für alles. Sie hat mich an die Hand genommen und hat mir gezeigt, was ich tun musste, um wieder ins Leben zurückzukommen. Manchmal habe ich gedacht, es geht nicht mehr weiter. Ich habe ja kein Kind wie sie. Und da sind die einsamen Tage in der Wohnung schon sehr schwierig gewesen. Sie war es gewesen, die sagte, vermiete doch einfach ein paar Zimmer, an eine Studentin oder so, dann bist du nicht mehr so alleine. Das habe ich dann auch gemacht. So habe ich immer jemanden da, außer in den Semesterferien, aber das geht schon. Als ihre Frau den Unfall hatte, da wusste ich, ich würde etwas zurückgeben können und so bin ich hier. Aber Sie müssen das sagen, wenn ich eine Last für Sie bin oder wenn Sie das nicht möchten."

Eilig stellte er die Tasse hin: „Frau Wagner, nein, was sollte ich ohne sie machen." Er hob rasch die Hand wie zur Abwehr. „Nein, Frau Wagner, bleiben sie bitte. Es ist aber so, ich kann Sie nicht bezahlen, ich kann Ihnen nichts geben. Sie wissen, seit das Gehalt meiner Frau weggefallen ist, da ist es schwierig geworden. Aber wenn Sie etwas gebrauchen können von den Sachen meiner Frau, sie brauchen es nur zu sagen, ich kann mich zwar von nichts trennen, aber so käme es in gute Hände."

Sie lächelte ihn an: „Das ist sehr liebenswürdig von Ihnen. Ich versichere Ihnen aber, ich möchte gar keine Bezahlung, das Lächeln Ihrer Tochter ist mir Bezahlung genug. Wenn sie mich anstrahlt, dann weiß ich, es war okay zu kommen."

„Sie organisieren meinen Haushalt, sie helfen meiner Tochter, sie kochen, sie machen sauber. Ich möchte mich bei Ihnen ganz herzlich bedanken, Frau Wagner, sie schickt der Himmel."

„Ach", sie stand auf, „ich habe übrigens für Sie gekocht. Es steht auf dem Herd, aber nicht warm machen, es ist ein Wurstsalat, aber ohne Zwiebeln, sie mögen keine Zwiebeln, nicht wahr?"

„Frau Wagner, woher wissen Sie das alles?" „Ihre Tochter hat es mir gesagt, und ein paar Dinge merkt man auch so. Es wird jetzt Zeit für mich. Mein Bus fährt bald und Sie möchten sicher mit Ihrer Tochter alleine sein."

„Frau Wagner, ich kann Sie doch fahren."

„Oh, lassen sie ruhig, ich habe eine Monatskarte und da kostet mich das nichts und ich kann etwas entspannen im Bus."

„Aber ich fahre Sie wirklich gerne, dann brauchen Sie nicht so weit zu laufen."

„Nein, nein, bemühen Sie sich nicht, der Bus fährt direkt und sie müssten ja wieder zurückfahren. Wenn Sie heute schon so früh daheim sind, dann kümmern Sie sich lieber um Ihre Tochter."

Sie nahm ihre Tasse und stellte sie in den Geschirrspüler.

„Ist er eigentlich kaputt?" Sie drehte sich zu ihm um: „Wie meinen Sie das? Der Geschirrspüler?" „Ich sah sie vorhin etwas abtrocknen." „Nein", sagte sie lächelnd, „ich habe die Kuchenplatte per Hand abgewaschen, ich brauche sie ja morgen wieder und bis dahin ist die Maschine nicht voll."

„Ja, ach so", antwortete er. „Warum tun Sie das alles, Frau Wagner?"

Sie war zur Tür gegangen, hatte sie geöffnet und stutzte nun. Sie schob die Tür weiter auf. Man konnte sehen, wie sie darüber nachdachte. „Ich glaube, weil ich das Gefühl habe, ich kann etwas Sinnvolles tun. Ich habe erst gedacht, ich mache das für Ihre Frau, aber ich mache das für mich. Das ist mir neulich klar geworden. Vergessen Sie nicht den Salat. Guten Appetit", sagte sie und während er noch immer seinen Kaffee umklammert hielt, war sie auch schon aus der Tür. Er konnte die Bügel an der Garderobe klappern hören. Sie musste ihre Jacke herunter genommen haben. Dann wurde die Küchentür etwas aufgeschoben.

„Ich wünsche Ihnen noch einen schönen Abend, ich gehe dann mal."

Er sprang auf: „Aber sicher, ja, vielen Dank, Frau Wagner, vielen Dank für alles, und soll ich Sie nicht doch fahren, ich mache das wirklich gerne."
„Ein anderes Mal", sagte sie und lächelte ihn an. „Ich bin dann weg." Die blonden Locken verschwanden. Er stand da und sah auf die geschlossene Tür. Da wurde sie wieder ein wenig geöffnet, die Locken erschienen wieder und sie sagte leise: „Sie schläft tief und fest. Es war ein anstrengender Tag. Sie hat heute Mathematik und Geschichte gehabt."

„Ich weiß", sagte er. „Ich muss mich jetzt aber beeilen", sie lächelte ihn mit einem ‚Tschüss' an. „Ach, und morgen muss der Gärtner bezahlt werden, Sie können mir das Geld auf den Küchenschrank legen. Ich lege Ihnen dafür die Quittung auf den Schreibtisch. Ich muss mich jetzt aber wirklich beeilen." Sie schloss die Tür wieder, bevor er ein Wort herausgebracht hatte. Man konnte wenig später die Haustür hören, wie sie leise zugezogen wurde. Er drehte sich zum Fenster und konnte Frau Wagner sehen, wie sie das Gartentor hinter sich schloss. Sie warf noch einen Blick auf das

Haus und ging mit eiligen Schritten in Richtung Bushaltestelle.

Er nippte wieder an seinem Kaffee, der inzwischen lauwarm geworden war, stellte die halb volle Tasse auf den Tisch und ging zu seiner Tochter. Vorsichtig schob er die Tür auf und wirklich, sie lag in ihrem Bett und schlief. Schade, er war so früh nach Hause gekommen.

Er schloss die Tür und stand unschlüssig in der Diele herum. Wie zur Bestätigung öffnete er die Tür erneut und schloss sie wieder. Nein, sie schlief und er wollte sie nicht stören.
Er ging in sein Studierzimmer und zog das Märchenbuch aus dem Regal.
‚Frau Holle' konnte er lesen, als er es wieder einmal willkürlich aufklappte. Frau Holle, das Märchen von der Frau, die den Schnee bringt, von dem fleißigen Mädchen, das als goldene Jungfrau nach Hause kommt, dem faulen Mädchen, das mit Pech überschüttet heimkommt.

Unschlüssig hielt er das Buch in der Hand. Sollte er es zurückstellen oder mitnehmen, sollte er da bleiben oder sollte er weggehen. Er seufzte. Dann dachte er an den Wurstsalat. So nahm er das Buch, ging in die Küche, legte es auf den Tisch, schaute in den Topf und zog eine Gabel aus der Schublade. Er beugte sich vor und schob sich eine Gabel voll Wurstsalat in den Mund. Das schmeckte gut, er wiederholte den Vorgang, dabei fiel etwas Wurstsalat neben den Topf und er fluchte leise, steckte die Gabel in den Salat und riss ein Blatt Küchentuch ab, um das Malheur zu beseitigen. Er wischte auf dem Herd herum, warf dann das schmutzige Tuch in den Mülleimer und schaufelte sich wieder eine volle Gabel mit Salat in den Mund. Er musste sie fragen, wenn er sie das nächste Mal traf, wie sie den

Salat machte, einfach köstlich und ganz ohne Zwiebeln. So wie er ihn mochte. Während er dastand und weiter aß, sah er Frau Holle, wie sie die Betten schüttelte und es überall auf der Welt schneite. Richtig egoistisch von ihr, der Dreck aus ihren Betten wurde verstreut auf die Welt. Die Autofahrer steckten in Eis und Schnee fest, manche Leute brachen sich die Beine, weil sie wegen des Schnees ausrutschten. Die Fleißige wurde belohnt, Frau Holle schien reich genug zu sein, die Faule dagegen wurde bestraft. Mit Pech wurde sie überschüttet, Pech, das an ihr ein Leben lang hängen blieb, so stand es bei Grimm.

Bei Grimm durften sich die Menschen nie ändern, den Armen konnte es irgendwann besser gehen, aber wer böse war oder faul, der blieb so und wurde dafür bestraft. Wie einfach hier doch die Welt war. Dort gab es Gold, einen König, der bestimmte, auch der Teufel kam zu Besuch. Es muss ein einfaches Leben gewesen sein.

Er wischte mit dem Handrücken über seinen Mund, legte den Deckel wieder auf den Topf, ging in die Diele, um in das Zimmer seiner Tochter zu schauen, sie lag immer noch friedlich da und schlief.

Er stand unschlüssig herum. Dann angelte er seine Jacke vom Bügel, drehte sich um, um aus der Küche das Buch zu holen, mit wenigen Schritten war er an der Wohnungstür und zog sie leise hinter sich zu. Er würde mit dem Buch in die Kneipe gehen. Er würde dort lesen, er würde dort etwas Abstand vom Tag gewinnen.
Er atmete tief durch, es war ein schöner Abend.

Eigenartige Menschen sitzen in einer Kneipe, stellte er beim Eintreten fest. Alle scheinen gelangweilt, starren vor sich hin oder unterhalten sich mit ihrem Nachbarn. Alle Bewegungen sind sparsam. Man sitzt oder steht, aber man bleibt an seinem Platz, man geht nicht herum. Einige sprechen miteinander, nicht jeder spricht mit jedem. Einige sind froh, wenn sie nicht angesprochen werden. Ansprache, das könnten viele auch daheim bekommen, von der Frau. Von den Kindern. Dem suchen sie zu entfliehen. Hierher, in eine Kneipe. Im Hintergrund dudelt die Musikbox, man hört Gläser aneinander schlagen, Teller werden geräuschvoll aufeinander gestellt. Man tauscht ein paar Worte aus oder nur Blicke. An einigen Tischen wird etwas gegessen, dort ist es ruhiger, man konzentriert sich auf sein Gegenüber. Anders ist es bei denen, die trinken. Entweder sie sehen vor sich hin und sind mit ihren Gedanken allein. Oder sie sprechen zwar miteinander, aber es ist eher ein nacheinander sprechen, man hört nicht auf den anderen, man redet einfach vor sich hin. Zwischen den Gesprächsfetzen trinkt man einen Schluck, langsam duseln viele hinüber, die Sprache wird schwer, das Verstehen langsam. Der Rauch taucht alles in ein nebliges Wabern. Das gedämpfte Licht versperrt den Blick auf Details.

„Lesen Sie selbst?"
Er sah verständnislos nach rechts.
„Lesen Sie selbst? Mann, sind Sie weit weg."
Eine Frau saß neben ihm.
„Sie müssen entschuldigen", sagte er, „ich war mit meinen Gedanken ganz woanders."
„Das habe ich gemerkt, Sie haben mich gar nicht gesehen, als ich mich neben Sie gesetzt habe."

Er nahm einen tiefen Schluck aus dem Glas und sah seine Nachbarin an. Mittelblonde Haare, glatt herunter gekämmt, eine kleine Hornbrille, der rote Lippenstift etwas verwischt, blauer Pullover, mehrere Ringe an den Fingern, das sah er, als Sie das Glas hoch hielt.

„Prost", sagte sie.

„Prost", sagte er und hielt sein Glas hoch.

Das leere Glas war zwischen ihm und ihr, durch das leere Glas fixierte er sie. „Oh, leer", sagte er. Er setzte das Glas ab, seine Augen suchten den Gastwirt, der stand angelehnt am anderen Ende der Bar und hielt den Schankraum im Auge. Er winkte mit seinem Glas zum Wirt hinüber, der nickte zurück, legte seine Zigarette ab und hantierte am Zapfhahn.

„Lesen Sie selbst?"

Was soll die Frage, sein Blick richtete sich wieder auf sie.

„Wie meinen Sie das?"

„Naja, ob sie Grimms Märchen selber lesen."

„Sicher", sagte er, „wieso nicht?"

„Ach", sagte sie, „es gibt so viele Märchen und eigentlich sind das doch alles Geschichten für Kinder, finden Sie nicht?"

„Ich kann nicht finden, dass das reine Kindergeschichten sind. So brutal wie viele sind. So, wie viele sind, kann man sie seinem Kind eigentlich gar nicht erzählen."

„Ich heiße Uschi", sagte die Frau und schob ihre Brille hoch. Dann griff sie wieder zum Glas und hielt es ihm zum Anstoßen entgegen. „Ach, Sie haben ja noch nichts." Sie setzte das Glas wieder ab. „Haben Sie Kinder?" „Ja", sagte er, „eines."

„Dann lesen Sie sicher ihrem Kind vor?"

„Nein", er lachte kurz auf, „meine Tochter möchte keine Märchen mehr hören, das ist ihr zu kindisch."

Der Wirt nahm das leere Glas und stellte ein volles Glas Bier vor ihn hin, er brummte etwas in den Bart und schlurfte dann zu seiner Zigarette zurück, um sich wieder an die Bar zu lehnen. Mit einem der Gäste unterhielt er sich über die Schulter hinweg. Der nippte immer wieder an seinem Bier.

Er sah wieder zu der Frau hin, sie hatte ihr Glas schon erhoben und hielt es ihm hin. Uschi. Er nahm das nasse, kalte, volle Glas und ließ es kurz an ihr Glas schlagen, sagte seinen Namen und nahm einen tiefen Schluck. „Ein schöner Name", sagte sie. „Gibt es nicht so häufig." Dabei grinste sie ihn an.

Er fragte sich, ob das ein Versuch von ihr war, witzig zu sein.

„Deine Tochter mag also keine Märchen mehr."

„Nein", sagte er.

„Darum liest du die Geschichten selber, weil du die Gestalten aus den Märchen vermisst?"

„Nein", sagte er, „ich vermisse da nichts. Ich hole mir nur Anregungen."

„Ach so", antwortete sie, „du erzählst deiner Tochter also deine eigenen Märchen. Das ist aber interessant."

Er nahm noch einen tiefen Schluck. „Interessant wieso", fragte er und sah sie aus den Augenwinkeln an.

„Interessant", sagte sie, „weil du dazu viel Fantasie brauchst, dir Märchen auszudenken." Es gab eine Pause.

„Nein, ich denke mir keine Märchen aus. Also nicht so richtig Märchen mit Fröschen und Prinzessinnen und so."

„Aber mit Prinzen und Königinnen ... " führte sie den Satz weiter.

„Nein, nein. Ich erzähle meine eigenen Geschichten, aber da kommen keine Prinzessinnen oder so was vor."

„Aha", bohrte sie nach, „was denn dann? Prinzen und Prinzessinnen sind doch gerade das Interessante an Grimms Märchen."

„Ich hab doch gesagt, ich erzähle keine Märchen, ich erzähle sie um."

Sie nahm noch einen Schluck.

„Und wie geht das?"

„Also, ich erzähle die Geschichte, aber mit Menschen von heute."

„Wie geht das?" fragte sie.

„Also, ich nehme eine Geschichte und erzähle sie um für die Jetztzeit."

„Ah, ich verstehe. Der König wird der Präsident, aus dem bösen Wolf wird der Finanzminister, so etwa?"

Er schüttelte den Kopf.

Sie sprach weiter. „Hänsel und Gretel werden im Wald ausgesetzt, der Vater fährt mit dem Auto wieder heim, dann kommt die Hexe und sperrt die Kinder ein, um sie später zu braten?"

Er schüttelte den Kopf. „Hat man schon einmal davon gehört, dass Kinder irgendwo gemästet und gebraten werden? Ist das nicht zu brutal?"

Sie nahm wieder einen tiefen Schluck.

„Sicher sind Märchen oft brutal."

„Soll ich erzählen, was ich da mache?"

„Sicher, gerne."

Als gute Journalistin packte sie gleich im Kopf ihren Notizzettel aus und begann aufmerksam zuzuhören.

„Ich habe heute Abend von Frau Holle gelesen und nun überlege ich mir, wie ich die Geschichte morgen Abend erzähle, wenn ich nach Hause komme. Da ist ein Kind, das viel arbeiten muss und dabei, schwupps, als es sein Arbeitsmittel verliert in eine andere Welt kommt. Dort arbeitet es weiter hart, dieses Mal bei Frau Holle, die die Betten ausschüttelt, damit es in aller Welt schneit. Zum Abschied stellt sich das Kind unter ein Tor und ist über und über mit Gold behangen, so kommt es in die normale Welt zurück. Seine Schwester geht den gleichen Weg, hat aber bei Frau Holle nach kurzer Zeit keine Lust mehr zu arbeiten, möchte aber die gleiche Belohnung bekommen, erhält aber bei der Abreise unter dem Tor kein Gold, sondern

Pech, das es nicht wegbekommt, wie auch die gute Schwester das Gold nicht wegbekommt, sondern plötzlich eine reiche Frau ist."

Sie nickte: „Okay, das ist die richtige Geschichte. Und was machen Sie nun?"

„Nun denke ich mir aus, wer Frau Holle heutzutage sein könnte. Sie schüttelt die Betten und in aller Welt schneit es. Ein Fabrikant vielleicht, der die Welt mit Chemikalien verseucht, die sich über die ganze Erde verteilen. Schnee ist etwas, das wir heute gar nicht mehr haben wollen, man denke an die Unfälle oder an die Staus auf den Autobahnen. Es wird kalt, die Menschen verbrauchen viel mehr Energie, um ihre Wohnungen, Häuser und Büros warm zu bekommen."

Hier stoppte sie ihn: „Aber Frau Holle ist doch eigentlich eine sympathische Frau in dem Märchen."

„Oh ja, sicher, das habe ich nicht bedacht."

Sie merkte, sie war in ihrem Element. Sie stellte die Fragen. Sie lebte auf.

„Schreiben Sie viel?"

„Oh nein, ich schreibe gar nicht, ich erzähle die Geschichten nur meiner Tochter."

„Erzählen Sie mir eine alte."

„Oh, das kann ich gar nicht, ich merke mir die Geschichten nicht."

„Im ersten Augenblick, als Sie von Frau Holle erzählt haben, dachte ich, Sie seien Schriftsteller."

Er lachte kurz auf. Hatten sie sich nicht gerade begonnen zu duzen. Sie kannten sich kaum, sie hatten gerade begonnen, sich anzufreunden, da verfiel sie in ein Frage-Antwort-Spiel. Sie hatte wieder begonnen, ihn zu siezen. Ob sie ihn so unsympathisch fand? Er beschloss, den Gedanken nicht weiter zu verfolgen und sich keine Hoffnungen bei ihr zu machen ...

„Oh nein", sagte er, „ich arbeite in einem Büro, ich bin kein Schriftsteller. Aber was machen Sie denn so, außer in Kneipen herum zu sitzen?"

„Ich bin freie Journalistin."

„Das klingt interessant, was macht man denn so als freie Journalistin?"

„Ach", sagte sie, „ich schreibe Reportagen. Früher war ich hauptberuflich bei einer Zeitung, aber vor ein paar Jahren habe ich dort gekündigt. Jetzt schreibe ich für eine Reihe von Zeitungen und Zeitschriften. Das ist viel besser, weil ich dann nicht mehr um acht Uhr an meinem Schreibtisch sein und irgendetwas schreiben muss, sondern ich schreibe nur noch, wenn es mir passt und wenn ich eine interessante Geschichte habe."

„Frei", sagte er, „das klingt gut. Man kann einfach machen, was man will, aber andererseits, Sie müssen ja auch ihr Geld verdienen. Richtig frei ist man doch nie."

Er sah sie an. Zum ersten Mal sah er ihr Profil. Sie hatte ein hervorstehendes Kinn. Sie drehte den Kopf, sah ihn an und lächelte etwas gequält.

„Was war Ihre letzte Geschichte?", fragte er.

„Die war über eine Reisegruppe aus China hier in Deutschland. Wussten Sie, dass vermehrt Chinesen nach Deutschland kommen, um sich das Land anzusehen? So wie früher die Japaner gekommen sind. Die Asiaten sehen aber unser Land mit ganz anderen Augen, als wir das tun. In drei Zeitschriften ist mein Artikel erschienen."

„Oh", sagte er, „gratuliere."

„Was sagt Ihre Frau dazu?"

„Wie meinen Sie das?", fragte er nach rechts.

„Nun, Ihre Frau, was sagt sie, wenn Sie abends noch in die Kneipe gehen?"

„Meine Frau ist tot."

„Das tut mir leid."

„Schon gut. Langsam komme ich über den Tod hinweg."

„Und ihrer Tochter erzählen Sie abends eine Geschichte, die Sie sich nach Grimms Märchen ausdenken. Die böse Frau, die die Welt verseucht."
„So in etwa", sagte er.

„Ihrer Tochter gefallen die Märchen?"
„Oh ja, seit sie kaum mehr aus dem Bett herauskommt, versuche ich, ihr Geschichten vorzulesen oder zu erzählen."
„Ist sie denn krank?"
„Der Tod meiner Frau, wissen Sie. Meine Tochter saß auf dem Rücksitz. Es ist ihr nicht viel passiert, trotzdem ist es besser, wenn sie sich noch erholt und daheim im Bett bleibt, sie ist sehr schwach."
„Das ist ja schrecklich, das arme Kind. Wohnen Sie weit von hier?" „Keineswegs", sagte er, „Sie haben mein Haus vielleicht schon mal gesehen, es ist das Fachwerkhaus mit dem angebauten Balkon."
„Ja!", sie zeigte mit dem Finger auf ihn, „das Haus kenne ich. Ihr eigenes Haus?"
„Eher das Haus der Bank", sagte er, sein Finger strich um den Rand des Glases. „Seit meine Frau tot ist, ist alles schwieriger geworden. Geld." Er brummte nach rechts.
„Geld?" Jetzt war es eine Frage von ihr.
„Ja sicher, das Geld war schon immer ein Problem, aber es ist das Kind, der Garten, das ganze Haus. Ich kann das nicht, ich muss tagsüber arbeiten und ich habe einfach keine Zeit, mich um den Garten, meine Tochter und das alles zu kümmern, das geht nicht."

„Aber wie machen Sie es denn jetzt?", fragte sie.
„Momentan ist da eine Freundin meiner Frau, die den Laden schmeißt. Und die Lehrerin kommt einmal pro Tag, damit es in der Schule weitergeht. Sie haben auch Kinder?"
„Nein, nein", sagte sie und hob abwehrend die Hand. „Bei meinem Beruf? Ich bin oft tagelang unter-

wegs auf der Suche nach einer guten Geschichte. Was machen Sie eigentlich mit dem Tor?"

„Tor?", fragte er verständnislos.

„Ja Tor, für die Schwestern. Ich meine die Belohnung. Die Schwestern bekommen ja ihre Belohnung nicht von Frau Holle selbst, sondern sie gehen durch ein Tor und werden mit Gold oder Pech überschüttet. Die eine, die mit Gold überschüttet wird und damit ehrenhaft nach Hause kommt und die andere, die faule, die mit Pech bedeckt nach Hause geschickt wird."

„Ach, wissen Sie, das ist doch wie im wahren Leben. Die Sache mit Frau Holle wird der faulen Schwester immer nachhängen."

„Wie meinen Sie das?"

„Wissen Sie das nicht? Da ist eine Lücke im Lebenslauf. Ein schlechtes Zeugnis hängt einem immer nach."

„Ach, so sehen Sie das."

„Die brave Tochter, die bei Holles fleißig war und ein tolles Zeugnis bekommen hat, die hat nach ihrer Rückkehr ihr Leben lang immer gute Karten und die andere eben nicht. Das ist ein interessanter Ansatz."

„Wer ist dann Frau Holle für Sie? Eine Kapitalistin mit einer Chemiefabrik, die die Welt verseucht?"

„Das kann ich mir gut vorstellen", sagte er, „ich glaube, das baue ich morgen ein in meine Geschichte. Jetzt muss ich aber los."

Er winkte zum Wirt hinüber, ‚Anschreiben', rief er und wandte sich zum Gehen.

„Ihr Buch", sie reichte ihm seine Lektüre.

„Ich wünsche Ihnen eine gute Nacht", sagte er, „aber ich muss jetzt heim, ein manchmal zwei Bier am Abend sind okay, aber danach bin ich immer so müde, dass ich gleich schlafen kann."

„Wie schade", bedauerte sie, „ich habe mich so gut mit Ihnen unterhalten."

„Gute Nacht, Uschi", sagte er und wandte sich zum Gehen. „Wir sehen uns sicher wieder", meinte er noch, während er schon halb draußen war.

„Davon gehe ich aus", sagte sie mehr zu sich, denn eine Antwort hatte er nicht abgewartet. „Davon gehe ich aus", sagte sie noch einmal und ihr Gesicht zeigte ein seltsames Grinsen.

Schlechte Nachrichten

„Nehmen Sie Platz", hatte sein Chef gesagt. Etwas verwirrt setzte er sich in den Ledersessel, der dem Schreibtisch gegenüber stand. Als er die Frage bekam, ob er einen Tee haben wolle, hatte er genickt.
Arbeiten würde er heute nicht mehr, es war schließlich Wochenende. Warum nur hatte sein Chef ihn extra zum Gespräch gebeten? Man hätte das alles unter der Woche besprechen können, dachte er.

„Ist etwas passiert?" Er fragte fast schüchtern.
Sein Chef hatte um die Tasse hingestellt, war um den Schreibtisch herumgegangen und hatte sich wieder auf seinen Platz gesetzt. Er beugte sich weit nach vorn, dabei stützte er sich auf seine Ellenbogen. Dann zog er hörbar die Luft ein, sah kurz an die Decke und ließ sich in seinen Sessel fallen.

Wie er so dasaß, hatte sich die Weste seines Anzugs etwas hochgeschoben und die Krawatte war darunter hervor gerutscht. Man konnte sehen, dass er so langsam einen Bauch bekam. Dabei war sein Chef eigentlich noch gar nicht so alt. Er war älter, aber abgesehen vom Bier am Abend hatte er immer auf seine Figur geachtet. Die Haare gingen ihm aus, aber dagegen war kein Kraut gewachsen. Sein Chef hatte noch volles Haar. Er müsste es nur einmal schneiden lassen, schoss es ihm durch den Kopf. Ich sollte ihm das sagen, aber seinem Chef sagte man so etwas nicht.

„Wir werden schließen", sagte sein Chef, ohne die Augen von der Decke zu nehmen. Dann sah er ihn an. Er sah tief in ihn hinein. „Sie halten Ihre Tasse schief." Er zuckte zurück, war so konzentriert auf die Worte gewesen, dass er darauf gar nicht geachtet hatte. Er hatte die Tasse schräg gehalten und sie dann erschreckt hochgerissen, dabei schwappte Tee auf die Lehne. Keiner von beiden schien es zu bemerken. Sie sahen sich tief in die Augen, der eine fest, der andere verwirrt.

„Sie wissen, was das bedeutet?"
„Nein, äh, ja."
„Sie werden sich eine neue Stelle suchen müssen."
„Aber wieso? Also ich meine, sie kündigen mir?"
„Ja, ich muss Ihnen leider kündigen."
„Aber so schlecht gehen die Geschäfte doch gar nicht. Wir haben viel zu tun, sehen Sie, ich arbeite den ganzen Tag, ich könnte auch abends noch eine Stunde länger bleiben. Jemand Besseres wie mich finden Sie nicht."
„Das bringt doch nichts."
„Aber wenn wir uns noch einmal ganz besonders anstrengen, dann geht es vielleicht."
„Darüber habe ich auch schon nachgedacht. Die letzten Wochen waren schon die Nachzeit, die ich mir gegeben habe. Außerdem haben Sie eine Tochter und die braucht Sie am Abend, da können Sie nicht einfach noch länger arbeiten."

„Woran hat es denn gelegen, es kann doch nicht an den Kunden gelegen haben? Müssen wir sparen? Reicht vielleicht Sparen? So sagen Sie doch etwas, ich brauche den Job."
„Nein, es sind nicht die Kosten."
„Wenn wir den Fotokopierer verkaufen, können wir auch das Fax zum Kopieren nehmen. Wir werden einfach weniger telefonieren und dann können wir noch sparen, wenn wir das eine Zimmer untervermieten."

„Daran habe ich auch schon gedacht, aber wer würde denn das Zimmer nehmen?"

„Wir könnten auch einfach die Preise erhöhen, dann muss ich die Kunden sicher etwas bearbeiten, aber das schaffe ich schon."

„Nein, wir müssen der Wahrheit ins Auge sehen, wir haben noch für diesen und den nächsten Monat Geld und ab dann kann ich weder Miete noch Gehalt zahlen. Gewinn machen wir schon seit über einem Jahr nicht mehr. Wir schaffen es gerade noch von einem Auftrag zum nächsten."

„Aber ich brauche den Job."

„Der Steuerberater hat es durchgerechnet, uns fressen die Reklamationen auf, uns fressen die Lagerkosten auf."

„Ich könnte mir etwas überlegen, wie wir besser planen könnten."

„Wir haben noch acht Wochen und dann ist wirklich Schluss. Ich werde diese Räume morgen kündigen. Nutzen Sie einfach die Zeit, sich etwas anderes zu suchen. Die Zeiten sind schlecht, aber jemand mit Ihrem Fleiß, Ihrem Wissen wird sicher etwas finden. Ich werde Ihnen ein gutes Zeugnis ausstellen. Sie halten die Tasse schon wieder schief. So trinken Sie es doch aus, dann ist Ihnen sicher wohler."

„Ich brauche den Job, weil doch meine Frau gestorben ist."

„Wissen Sie", sein Chef schluckte. „Wissen Sie", jetzt musste er sich räuspern, „das ist der Grund, warum ich so lange gezögert habe. Ich habe so lange gewartet, weil ich dachte, es würde besser werden oder Ihre Tochter würde zwischenzeitlich gesund werden, aber nichts von beidem ist eingetreten und so kommt es sicher abrupt für Sie, aber so ist es nun halt."

Beide spürten, wie ihnen die Tränen in die Augen stiegen. Nur nicht die Nerven verlieren.

„Okay", sagte der Chef. „Okay", sagte er eine Oktave tiefer. „Okay", wobei das jetzt fragend klang. Er blickte auf: „Okay, woran hat es gelegen? Ich würde Ihnen gerne sagen, dass es nicht an Ihnen gelegen hat. Um genau zu sein, ich weiß es nicht. Ich habe keine Ahnung. Ich kann es mir nicht erklären. Die Zeiten sind schlecht, einige Kunden sind fort, weil sie jemand anderen gefunden haben. Einige haben sich beklagt, okay, aber da gibt es nichts, was Sie sich vorwerfen müssten. Wir hätten noch jemanden gebraucht, aber das hätte der Betrieb nicht abgeworfen. Jemanden für die Planung. Jemanden, der uns eine Reihe Arbeiten abnimmt. Dann wäre vieles einfacher gewesen, aber wie gesagt, das hätten wir uns nie leisten können."

„Ich brauche den Job." Er sagte das fest und sah dabei seinen Chef an. Nicht bettelnd. Es kam eher wie eine Feststellung. Es kam, wie man sagt, es ist acht Uhr. Ich brauche den Job.

Sein Chef wippte mit dem Stuhl. „Sehen Sie, für mich ist es auch nicht einfach. Sie sind ein Angestellter, mit gutem Zeugnis, ich dagegen bin ein gescheiterter Unternehmer. So jemanden stellt niemand ein. Ich bin zu alt zum Umschulen. Sie dagegen sind gut ausgebildet und Menschen wie Sie, die so flexibel sind, werden gesucht, sehen Sie nur in die Zeitung."

„Ich weiß gar nicht, wie das geht."

„Zeitung lesen?"

„Nein, mich bewerben. Ich bin hier schon ewig, ich war hier von Anfang an."

„Das ist wirklich sehr lange. Ich möchte, dass Sie sich für heute frei nehmen."

„Heute ist sowieso Samstag."

„Ach wirklich? Ich komme schon ganz durcheinander. Ein Kunde wollte heute noch anrufen wegen der

Lieferung aus Brasilien. Um den kümmere ich mich dann. Sie sollten auch Montag daheim bleiben. Ich werde alle Kunden auf Dienstag vertrösten, schließlich kommt es ja nicht mehr darauf an. Wir schließen ja sowieso."

Er sah seinen Chef im Sessel sitzen und sah ihn sprechen. Nein, er hörte ihn nicht sprechen. Er sah nur, dass er sprach. Er war wie betäubt, nahm einen weiteren Schluck. Etwas Lauwarmes rann seine Kehle hinab. Wieder trieb es ihm die Tränen nach oben, er drücke sie wieder hinunter. Nicht jetzt.
Sein Chef war aufgestanden und um seinen Schreibtisch herumgekommen.
„Gehen Sie unbesorgt, an Tagen wie diesen braucht ihre Familie sie."

Er stellte die Tasse auf den Schreibtisch, stemmte sich aus dem Sessel hoch, griff nach seiner Tasche.
„Sicher", sagte er tonlos. „Ich", er räusperte sich, „ich bin dann Montag wieder da. Um 8 Uhr. Oder soll ich früher kommen?"
„Nein, wie Sie meinen", sein Chef hatte ihm die Hand auf die Schulter gelegt. Langsam schob er ihn aus dem Büro.
„Gehen Sie heim und schlafen Sie einfach Mal darüber, dann sind Sie bald wieder auf dem Posten."
„Aber mir geht es gut", sagte er, während er seine Tasche vor seinen Bauch drückte.
„Sicher", sagte sein Chef. „Wir sehen uns Montag."
So trennten sie sich. Der eine erleichtert, weil er die Nachricht hatte überbringen konnte, der andere traurig, den Tränen nahe.

Er war zu Fuß gekommen. Sonst nahm er den Bus oder fuhr mit dem Auto, aber er hätte er sowieso nicht mehr fahren können. So ging er die Straßen entlang, immer seine Tasche an sich gedrückt. Als er an dem

Wäldchen war, da liefen die Tränen. Nein, so hatte er nicht mehr geweint, seit seine Frau gestorben war und vorher, als sie noch da war, nein, da hatte er auch nicht geweint. Männer weinen nicht, hatten sie in seiner Jugend gesagt, dann war er in der Lehre, da weinte man auch nicht, dann später, als er zu arbeiten begonnen hatte, da hatte er auch nicht geweint, nie. Nicht, dass ihm nie zum Weinen zumute war, nein, es gab schon Gründe dafür, aber er konnte es nicht: Weinen. Er kannte Frauen, die gingen in einen Film und kamen heulend wieder heraus. Er konnte das nicht, so nahe gingen ihm die Filme nicht. Was gab es da zu heulen? Das war nur gespielt, aber jetzt war das anders. Er war am Ende. Mit Tränen in den Augen setzte er sich auf eine Bank und stützte den Kopf auf. Seine Frau, sein Kind, sein Beruf. Alles hatte man ihm genommen, vor einiger Zeit war sein Leben noch so schön gewesen. Jetzt: seine Frau tot, sein Kind krank im Bett und er ohne Arbeit. Wie sollte er seine Rechnungen bezahlen. So viel Geld würde er nicht als Unterstützung bekommen, eine Abfindung war sicher auch nicht drin, wenn es dem Betrieb schon so schlecht ging.

So saß er Stunde um Stunde und blickte über den kleinen Teich in die Bäume dahinter. Irgendwann wurde ihm zu kalt und er stand auf. Die Augen waren verklebt. Er wischte daran herum.

Als er vor seinem Haus stand und das Gartentor öffnete, ging die Sonne schon am anderen Ende der Straße unter. Er musste wirklich Stunden herumgesessen haben.

Als er die Wohnungstür öffnete, konnte er schon ihre Stimme hören. Er stellte die Tasche unter die Garderobe. Erst jetzt, in der angenehmen Wärme der Wohnung, merkte er, wie kalt ihm eigentlich war.

Sie rief wieder nach ihm, da öffnete er die Tür und zwang sich zu einem Lächeln. „Wie geht es dir?", fragte er, als er an ihr Bett trat und sich für einen Kuss nach unten beugte.

„Du hast aber eine kalte Nase", sagte sie und lächelte ihn an.

„Musstest du so lange an der Bushaltestelle warten? Du bist doch mit dem Bus gefahren, ich habe dein Auto nämlich nicht gehört."

„Nein", sagte er, „ich bin nicht gefahren, ich bin zu Fuß gegangen."

„Aber hast du denn heute so früh Feierabend gemacht?"

„Nein, ich habe gar nicht gearbeitet", sagte er.

„Warst du beim Arzt, Papa, fehlt dir etwas?"

„Aber nein, mein Schatz, mir fehlt nichts."

„Aber warum warst du dann nicht arbeiten", fragte sie und sah ihn dabei ernst an, wie man ein Kind ansieht, das die Schule geschwänzt hat. „Du bist doch deswegen heute aus dem Haus gegangen."

„Ich bin entlassen worden."

„Was?"

„Ich wurde entlassen, weißt du, was das heißt?"

„Ja, du hast keine Arbeit mehr. Oh Papa, dann bist du ja den ganzen Tag bei mir. Das ist aber schön."

Er lächelte sie an und zwang wieder die Tränen nach unten. Jetzt bloß nicht weinen vor dem Kind. Nur bloß die Haltung bewahren. Ganz Erwachsener sein.

„Du bist die Einzige, die dem Ganzen etwas Positives abgewinnen kann." Er zwang sich zu einem Lächeln.

„Es tut mir so leid, Papa."

„Aber Kind, das muss es nicht, ich finde sicher einen neuen Job. Mach dir keine Sorgen."

„Aber Papa, alle sprechen davon, dass die Zeiten schlecht sind. Bist du dir sicher?"

Es gab kein Halten mehr. Die Tränen kullerten aus seinen Augen. Er konnte sie nicht aufhalten. Sie rollten einfach über seine Wangen: „Ich bin so traurig!".

„Aber Papa, das wird schon wieder. Bisher ist doch alles wieder in Ordnung gekommen und ganz wichtig ist doch, dass wir zwei uns haben."

„Du hast recht, das ist das Wichtigste."

„Ich werde sicher bald wieder gesund und dann kann ich wieder in die Schule gehen und später kann ich ja das Geld dann für uns beide verdienen."

Er nahm sie in den Arm. „Mein Schatz", sagte er, „mach dir keine Sorgen, ich bekomme das wieder hin, irgendwie. Jetzt muss ich dir noch eine Geschichte erzählen, damit du besser einschlafen kannst."

„Aber Papa, ich könnte nicht einschlafen, selbst wenn du mir den ganzen Grimm vorwärts und rückwärts erzählst. Aber ich werde einfach ein wenig nachdenken und dann schlafe ich sicher auch so ein. Papa, geh du ruhig in dein Zimmer und erhole dich etwas. Ich kann mich den ganzen Tag erholen."

„Sicher, ja", sagte er, „wie erwachsen du schon bist."

Er drückte ihr wieder einen Kuss auf die Wange, sie umschlang ihn mit ihren Armen. „Das wird schon wieder", sagte sie, „das hast du auch immer gesagt. Das wird wieder, das ist alles nur eine Frage der Zeit."

Jetzt war sein Lächeln ehrlich, durch die Tränen hindurch sah er sie an, ja, wie erwachsen sie doch schon war. Erinnerungen an seine Frau schimmerten zwischen den nassen Augenlidern hervor.

„Schlaf jetzt gut."

„Aber ja, Papa", sagte sie.

Er war aufgestanden und zur Tür gegangen. Er drehte sich noch einmal um, bevor er sie schloss, sie winkte ihm zu, ganz sanft lächelte sie. Er winkte zurück und versuchte wieder zu lächeln. Als die Tür zu war, ließ er sich an die Wand fallen, sah an die Decke, atmete tief durch. Oh Gott, wie soll es weitergehen, dachte er, während er langsam an der Wand entlang rutschte, bis er auf dem Boden saß.

Sonntag

Sie hatte tief und fest geschlafen und war eigentlich nur wach geworden, weil sie die Wohnungstür gehört hatte. Es war ihr Vater gewesen, der, nachdem er kurz bei seiner Tochter ins Zimmer geguckt hatte, die Tür vorsichtig hinter sich zugezogen hatte, um zur Kirche zu gehen. Sie streckte sich. Papa. Er war einfach der beste Papa der Welt. Traurig sah sie an die Decke. Entlassung. Das bedeutete Sorgen. Das bedeutete Schulden, sie würden sicher umziehen müssen. Schon damals war es schwierig geworden, als ihre Mutter gestorben war. Die Bank hatte die Schulden gestundet, sie erinnerte sich, wie erleichtert ihr Vater war. Mit nur einem Gehalt und viel Anstrengung würden sie das Haus weiter abbezahlen können. Umziehen. Wenn sie doch nur etwas machen könnte.

Aber sie lag seit Wochen im Bett, ihr Vater machte sich auch Sorgen um sie. Sie richtete sich auf, sofort spürte sie Schmerzen im Rücken. Sie drehte sich auf die Seite. Es würde sicher helfen, wenn sie endlich aufstehen könnte, dann brauchte sich ihr Vater nicht mehr so viel Sorgen zu machen. Der Doktor hatte es zwar verboten und so musste sie immer warten, bis ein Erwachsener da war, der ihr aus dem Bett half, aber so konnte es nicht weitergehen.

Sie würde heute versuchen alleine aufzustehen. Sie würde alleine in die Küche gehen, um sich aus dem Kühlschrank etwas zu holen und sie würde alleine aufs Klo gehen. Entschlossen warf sie die Bettdecke zurück, die mit einem Rascheln auf dem Boden landete. Nun gab es sowieso kein Zurück mehr. Sie lag in ihrem Schlafanzug auf dem bloßen Bett. „Mama, hilf mir", sagte sie laut und deutlich und schloss dabei die Augen. Sie versuchte sich aufzusetzen. Das ging schon ganz gut. Dann angelte sie mit den Beinen auf der Bettkante nach dem Boden und ließ sich nach unten rutschen, wie sie das immer machte, wenn sie aufstehen wollte. Aber dieses Mal war kein Erwachsener da, um sie notfalls aufzufangen. Erleichtert atmete sie tief durch, als sie wie geplant auf dem Boden landete. Sie griff nach ihrem Bademantel, der am Fußende lag und zog ihn über. Dann setzte sie sich halb auf das Bett, um mit ihrem rechten Fuß nach den Pantoffeln zu suchen. Sie schob ihre Füße hinein und richtete sich auf. Das ging ja schon ganz gut. Energisch zerrte sie den Gürtel des Bademantels fest. Also los, sagte sie sich und setzte einen Fuß vor den anderen. Ihr wurde schwarz vor Augen. Sie setzte sich wieder auf die Bettkante und atmete tief durch. Das war sicher der Kreislauf. Es war anstrengend und ihr Körper war das nicht mehr gewohnt. Aber sie war entschlossen, die Zeit, bis ihr Vater zurückkam, zu nutzen. Wieder richtete sie sich auf, schloss die Augen, atmete tief durch, öffnete die Augen wieder und setzte vorsichtig einen Fuß vor den anderen.

Atmen nicht vergessen, sagte sie vor sich hin, während sie Schritt für Schritt in Richtung Tür ging. Sie griff nach der Türklinke, um sich daran festzuhalten. Es drehte sich alles um sie, ihr Rücken tat ihr weh, ihr Bauch tat ihr weh. Aber sie würde durchhalten. Sie trat einen Schritt zur Seite, hielt sich am Türrahmen fest und öffnete mit der anderen Hand die Tür. Fahles Licht fiel in ihr Zimmer. Sie ließ die Tür ganz aufschwingen, dann trat sie vorsichtig in die Diele. Sie atmete wieder tief durch. Eigentlich hatte sie in die Küche gewollt, aber jetzt in der Diele fiel ihr etwas Besseres ein.

Sie würde zum Schreibtisch ihres Vaters gehen und einen Zettel mit ‚Hallo Papa' auf den Tisch legen. Er würde ihn finden und freudig in ihr Zimmer kommen, um sie in den Arm zu nehmen. „Es geht dir besser!", würde er sagen. Er wäre sicher ganz erleichtert und würde sich freuen. Ja. So würde sie das machen. Studierzimmer, Schreibtisch, Zettel. Sie atmete noch einmal tief durch, als müsste sie Luft holen, um durch ein tiefes Schwimmbecken zu tauchen. Mit ausgestreckten Händen ging sie in Richtung Studierzimmer, dort angekommen drückte sie die Klinke hinunter, dieses Mal ließ sie die Tür nicht so weit aufschwingen, sollte der Plan gelingen, müsste sie die Tür ja auch wieder schließen. So ging sie langsam, Fuß vor Fuß setzend, in Richtung Schreibtisch. Im Kopf drehte es sich etwas.

Sie war froh, als sie sich auf dem Schreibtisch abstützen konnte, nach einer kleinen Pause schritt sie um den Schreibtisch herum, um sich erschöpft in den Stuhl fallen zu lassen. Dort schloss sie die Augen, atmete tief, während ihr Körper sich durch die Ruhe wieder entspannte. Sie musste zehn Minuten so gelegen haben. Dann öffnete sie erneut die Augen und blickte auf dem Schreibtisch umher. Sie suchte einen kleinen Zettel und einen Stift. Ihr Blick fiel auf aufgerissene Umschläge und andere Zettel, auch Kontoauszüge lagen achtlos auf dem Schreibtisch herum. Unter einem ganzen Stapel von verschiedenen Briefen lugte ein Buch hervor. Sie schob die Briefe zur Seite. Grimm. Es war das Märchenbuch. Sie lächelte. Erinnerungen kamen in ihr hoch. Sie zog es zu sich. Ihr Vater hatte kleine farbige Zettel in die Seiten gesteckt. Darauf hatte er ‚Montag' geschrieben oder ‚Dienstag'. Sie drehte den Kopf. Alle Wochentage waren verzeichnet. Was mochte das zu bedeuten haben? Als ihr Vater das Buch das letzte Mal bei ihr am Bett hatte, um daraus vorzulesen, da gab es die Zettel noch nicht. Aber wieso legte er Zettel in das Buch mit Angaben zu den Wochentagen, wenn er ihr doch nicht daraus vorlas oder die Märchen bei ihr am Bett erzählte. Ja, das war es, sie hatte ja gesagt, sie wolle keine Märchen von den Grimms mehr hören. Danach war er auch nie wieder mit dem Buch zu ihr ans Bett gekommen. Aber wieso hatte er dann Zettel mit den Wochentagen auf die Seiten geklebt?

Sie klappte das Buch bei ‚Sonntag' auf.
‚Die kluge Bauerntochter'. Sie begann zu lesen. Sie las von einem Bauern und seiner Tochter, die sehr arm waren, vom König ein Stück Land geschenkt bekamen, es bestellten und irgendwann einen Mörser aus Gold fanden. Der Bauer wollte den Fund dem König bringen, aber die Tochter riet davon ab. Der König würde sicher auch den Stößel fordern und den hätten sie ja nicht gefunden. Genauso geschah es, der König, in der Annahme, der Bauer hätte den Stößel unterschlagen, sperrte den Mann ein. Der jammerte im Kerker, er hätte auf seine Tochter hören sollen, die sei ja so schlau. Da holte ihn der König und schlug ihm vor, seine Tochter solle ein Rätsel lösen, dann würde er ihn freilassen und die kluge Tochter heiraten.

Sie solle kommen, so forderte er, nicht gekleidet und nicht nackt, nicht geritten und gefahren, nicht auf dem Weg, nicht außerhalb des Weges. Die Tochter, schlau wie sie war, zog sich aus und hüllte sich in ein Fischernetz, das band sie einem Esel hinten an den Schwanz und ließ sich ziehen und nur den großen Zeh steckte sie in die Fahrgleise und schon war das Rätsel gelöst. Der König heiratete die Tochter.
Das Mädchen klappte Grimms Märchen zu. Wie blöd. Wegen solcher Geschichten hatte sie die Märchen

nicht mehr gemocht. Wer heiratete schon ein Mädchen, nur weil es klug war. Kein Wort von Liebe. Der König versprach die Heirat einfach so. Sie klappte das Buch zu, legte es wieder auf den Tisch und zog die Briefe darüber, so wie sie vorher gelegen hatten.

Dann stand sie auf, seufzte, ging einen Schritt vorwärts, drehte sich um, zerrte den Stuhl wieder an seinen Platz und ging Richtung Bett. Es dauerte eine Zeit lang, bis sie wieder im Bett war. Dort angekommen, zog sie die Decke über sich, die vorhin auf den Boden gerutscht war und seufzte erschöpft. Das war anstrengend gewesen. Dann fuhr sie wieder hoch: Sie hatte den Zettel vergessen. Wie dumm von ihr. Nun war die ganze Überraschung hin. Aber noch einmal den Weg zurück zu legen, dazu hatte sie nicht die Kraft. Auch in die Küche zu gehen war zu anstrengend. Sie schlug mit der Hand aufs Bett. Sie hatte sich durch die Bauerntochter ablenken lassen. So lag sie in ihrem Bett, Ihr Herzschlag beruhigte sich wieder, sie sah aus dem Fenster, es hatte zu regnen begonnen.

Wie sie so da lag, klingelte plötzlich das Telefon. Sie zuckte hoch, sie wollte rufen, aber es war ja niemand da. Schließlich war Sonntag. Dann wollte sie aufstehen, aber sie war sicher zu langsam, das Klingeln würde aufhören, bevor sie den Hörer erreichen könnte. Da hörte sie Geräusche an der Wohnungstür, sie hörte die Stimme ihres Vaters, das Klimpern des Haustürschlüssels, der auf die Kommode gelegt wurde. Da war die Stimme ihres Vaters: „Aber Sie haben mich doch gestern entlassen." Eine Pause. „Ja, ich verstehe. Ja, ich bin morgen wieder da. Natürlich. Ja, Ihnen auch." Dann hörte sie, wie der Hörer wieder aufgelegt wurde.

„Probleme?", konnte sie Frau Wagner hören.
„Ja." Ihr Vater räusperte sich. „Ja, Probleme."

Die Zimmertür wurde vorsichtig geöffnet.
"Das Telefon hat dich geweckt?"
Der Kopf ihres Vaters war im Rahmen erschienen.
Sie strahlte ihn an: "Nein, ich war schon wach. Ich habe Frau Wagner gehört."
Ein zweiter Kopf erschien im Türrahmen.
"Ja, ich bin hier. Dein Vater war so lieb, mich im Auto mitzunehmen, es regnet draußen ganz heftig."
Die Tür wurde aufgeschoben.
"Schlaf' noch ein wenig", sagte sie, "wir gehen in die Küche, okay?"
"Okay", kam es aus dem Bett. Sie drehte sich auf die Seite, griff nach ihrem Teddy und zog die Decke über die Schultern.

Die Erwachsenen hatten die Tür wieder geschlossen und waren in die Küche gegangen. Probleme? Die Frage von Frau Wagner war wieder da. Sie schwebte durch den Raum, er drehte sich zur Kaffeemaschine. "Möchten Sie einen Kaffee?", fragte er, statt eine Antwort zu geben.
"Gerne", sagte sie.
"Ja, ich bin entlassen", sagte er, während er die Küchenschranktür in der Hand hielt und im Schrank etwas zu suchen schien.
"Oben", half Frau Wagner.
"Ah ja", antwortete er und zog eine Filtertüte aus einer Packung hervor. Die Tür klappte wieder zu, er hob den Deckel der Kaffeemaschine, stopfte die Tüte hinein und zählte die einzelnen Löffel Kaffee ab, dann schüttete er Wasser in die Maschine, stellt die Taste auf ‚Brühen' und drehte sich um.
"Ja, ich bin entlassen! Ich weiß gar nicht, wie es weitergehen soll, ich weiß eigentlich gar nichts." Sein Kopf sackte nach vorne, er seufzte tief.

"Aber warum sind Sie entlassen?", fragte sie warm hinter dem Küchentisch hervor.

„Es sind die Zeiten, wissen Sie. Wir sind nur zu zweit, wir haben zwar genug Arbeit und machen auch genug Gewinn, aber der wird immer wieder aufgefressen durch Reklamationen der Kunden. Reklamationen, weil wir Termine nicht einhalten können, weil ein Lieferant die Ware nicht liefern kann. Aber ich kann doch nicht alles machen. Ich versuche, dass der Laden läuft, wenn mein Chef unterwegs ist."

„Aha", sagte Frau Wagner, „... und was macht Ihr Chef?"

„Ja, der fährt zu den Kunden und versucht sie zu beruhigen, wenn etwas nicht läuft oder er fährt zu den Lieferanten oder er fährt die Ware selbst aus. Montags ist er in der Firma, um die Termine zu machen und dann fährt er los und ist meist erst am Freitag wieder da. Da kann ich ihn zwischendurch nur telefonisch erreichen, wenn etwas zu klären ist."

„Ja, aber haben Sie denn niemanden, der Ihnen zur Hand geht, der die Buchhaltung macht oder so?"
„Nein", sagte er, „das muss ich alles nebenher machen."

„Oh", sie verstand, „dann ist es wirklich ein Job, der gut ausfüllt. Was werden sie jetzt machen?"

„Ich weiß nicht. Ich bin ja dort schon so lange. Ich müsste eine Bewerbung schreiben, ich weiß gar nicht mehr, wie man das macht."

„Da machen Sie sich mal keine Sorgen, das kann ich ja mit Ihnen zusammen machen. Bei meinem Mann im Büro, da habe ich immer die Bewerbungen durchgesehen. Ich habe bei mir noch eine Schreibmaschine stehen, ich denke, das schaffen wir schon. Mit den Computern kann ich immer noch nichts anfangen, ich bin einfach schneller auf einer guten alten Schreibmaschine. Wo würden Sie sich bewerben wollen?"

Er zog die Schultern hoch: „Ach, wieder so etwas wie jetzt, so ein kleiner Betrieb. Ich liebe es, mit Kunden zu sprechen, das macht mir Spaß. Ich mag meinen Beruf, ich mag die Leute, mit denen ich zu tun habe, auch wenn es manchmal schwierig mit ihnen ist."

„Ich verstehe", sagte sie. „Warum übernehmen Sie nicht einfach den Laden, wenn Ihr Chef nicht mehr will?"

Er lachte kurz auf: „Das kann ich mir nicht leisten."

„Wieso?", fragte sie, „Ihr Chef will ja zumachen, er wird niemanden finden, der den Laden kauft."

„Von der Seite habe ich es noch nie gesehen."

„Was würden Sie denn anders machen, wenn Sie das Sagen hätten?"

„Ich würde jemanden einstellen, der nur die Reklamationen bearbeitet und der die Termine überwacht."

„Ja, dann schlagen Sie das doch Ihrem Chef einmal vor."

„Das habe ich schon mehrmals getan, aber er sagt dann immer, dafür sei kein Geld da und das würde sich nicht lohnen."

„Das klingt aber unlogisch, wenn er gerade deswegen jetzt den Betrieb aufgeben muss, gerade weil es nicht läuft mit den Terminen und den Reklamationen."

„Sicher."

„Damals, als es dem Betrieb meines Mann schlecht ging, da haben wir alle Kunden und alle Lieferanten genau angeschaut und sind sie einzeln durchgegangen und haben geprüft, welchen Lieferanten wir durch einen anderen ersetzen können, haben Angebote eingeholt und als es auf der Seite geklappt hat, da hat es dann auch mit den Kunden wieder geklappt. Durch die Mund-zu-Mund-Propaganda haben wir dann viel mehr Kunden gehabt als am Anfang."

„Das klingt alles so toll, aber was haben wir nicht schon alles versucht und es hat nicht funktioniert."
„Danke", sagte Frau Wagner, als er ihr die Tasse hinhielt. „Es wäre aber schade um den Betrieb, finde ich."
„Ja sicher", stimmte er zu.

So unterhielten sie sich noch einige Zeit, dann verabschiedete sich Frau Wagner, sie müsse noch einen Besuch machen und wolle nicht zu spät kommen. Sie hatte noch kurz im Kinderzimmer vorbeigeschaut, sich auf das Bett gesetzt und sie hatten ein wenig miteinander geredet. Er hatte nichts verstanden von dem, was da gesprochen wurde. Dann hatte er Frau Wagner noch zur Tür gebracht, hinter ihr her gegrüßt, die Tür geschlossen und war zu seiner Tochter ans Bett gegangen.
„Ich werde die Wohnung etwas in Ordnung bringen, ich muss saugen und die Fenster putzen, der Kühlschrank muss abgetaut werden und ich muss noch etwas am Schreibtisch erledigen. Ich lasse die Türen offen, dann kannst du alles hören, was ich mache, ist das okay?"
„Okay", sagte sie.

Sollte sie erzählen, was sie gemacht hatte? Sie beschloss, nichts zu sagen, so lächelte sie ihn an und winkte ihm zu. Sie konnte das Brummen des Staubsaugers hören, nach einer Zeit schaute er herein. „Ich mache jetzt die Fenster, deck' dich gut zu." Sie nickte heftig und vergrub sich in ihrem Bett. Sie konnte ihren Vater hören, wie er die Fenster eines nach dem anderen putzte. Als letztes reinigte er ihr Fenster. „Warum putzt du die Fenster, wo es doch geregnet hat?" „Weißt du", sagte er, „da ist trotzdem Dreck am Rahmen und so, den mache ich weg. Wenn man es zu lange aufschiebt, dann sind die Ecken schwarz und es dauert ewig, bis man fertig ist. Wenn man es regelmäßig macht, dann ist es nicht so viel Arbeit. Ist es mit deinen Hausaufgaben nicht auch so?"

Sie sah verwundert auf.
„Ja", sagte er, „wenn du sie aufhäufst, dann sind es unheimlich viele, aber wenn du dich dahinter klemmst und sie regelmäßig machst, dann ist es nicht so schlimm, findest du nicht?"
„Da kannst du recht haben", musste sie zugeben.
„Siehst du", erläuterte er, „das ist bei Erwachsenen auch so."
Da war er auch schon fertig mit ihrem Fenster. Befriedigt schloss er es und zog die Gardine halb vor. „So. Ich werde mich jetzt an meinen Schreibtisch setzen und noch dies und das erledigen. Ich lasse die Tür offen."
„Wolltest du nicht noch den Kühlschrank abtauen?", fragte sie.
„Oh ja, sicher. Ja. Aber das kann ich auch noch irgendwann anders machen. Ich lasse die Tür auf, sag' einfach, wenn Du etwas brauchst, okay?"

Sie konnte ihn am Schreibtisch hören, sie hörte Papier rascheln. Von Zeit zu Zeit klackte der Hefter oder der Locher, Ordner wurden aufgeschlagen, manchmal seufzte ihr Vater, dann trommelten seine Finger auf dem Tisch.
So ging der Sonntag vorüber, ein paar Mal hatte sie ihn gerufen, weil sie auf die Toilette musste, er hatte ihr etwas zu trinken zubereitet, nachmittags hatte er ihr ein Stück Kuchen ans Bett gebracht. Er hatte stundenlang hinter seinem Schreibtisch gesessen, sie hatte geschlafen oder einfach nur gedöst oder aus dem Fenster gesehen, wie die Wolken vorbeizogen.

Als es draußen schon dunkel war, da war ihr Vater an ihr Bett gekommen. Sie hatten sich ein wenig unterhalten, er hatte seinen Arm um sie gelegt. „Wie soll es weitergehen?", hatte sie gefragt. „Kind, das wird sich alles finden, mach dir nur keine Gedanken. Ich habe heute noch einmal alles durchgerechnet, das wird alles gehen. Ich glaube gar nicht, dass wir zumachen müssen. Ich werde das morgen mit meinem Chef besprechen."

„Meinst du wirklich?", sie richtete sich auf, „wirklich, Papa?"

„Ich bin ganz zuversichtlich."

„Das ist aber schön", sagte sie.

„Du musst dich wieder hinlegen", lenkte er ab, „denk' dran, du bist ja noch krank."

„Ja Papa", sagte sie. „Ja. Aber du erzählst mir noch etwas, damit ich besser schlafen kann, ja Papa?"

„Na klar, mein Schatz, das tue ich. Also, es war einmal."

Sie lachte kurz auf.

„Was ist?", fragte er sie erstaunt. „Was lachst du?"

„Es war einmal", sagte sie, „das klingt ja wie ein Märchen."

„Stimmt", antwortete er, „ein Märchen ist es eigentlich nicht. Wie soll ich dann anfangen?"

„Sag' doch einfach ‚da war' oder ‚da waren'."

„Ja", sagte er, „das werde ich machen."

„Da waren ein Mädchen und ihr Vater, die haben ein Haus geerbt."

„Papa, sind wir das?" „Nein, nein", erklärte er, „die Tochter war schon viel älter als du."

„Ach so", sagte sie.

„Also, die haben nun ein Haus geerbt. Sie haben etwas umgebaut und in einer Zwischenwand haben sie versteckte Zinsscheine gefunden. Du weißt, das sind so Marken, auf die man bei der Bank Geld bekommt, nämlich Zinsen. Wir sollten sie nicht zur Bank bringen, meinte die Tochter, denn sonst werden die auch die Urkunden, also die Anleihen sehen wollen, die dazugehören. Denn wo Zinsscheine sind, da müssen auch Anleihen sein. Aber ihr Vater schlug die Warnung in den Wind und brachte die Zinsscheine zu dem Rechtsanwalt, der die Erbschaftssache bearbeitet hatte. Der aber zeigte den Vater an, denn wo Zinsscheine sind, da müssen auch Anleihen sein. Es kam, wie seine Tochter es vorausgesagt hatte."

Ihr Vater machte eine Pause, da richtete sich seine Tochter erstaunt im Bett auf. „Was ist?", fragte er. „Nichts", sagte sie. „Es ist nichts, erzähl ruhig weiter."

„Also, seine Tochter hatte ja vorausgesagt, dass es Ärger geben würde und so war es auch. Der Vater wurde schwer bestraft, er sollte den Wert der Anleihen bezahlen und eine Strafe obendrein. Als er einmal auf einer Bank im Park saß und vor sich hin schimpfte, seine Tochter habe das alles geahnt, er habe ja schließlich eine so kluge Tochter, da sprach ihn jemand an."

Sie unterbrach ihn. „Aber, musste er nicht ins Gefängnis?"

„Nein", ihr Vater sah sie an, „heute müssen die Leute nicht so schnell ins Gefängnis. Soll ich weitererzählen?"

„Ja, ja", sagte sie und hing wieder an seinen Lippen.

„Also, der Mann, der den Vater da ansprach, war ein Unternehmer. Er sagte, er suche immer kluge Menschen für seine Firma. Wenn Ihre Tochter wirklich so schlau ist, dann könnte sie doch bei mir anfangen. Aber sie muss erst folgendes Rätsel lösen: Sie darf ihre Bewerbung nicht schicken, sie darf ihre Bewerbung nicht mündlich vortragen, sie darf auch nicht zu mir in die Firma kommen.

Das ist aber schwierig, sie darf nicht vorbeikommen und sie darf nicht anrufen, ja wie soll sie sich denn dann bewerben? Der Mann verabschiedete sich mit den Worten: Ihre Tochter wird es wissen, wenn sie so klug ist, wie sie sagen.
Weißt du, wie die Tochter es gemacht hat?"
„Nein", sagte sie, „keine Ahnung."

Sie sah ihren Vater an. Das kam ihr alles so bekannt vor. Sie musste an das Buch mit dem Zettel für Sonntag denken. Da ging es auch um etwas, was nur zur Hälfte zu finden war, da war auch eine Tochter. So langsam dämmerte ihr, was ihr Vater ihr da erzählte. Sie öffnete den Mund: „Du, Papa", sagte sie.
„Ja", antwortete er.
„Du, Papa", sie stutzte, „nein, es ist nichts."
„Also du weißt es nicht?"
„Nein, Papa."
„Die Tochter malte ein großes Schild, mit dem stellte sie sich auf die gegenüberliegende Straßenseite vor die Firma. Sie hielt es hoch und ein paar Menschen blieben stehen und betrachteten das Mädchen, wie es das Schild hochreckte. Einige fragten, was das solle, aber sie hielt nur das Schild hoch und wenn jemand aus dem Fenster gegenüber schaute, dann drehte sie es um. Nun standen immer mehr Menschen um sie herum und sahen sich das Schauspiel an, wie das Mädchen stumm mit dem Schild da stand und es hin und her drehte. Weil die Menschen auf der Straße immer mehr wurden und immer lauter diskutierten, öffneten sich immer mehr Fenster zur Straße hin. Die ersten Autos hielten an, die Fahrer stiegen aus, um zu sehen, was da passierte, andere weiter hinten in der Schlange hupten, weil der Verkehr stockte. Nach einiger Zeit sah auch der Mann aus dem Park aus einem der Fenster. Er lachte auf, als er das Mädchen mit dem Schild sah. Weißt du, was auf dem Schild stand?"

„Nein", sagte sie, „es kann ja nichts Geschriebenes gewesen sein, sie sollte ja keinen Brief schicken."

„Ja, richtig. Sie hatte einen großen Pfeil gemalt, der nach unten zeigte, also auf sie. Auf der anderen Seite war ein Bleistift gemalt. Verstehst du, es war keine Schrift, aber sie konnte klar machen, dass Sie, darum der Pfeil, gerne schreiben würde, daher der Bleistift. Ein junger Mann eilte über die Straße, sein Chef schicke ihn, sie möge doch bitte herüberkommen, er möchte mit ihr sprechen. So bekam sie dann eine Ausbildungsstelle, heute ist sie in der Firma Abteilungsleiterin. Ist das nicht schön?"

„Sicher, das ist eine schöne Geschichte, auch mit einem Happy End", sagte sie.

„Ja", sagte er, „so schlaf recht schön. Wenn du nachher eingeschlafen bist, dann gehe ich noch etwas weg, okay? Brauchst du noch etwas?" Sie schüttelte den Kopf. „Ich bin ja auch noch etwas da", erklärte er, „ich höre dich, du musst einfach nur rufen."

Sie hatte lange im Bett gelegen. Die Gedanken rasten durch ihren Kopf. Hatte ihr Vater ihr Märchen erzählt? Hatte er einfach die Geschichten etwas umgemodelt? Es waren Grimms Märchen, die er erzählt hatte und er hatte sie, statt sie nur vorzulesen, neu erfunden. Mit der Faust schlug sie auf das Bett. Er hatte sie belogen. Er hatte keine Geschichten erzählt, die wirklich passiert waren, sondern er hatte Geschichten erfunden und dann nicht einmal neue, er hatte nur Geschichten umerzählt. Sie schlug wieder mit der Faust auf die Decke. Er war ein Betrüger. Er hatte sie um die Geschichten betrogen. Dann sah sie an die Zimmerdecke, andererseits, er hatte es gut gemeint. Waren seine Geschichten dadurch besser oder schlechter geworden, nur weil sie erfunden waren? Nein, sicher nicht, es war doch eigentlich ganz egal, ob er sie neu erfunden hatte oder umerfunden hatte. Sie hatte gut schlafen können danach. Deswegen hatte er sie ihr erzählt, Geschichten zum Einschlafen, ohne Gewalt, und sie waren halt so, wie er die Welt erlebte. Da kamen immer wieder Auszubildende vor und Chefs und Menschen, die in Firmen arbeiteten und Anleihen und Zinsscheine.

So weit ging seine Fantasie dann doch nicht, sich etwas völlig Neues auszudenken, das weder mit seinem Beruf und seiner Umwelt noch mit dem ursprünglichen Märchen etwas zu tun hatte. Der Liebe, er hatte versucht sich Geschichten auszudenken, die sie nicht beunruhigten oder aufregten. Sie war gespannt auf die Geschichten, die er demnächst erzählen würde. Sie würde versuchen, die Geschichten bei den Grimms zu finden. Morgens, wenn er fort war, bevor Frau Wagner kam, würde sie aufstehen und nach ihnen suchen. Das Buch lag sicher auch weiterhin auf dem Tisch und dann würde sie darin blättern und die Märchen suchen. Halt, dachte sie, es stecken ja die Fähnchen drin, die die Wochentage bezeichnen, er hatte ja sozusagen schon vorgearbeitet und sich Geschichten auf Vorrat ausgedacht. Wenn sie nun in dem Buch blätterte, würde sie rasch die Geschichten finden und dann wäre die Überraschung fort. Sie würde also nicht in das Märchenbuch schauen und sich der Überraschung berauben. Sie würde versuchen, die Märchen einfach selber wieder zu entdecken. Dann dachte sie noch einmal an das Buch. Nein, sagte sie sich. Das waren zu viele, sie kannte ja gar nicht alle. Das würde nicht funktionieren. ‚Die kluge Bauerntochter' war schließlich auch ein Märchen, das sie noch nicht gekannt hatte. Grimms Märchen bestanden ja nicht nur aus dem gestiefelten Kater, Frau Holle und Hänsel und Gretel.

Wieso eigentlich Hänsel und Gretel? Nannte man Frauennamen nicht immer zuerst? Gretel und Hänsel. Komische Namen.

„Was ist?", hörte sie ihren Vater, „ich habe dich nein sagen hören."

„Ich? Du musst dich irren, ich habe nichts gesagt, ich denke nur nach."

„Dann ist es ja gut." Er trat ins Zimmer, ging zum Fenster und zog die Gardine zu. Man konnte den Mond sehen, wie er hinter den Bäumen am Horizont hervorkam.

„Du solltest schlafen, es ist spät. Morgen ist Montag, da kommt wieder deine Lehrerin. Hast du deine Hausaufgaben gemacht?" „Ja, Papa."

„Das ist gut." Er trat an ihr Bett und gab ihr einen Kuss auf die Stirn.

Nach ein paar Stunden, sie war schon längst eingeschlafen, stand er von seinem Stuhl auf. Er zog sich eine Jacke an, seine Tochter schlief tief und fest, schlich die Diele entlang. Es klackte, als er die Tür zuzog.

Die freie Journalistin winkte ihm zu, als er in die Kneipe trat. „Ich dachte schon, sie würden gar nicht mehr kommen." „Haben Sie denn auf mich gewartet", fragte er. „Und ob", sagte sie, „ich wollte mit Ihnen auf meinen neuen Artikel anstoßen."

„Ach ja?", antwortete er und setzte sich auf den Barhocker neben sie. „Das freut mich. Bei mir sieht es nicht ganz so rosig aus. Mein Chef hat mir gestern offenbart, dass wir zumachen werden."

„Das tut mir aber leid. Trotzdem, auf ein neues Leben", sagte sie. Er stieß mit seinem Bier an, das der Wirt hingestellt hatte. Man kannte ihn ja schließlich.

„Wir sollten jetzt Brüderschaft schließen", fing sie wieder an. „Beim letzten Mal haben Sie mich schließlich schon geduzt und jetzt wieder das Sie." „Ach, lassen Sie mal", sagte er, „damit hab' ich es nicht so. Seit meine Frau tot ist, bin ich etwas gehemmt. Auch die Frau Wagner, die tagsüber meine Tochter betreut, die nennen wir alle noch Frau Wagner, obwohl sie doch eigentlich eine Freundin meiner Frau ist. Nichts für ungut, ein anderes Mal trinken wir vielleicht Brüderschaft."

„Na dann", sagte die freie Journalistin.

„Also, mein Artikel erscheint morgen, also Montag, hier im Kurier, in der Tageszeitung. Lesen Sie die Zeitung?"

„Ja, sicher, wie alle das ja tun", meinte er.

„Was werden Sie machen, wenn Sie arbeitslos sind?"

„Ich weiß nicht, es gibt daheim so viel zu tun und da ist immer noch meine Tochter, um die werde ich mich mehr kümmern, das ist in der letzten Zeit wirklich zu kurz gekommen. Ich bin nur froh, dass alle anderen geholfen haben, alleine hätte ich das nie geschafft."

„Sind Sie denn häuslich?"

„Wie meinen Sie das?"

„Naja, können Sie Fenster putzen, können Sie kochen?"

„Ja, sicher kann ich das."

„Na, durch meine Fenster kann man dann nicht durchsehen, wenn ich das mache. Das macht alles meine Zugehfrau. Auch bügeln, das macht sie."

„Verdienen Sie denn mit Ihren Artikeln so gut, dass Sie sich das leisten können?"

„Es kommt drauf an, Exklusiv-Stories bringen natürlich mehr als reine Reportagen. Manchmal kaufen verschiedene Zeitschriften meine Geschichten, dann bekomme ich mehrmals Geld."

„Verstehe", sagte er.

„Sie sollten Ihre Märchen auch veröffentlichen."

„Ich, wie meinen Sie das?"

„Na, Sie sollten die Geschichten zu einem Verlag bringen, damit sie dort veröffentlicht werden oder Sie können sie auch einer Zeitung anbieten, die drucken dann eine Geschichte pro Woche oder so."

Er lachte. „Dazu müsste ich sie erst einmal aufschreiben."
„Wie?", sie stellte ihr Glas mit einem Knall auf den Tresen, neben den Bierdeckel, auf dem es eigentlich landen sollte. „Sie haben die Geschichten noch nicht aufgeschrieben?"
„Nein, der Gedanke kam mir noch nie."
„Oh", sagte sie.
Dann begann sie in ihrer Tasche zu kramen. „Ich muss gerade Mal telefonieren."
Sie rutschte vom Barhocker herunter und ging in Richtung Toiletten. Er hörte noch, wie sie ‚Ich bin's' ins Telefon sprach.
Als sie zurückkam, waren ihre Wangen leicht gerötet.
„Ich muss leider gehen", sagte sie, zog aus ihrer Geldbörse einen Schein heraus, legte ihn auf den Tresen, raffte ihre Sachen zusammen und verabschiedete sich.

Er sah ihr nach. Erst der Wunsch nach Verbrüderung, dann dieser hastige Aufbruch, sie hatte gar nicht gesagt, weswegen.
Lange blieb er nicht mehr, die Woche würde lang werden.
Er trank den letzten Schluck aus und zahlte.

Draußen auf der Straße war es kalt. Das Mondlicht tauchte die Straße und die Häuser in ein eigenartiges Licht.
Stimmt, er hatte die Geschichten nicht aufgeschrieben, warum auch, es waren schließlich nur Geschichten für seine Tochter. Ihr hatte er sie erzählt.

Sie für andere Menschen in einem Artikel oder in einem Buch aufzuschreiben, das war ihm gar nicht in den Sinn gekommen. Andere Menschen würden sich gar nicht dafür interessieren. Wer begeisterte sich schon für Märchen oder Geschichten? Heutzutage doch niemand mehr. Da lasen die Menschen ganz andere Sachen oder sie sahen Fernsehen. Wen kannte er denn, der sich noch für Märchen interessierte. Kaum jemand konnte noch ein Märchen von Hauff erzählen. Andersen, das war vielleicht schon einfacher. Was kannte er noch? Da waren diese Bücher, in denen Märchen verschiedener Völker gesammelt waren. Aber bis auf einige wenige waren die doch hier nicht weitererzählt worden. Einige Märchen waren verfilmt worden, aber was nicht als Kinderhörspiel oder Film zu kaufen war, das war doch in Vergessenheit geraten.

Damals, als die Brüder Grimm die Geschichten aufgeschrieben hatten, da gab es noch kein Radio, geschweige denn Fernsehen, die Menschen hatten sich die Geschichten am Feuer oder bei Kerzenschein erzählt, elektrisches Licht gab es noch nicht, das Telefon war noch nicht erfunden. Und, wie war das heute? Er hielt sich an einem Laternenmast fest, legte den Kopf in den Nacken, was erzählten sich die Menschen heute? Nur Probleme, nichts als Probleme, darüber sprach man, das erzählte man sich. Man erzählte vom Beruf oder vom Urlaub. Man erzählte, was man im Fernsehen gesehen hatte, man erzählte, was man gekauft hatte, man sprach über Politik.

Aber richtige Märchen? Er schüttelte den Kopf, stieß sich von der Laterne ab, richtige Märchen, er konnte sich nicht daran erinnern. Worüber würden die Menschen sich in hundert Jahren unterhalten? Aus der Zeit der Brüder Grimm blieben die Geschichten, die jeder kannte. Dann war da noch die Bibel, aber ansonsten, was wurde aus den Geschichten, die nicht aufgeschrieben worden waren oder die heutzutage im Fernsehen gesendet wurden, waren das weitergegebene Geschichten?

Es gab sie einfach nicht mehr, dachte er.

Früher erzählte man sich Märchen, die die Grimms dann aufschrieben, aber heute?

War da noch etwas, dass es wert war aufgeschrieben zu werden? Heutzutage?

Er schüttelte den Kopf, zog den Kragen seiner Jacke hoch und machte sich auf den Weg nach Hause.

Es war kalt für die Jahreszeit.

Noch mehr Fragen

Es war der Montag nach dem Samstag. Er saß seinem Chef gegenüber. Der stützte seine Ellenbogen auf den Schreibtisch und sah ihn aufmerksam an.
„Ich habe alles noch einmal durchgerechnet am Wochenende. Wir könnten es schaffen. Ein paar Änderungen hier und da und es sollte klappen."

„Das hatte ich mir anders vorgestellt", sagte sein Chef. Er lehnte sich zurück und ließ die Hände in den Schoß fallen. „Ich hatte gehofft, sie würden es leichter tragen. Ich hatte gehofft, Sie würden an diesem Wochenende bereits ihre Bewerbung vorbereiten oder die Zeitung studieren."

Da saßen sie einander gegenüber. Der eine enttäuscht, weil er Probleme fürchtete, der andere, weil er nicht verstanden wurde. ‚Ach, würde doch sein Chef versuchen zu verstehen.'
„Wir können es schaffen!", schob er noch einmal nach.
„Sie wissen doch, uns fehlt noch jemand, der das Büro organisiert, der das Telefon abnimmt, während Sie telefonieren. Jemand, der die Kunden beraten kann und der für uns die Termine macht. Das können Sie allein nicht schaffen, egal, wie sehr Sie sich anstrengen. Fehler bei der Planung bringen uns Verluste oder Probleme. So verstehen Sie doch. Zu zweit können wir es nie schaffen. Wir müssen uns damit abfinden. Es ist aus."

Damit lehnte er sich zurück, fixierte sein Gegenüber. ‚Ach, würde er doch verstehen, es ging nicht.' Er fixierte weiter, als ob er mit Hypnose ans Ziel kommen wollte. „Aus", sagte er und stieß einen Seufzer aus.

„Ich habe alles durchgerechnet. Wir könnten uns eine Aushilfe leisten."

„Aber die wäre doch nur einen Teil des Tages da, das würde nur noch mehr Durcheinander stiften. Nein."

„Aber wenn wir jemanden hätten, der einfach mal organisiert, der einfach mal Ordnung bei uns hineinbringt."

„An wen dachten Sie da?" Die Frage klang fast spöttisch.

„Ich weiß nicht. Jemanden, der sich auskennt."

„An wen dachten Sie da? Solche Leute kosten Geld. Da gibt es diese Beratungsfirmen, die können einem Leute schicken, die sich den Laden angucken und dann gute Vorschläge machen. Aber das kostet wie gesagt Geld, viel Geld."

„Nein", war die Antwort, „an so was dachte ich eigentlich gar nicht, ich dachte an jemanden, der sich wirklich auskennt."

„So. Einen Teilhaber? Na dann. Schlimmer als jetzt kann es nicht werden. Also wer ist es? Jemand, den ich kenne?"

„Nein", war die Antwort, „es ist die Freundin meiner Frau."

„Ach so", spöttelte sein Chef. „Sie ist die Leiterin eines kleinen Familienunternehmens als – Hausfrau?"

„Nein, nein, ihr Mann war Fabrikant, sie hat den Laden dort mit aufgebaut. Wenn uns jemand helfen kann, dann sie."

Nun beugte sich sein Chef doch neugierig vor. „Haben Sie sie schon gefragt, ob sie uns aushelfen würde? Was würde sie dafür haben wollen? Ein Viertel der Anteile? Oder mehr? Wie viel Geld wird sie regelmäßig verlangen? Haben Sie das schon gefragt?"

„Ich habe sie deswegen noch gar nicht angesprochen. Sie wissen doch: Meine Tochter. Sie organisiert bei uns den Haushalt, da ist wenig Zeit für andere Dinge und ich bin noch gar nicht auf die Idee gekommen sie zu fragen."

„Tja, dann machen Sie das mal. Ich verspreche mir zwar nichts davon, aber ich möchte mir später keine Vorwürfe machen müssen. Wann kann ich mit Ihrer Antwort rechnen?"

Peter sah auf die Uhr: „Es ist schon 19 Uhr, da wird sie sicher nicht mehr da sein. Meine Tochter wartet gewiss auf mich."

„Gehen Sie ruhig, ja, es ist spät. Ich erwarte dann ihre Antwort auf das Gespräch übermorgen früh, aber bitte gleich zu Beginn, das nagt sehr an meinen Nerven. Langsam gewöhne mich an den Gedanken, nein, ich habe mich damit abgefunden, dass hier Schluss sein wird. Lassen Sie es nicht zu, dass alles in die Länge gezogen wird, das rüttelt an meinen Nerven."

„Ich, ja sicher, ich werde jetzt gehen."

Damit verabschiedete er sich, aber als er die Antwort hören wollte und sich umdrehte, konnte er seinen Chef sehen, wie er den Kopf auf seine Arme gelegt hatte und so zusammengebrochen am Tisch saß. Die Tür fiel ins Schloss, er war verblüfft. Sein Chef! Was er gehört hatte, hatte wie ein Schluchzen geklungen.

Daheim angekommen stellte er fest, dass er recht gehabt hatte. Frau Wagner war nicht mehr da. Ein Zettel auf dem Küchentisch sagte etwas von Nudeln, er machte den Kühlschrank auf und richtig, da stand ein Topf mit Nudeln, er roch daran, der Topf war noch etwas warm. Er beschloss, gar nicht mehr das Aufwärmen abzuwarten, er begann gleich zu essen. Es waren so viele, die waren sicher auch noch für Morgen gedacht.

Er steckte die Gabel hinein und begann zu drehen, einen großen Happen nahm er und schmeckte frische Kräuter, die in der roten Soße waren. Ein Genuss.

Dann konnte er seine Tochter hören, mit dem Topf und der Gabel in der Hand drückte er mit dem Ellenbogen den Türgriff herunter.

„Hast du mich vergessen?", fragte sie schelmisch.

„Oh", sagte er breit lächelnd, „habe ich eine Tochter, war mir kurz entfallen. Ich bin gerade am Essen."

„Nudeln", sagte sie, „ja, die gab es Abend." „Esst ihr denn abends warm? Was gab es zu Mittag?" „Wir hatten heute Mittag Brotsuppe."

Er verzog das Gesicht: „Wieso das denn?"

„Wir hatten zu viel Brot, da hat Frau Wagner Milch dazu gegeben, Haferflocken und Sultaninen. Das Brot hat sich aufgelöst, es hat prima geschmeckt, obwohl es durch die Milch nur lauwarm war. Heute Abend gab es dann Nudeln."

„Ach so", sagte er und nahm einen weiteren Happen. Das gelang ihm nicht so gut, etwas blieb an seiner Wange hängen. Mit der Zunge angelte er nach der Soße, die aus seinem Mundwinkel geflossen war. „Ich gehe besser in die Küche, ich bin so sicher weder ein schöner Anblick noch ein Vorbild."

Sie musste lachen. Es sah auch wirklich zu komisch aus. „Ja", rief sie, „geh' nur und komm dann aber wieder."

Als er nach einiger Zeit mit sauber gewischter Wange und vollem Bauch neben ihr saß, legte sie ihre Hand in die seine. „Ich habe über das Mädchen nachgedacht, das mit dem Schild vor der Firma stand. Ist die Geschichte wahr?"

„Wie meinst du das?" „Na, gab es wirklich ein Mädchen, das da mit dem Schild stand und so einen Ausbildungsplatz bekam?"

„Ja, sicher, warum fragst du?"

„Ach, die Geschichte klingt so erfunden."

„Glaubst du denn, dass ich die Geschichten erfinde?"

„Aber nein, Papa." Sie fuhr hoch. „Erzähle immer weiter, hörst du."

„Leg dich wieder hin", er hatte den Arm um sie gelegt. „Leg' dich wieder hin. Du bist noch zu schwach."

„Aber erzähl' mir was, ja?"

Er lächelte sie an. In ihren Augen sah er Frau Holle, die ihre Betten schüttelte. Er sah den Bauern, der um sein Pferd betrogen worden war. Ja, er könnte die Geschichte von gestern weitererzählen.

Doch da kam ihm plötzlich ein Geistesblitz.

„Ich erzähle dir die Geschichte von einem, der mit seinem ganzen Ersparten in die Welt zog. Also, der wollte eine große Reise machen, nachdem er gekündigt hatte. Er zog los und an der Grenze tauschte er sein Geld um, weil dort anderes Geld gültig war. Das hatte man ihm geraten, weil er sonst bei jedem einzelnen Geldwechsel viel Gebühren bezahlen müsse. So tauschte er sein ganzes Geld um und konnte die Gebühren sparen."

„Ist das eine Geschichte von dir, Papa? Willst du weggehen?"

„Aber nein, mein Schatz", sagte er. „Ich erzähle weiter.

Es ging allerdings in dem Land gerade schlecht und so wurde sein Geld jeden Tag weniger wert. Das sah er und überlegte, was er tun solle. Er könnte Waren kaufen, die wären am nächsten Tag noch da und würden nicht an Wert verlieren. So kaufte er kurz entschlossen ein Auto. Am nächsten Morgen sah er sein Auto vor dem Hotel stehen und war froh, dass sein Geld nicht weniger geworden war. Dumm war nur, dass er keinen Führerschein hatte. Als er da so stand und darüber nachdachte, kam ein Händler vorbei, der stellt sich dazu und fragte: Woran denken Sie? Ach, sagte der Mann, ich habe ein Auto, weiß aber gar nichts damit anzufangen, ich habe keinen Führerschein. Das ist dumm, sagte der andere Mann. Ich sollte den Wagen eintauschen gegen anderes, mit dem ich etwas anfangen kann. Ich sollte ihn gegen Lebensmittel eintauschen, dann habe ich wenigstens zu essen.

Das ist gut, sagte der andere Mann, zufällig habe ich um die Ecke einen Anhänger mit Dosenfleisch stehen. Wir könnten doch einfach tauschen. Das ist ein guter Gedanke, so gingen sie um die Ecke und richtig, dort stand ein Anhänger mit Kisten voller Dosen.

Sie einigten sich also und so hatte er einen ganzen Anhänger voll Dosenfleisch. Etwas ratlos stand er da, begann dann aber das Gefährt die Straße entlang zu ziehen. Das war sehr anstrengend. Ein Mann sah ihn, wie er sich da so mit dem Anhänger abschleppte. Sie sollten etwas mit einem Motor haben. Was wollen Sie eigentlich mit dem ganzen Anhänger machen? Also, ich, ich habe den Anhänger eingetauscht, aber ich merke, es ist sehr beschwerlich damit. Ach, sagte der Mann am Straßenrand, da kann ich Ihnen helfen. Sie nehmen einfach mein Fahrrad und ich nehme Ihnen den Anhänger ab und ziehe ihn selber. Sehen Sie nur, ein wirklich schönes Rad. Mit meinem Rad kommen Sie auch viel schneller vorwärts und müssen sich nicht mit dem Anhänger abplagen.

Und wirklich, so auf dem Fahrrad, mit dem Fahrtwind, das war schon ein tolles Gefühl.

Er war stadtauswärts gefahren, als plötzlich ein Reifen platzte. So stand er am Straßenrand. Aber niemand kam. Da schob er das Rad in den nächsten Ort. Dort traf er nette Menschen, die ihm für das Rad einen ganzen großen Korb mit Lebensmitteln gaben. So hatte er sich das gedacht. Er hatte etwas zu essen und war richtig glücklich.

Als er wieder an die Grenze kam, um nach Hause zu kommen, da war der Korb leer. Aber das war egal, weil er ja schließlich wieder daheim war."

„Ja, aber", staunte seine Tochter, „das ganze Geld ist doch weg."

„Aber das war nicht so schlimm für ihn", sagte ihr Vater.

„Komisch, er war doch plötzlich wieder arm."

„Ja, aber er war vielleicht glücklich, er hatte etwas erlebt. Er hatte versucht, aus seinem Leben und seinem Geld etwas zu machen und das hatte funktioniert. Wozu brauchte er das Geld, es hatte ihm nichts gebracht. Alle Investitionen, die er gemacht hatte, waren missglückt, aber das hätte ihm auch daheim passieren können."

„Sicher", sagte seine Tochter, „was bringt einem Geld, wenn man unglücklich ist. Oder krank."

„Ja, oder krank", sagte ihr Vater und deckte sie ganz zu.

„So, jetzt wird aber geschlafen."

Sie lächelte ihn an, schloss die Augen und schon war sie entschlummert.

Er lächelte zurück, stand vorsichtig auf und ging zur Tür.

„Nein, Geld alleine bringt nichts", sagte er und ging aus dem Zimmer.

„Du kommst spät", sagte der Wirt und wedelte mit einer Zeitung. „Deine neue Freundin war hier und hat auf dich gewartet und mir die Zeitung gegeben. Ihr

Artikel sei veröffentlicht. Im Lokalteil, du würdest ihn leicht finden. Sie war bis vor zehn Minuten da und dann ist sie weg, dachte, du kommst nicht mehr."

Der Wirt hielt ihm die Zeitung hin, wie man im Wahlkampf Werbung der Parteien hingehalten bekommt: Da - lesen - interessant für Sie. Dabei hat man ganz andere Themen im Kopf.

„Was hat sie geschrieben?", fragte er, statt die Zeitung zu nehmen.

„Keine Ahnung, musst du schon selber lesen." Der Wirt hatte die Zeitung, überdrüssig sie in der Hand zu halten, auf die Theke gelegt. Mit einem ‚wie immer', hatte er sich umgedreht und war hinter den Zapfhahn geschlurft. Statt einer Antwort hatte er nur ein Kopfnicken bekommen. Die Zeitung wurde genommen und aufgeklappt. Politik, Kommentare, Bilder von Katastrophen, er wusste nicht, wonach er suchen sollte. So blätterte er lustlos weiter, er kam zum Lokalteil, er sah sich die Bilder an. Es waren einige Anzeigen in der Zeitung, großformatig, er bekam Brotaufstrich und Autos entgegen gehalten, sein Blick ging über Palmen und Sportboote. Wonach sollte er suchen? Es war eine Wochentagsausgabe, nicht so dick wie die Sonntagsausgabe. Wenn sie einen Artikel geschrieben hatte, dann müsste er einzeln danach schauen, mit welchem Kürzel er unterschrieben war. Einzeln jeden Artikel, dazu hatte er jetzt keine Lust. Woher sollte er wissen, auf welche Art Artikel sie spezialisiert war. Es konnte ein Artikel über Autos sein, Klatschgeschichten von Prominenten, politische Kommentare oder Interviews mit irgendwelchen Politikern oder Berichte über Ausstellungen, wie der regionale Züchterverein für Fleckvieh oder so. Sie hätte den Artikel wenigstens markieren können.

Er klappte die Zeitung wieder zu. Er würde sie mitnehmen und die Frau bei Gelegenheit wieder fragen. Die Frau. Er hatte den Namen vergessen. Er sah in das

Bier vor sich, als wüsste das die Antwort. Er nahm einen tiefen Schluck. Während das Bier seine Kehle hinunterfloss und er das Glas in der Hand hielt, den Augenblick genießend, tropfte etwas Feuchtigkeit auf die zugeklappte Zeitung. Er stellte das Bier wieder auf den Bierdeckel, die Zeitung war an einer Stelle jetzt schwarz von der Feuchtigkeit, er versuchte mit dem Handrücken die Feuchtigkeit zu verwischen und fluchte leise vor sich hin, weil der Fleck dadurch nur noch größer wurde. Es würde sicher trocknen, dann würde das Papier an dieser Stelle etwas gewellt sein. Was machte das schon. Wen interessierte schon der Artikel, der durch das Bier etwas gelitten hatte.

Da las er fett gedruckt etwas von Grimm. Er sagte laut „Oh!" und beugte sich weiter vor, um besser lesen zu können. Grimm, darüber hatten sie gesprochen. Das musste ihr Artikel sein. „Hast du ihn gefunden?", das war die Stimme des Wirts. „Ja, ja", gab er zurück. Er schob das Glas zur Seite und hielt die Zeitung hoch, um besser lesen zu können. „Was steht drin?" „Weiß noch nicht." Wie sollte er das wissen, er hatte den Artikel gerade erst gefunden.

‚Grimms Märchen werden umgeschrieben', stand da in breiten Lettern als Überschrift und darunter kleiner, aber auch in fetter Schrift:

Witwer aus unserer Stadt schreibt Grimms Märchen um, weil sie zu brutal sind.

Der Artikel handelte tatsächlich von dem Gespräch, das sie geführt hatten.
Witwer, das Wort gab ihm einen Stich. Aber sie hatte ja recht, es war richtig, er war Witwer, auch wenn das Wort geschrieben so fremd für ihn aussah. Nun begann er den Artikel zu lesen, er brannte darauf zu erfahren, was sie geschrieben hatte. Sie hatte drei

Spalten in der Zeitung bekommen. So breit stand die Überschrift über dem Text.

Wie unsere Korrespondentin erfuhr, schreibt ein Witwer aus unserer Stadt Grimms Märchen um, um sie kindgerechter zu gestalten. Es handelt sich dabei um einen Mann, dessen Frau vor einiger Zeit starb. Da er berufstätig ist, überlässt er sein bettlägeriges Kind tagsüber der Obhut einer Freundin, die auch die Erziehung übernommen hat. Die geänderten Märchen erzählt er abends seiner Tochter, um ihre Wirkung auf Kinder zu testen. Auf diese Weise versucht er, so erzählte er in einem Gespräch, über den Tod seiner Frau hinwegzukommen.

Grimms Märchen seien ihm zu brutal, außerdem empfindet er die Geschichten als nicht mehr zeitgerecht. So sähe er in dem Märchen von Hänsel und Gretel eine Geschichte, in der Kinder ausgesetzt, dann eingesperrt und letztendlich auch gebraten werden sollen. Gerade diese Szenen sind es, die den Vater aufhorchen ließen. So hat er jetzt begonnen, die Geschichten auf die Gegenwart umzuschreiben. Er beschrieb im Interview Frau Holle als Umweltverschmutzerin, die mit ihren Betten die Welt mit Dreck zuschüttet. In Grimms Märchen ist es, zur Erinnerung, Schnee. Sie ist für den Mann daher eine Kapitalistin, die als Fabrikantin, als Besitzerin einer Chemiefabrik den Menschen Schmutz bringt. Dass Frau Holle in der Geschichte der Brüder Grimm eigentlich eine sympathische Frau ist, blieb ihm dabei verschlossen. Auch ist Frau Holle im wirklichen Märchen eine Frau, die unterscheiden kann zwischen Fleiß und Faulheit. Der Mann verschließt die Augen vor dem Kern der Geschichte. Es geht darum, dass Fleiß belohnt und Faulheit letzten Endes bestraft wird. Er dagegen reduziert die Geschichten auf Klassenkampf und Umweltverschmutzung. So beginnt er auch damit, die Prinzessinnen aus

den Geschichten heraus zu schreiben. Ein solches Verhalten erinnert stark an Revolution.
Er konnte kaum glauben, was er las.

Die Frau hatte ihn dargestellt, als würde er aus weltanschaulichen Gründen die Geschichten, die Märchen der Brüder Grimm umschreiben. Seine rechte Hand schlug auf das Papier.
„Was ist? Was hat sie geschrieben?", rief der Wirt wieder.
„Nichts", entgegnete er, „es ist nichts. Ich habe nur laut gedacht."
Er las weiter.

Was denkt sich dieser Mann, die Märchen der Brüder Grimm umzuschreiben. Können wir wirklich auf diese Klassiker verzichten? Haben wir nicht als Kinder alle diese Märchen vorgelesen bekommen? Haben sie uns denn so geschadet, dass jemand daran gehen und sie umschreiben muss? Verschwindet nicht mit der Veränderung der Texte auch ihr Zauber? Ist es nicht so, dass die Geschichten, so wie sie sind, Klassiker sind, gehören sie nicht zu unserer Kultur? Was geht in dem Mann vor? In ihm, der selbst in einem mit Stroh gedeckten Fachwerkhaus lebt, wie es Frau Holle zur Ehre gereicht hätte. Wie kann man aus den wunderschönen Geschichten, in denen es um Liebe und Fleiß geht, wie kann man aus diesen Geschichten solch zauberhafte Erscheinungen wie z.B. sprechende Tiere herausnehmen, nur weil Tiere das nun mal nicht machen, wie kann man Könige herausschreiben, nur weil wir keinen mehr haben. Wird nicht der Zauber der Märchen dadurch vernichtet? Liebe Leser, stellen wir uns die Frage: Wollen wir die Märchen in ihrer alten Form erhalten, sind sie nicht schützenswert? Oder sollen sie uns neu begegnen, möchten Sie ihren Kindern zukünftig Geschichten erzählen von kapitalistischen

Umweltverschmutzern, die fleißige Angestellte mit Geld überhäufen?

Er holte tief Luft. Der Artikel war so lang gewesen, er hatte ihn so intensiv gelesen, dass er vergessen hatte, Luft zu holen. Nur nichts anmerken lassen. Er nahm einen tiefen Schluck aus dem Glas, es tropfte wieder auf die Zeitung, aber das machte jetzt auch nichts mehr. Er faltete die Zeitungsseite, die er herausgerissen hatte, umständlich zusammen und quetschte sie so klein, dass sie in seine Jackeninnentasche passte.

„Nun, was hat sie geschrieben?", fragte der Wirt, als er ein neues Glas Bier gegen das leere tauschte.
„Nichts", war die Antwort. „War nur so ein Artikel."
„Aha", sagte der Wirt und schlurfte wieder zu seinem Zapfhahn und den Gästen an der anderen Seite der Theke hin, mit denen er gesprochen hatte.

Tausend Gedanken schossen Peter durch den Kopf. Sie hatte keine Namen genannt, ihn aber an den Pranger gestellt. Die sollte ihm einmal wieder begegnen, na der würde er was erzählen. Was dachte sich die Frau eigentlich, ein privates Gespräch am Abend bei einem Glas Bier zu benutzen, um einen Artikel darüber zu schreiben. Was hieß überhaupt, er würde Grimm umschreiben, er schrieb doch gar nichts auf. Es war eine rein private Sache zwischen seiner Tochter und ihm. Er erzählte ihr Geschichten, die er sich eben ausdachte, bei denen er sich die Anregung dazu von den Märchen der Brüder Grimm holte. Nicht mehr und nicht weniger. Hier wurde er als Schwerverbrecher dargestellt, der die deutsche Sprache vergewaltigte. Der deutsche Klassiker umschrieb, um sie als Waffe im Klassenkampf zu benutzen. Nichts lag ihm ferner. Erzählen wollte er, nichts weiter. Seiner Tochter eine Freude machen und das tat er auch. Hier wurde er als

Rabenvater beschrieben, der seine Tochter tagsüber alleine ließ und eine Freundin mit der Erziehung beauftragte. Aber dabei ging es doch nicht anders, er musste tagsüber hart arbeiten und das ist eine Zeit, in der man nichts erlebte, in der man keine Geschichten erlebte, die man dann abends erzählen konnte. Das aber musste all den anderen Eltern doch ähnlich ergangen sein, die über die vielen Jahre hinweg ihren Kindern Geschichten erzählten oder vorlasen. Generationen von Kindern hatten diese Geschichten erzählt bekommen über Riesen und Teufel, über Wunder, über Prinzessinnen und Könige und Königinnen. Über Rumpelstilzchen.

Wie er so da saß und die Geschichten durchging, Rumpelstilzchen, der das Kind der Königin entführen wollte, die Hexe, die die Kinder in Hänsel und Gretel im Ofen braten wollte, der Teil der Geschichte, in der die Kinder die Hexe in den Ofen stecken und den Herd anstellten. Aber ja doch, das war brutal, das hatten alle gelesen oder vorgelesen bekommen. Hatte denn niemand darüber nachgedacht, was die Geschichte eigentlich aussagte. Herde gab es in jedem Haushalt. Führte das nicht dazu, dass Kinder irgendwann auf die Idee kamen, ihre Eltern oder Großeltern, ihre Tanten oder Lehrer in den Ofen zu stecken? Nein. Davon hatte man noch nie gehört. Er kannte keine Fälle, in denen Kinder die Geschichten nachgespielt hatten. Aber wie war das mit den modernen Geschichten, die im Fernsehen gezeigt wurden? Wie war es da? Diese brutalen amerikanischen Filme, die manch einem Verbrecher als Vorbild gedient hatten. Da hatte das funktioniert. Sicher, das waren Filme, das waren bewegte Bilder. Er stutzte. Machte das denn einen solchen Unterschied?

Er schüttelte den Kopf, wie um sich selbst zu sagen, dass es dies nicht gewesen sein konnte. Nein, das konnte der Unterschied nicht sein. Denn praktisch alle

Geschichten waren verfilmt worden, waren auf der Bühne zu sehen oder als Hörspiel zu kaufen gewesen.

Er kratzte sich am Kopf. Was war es, wieso konnten Kinder eigentlich einen Unterschied machen zwischen Märchen und Realität? War der Grund wirklich, dass in den Geschichten Prinzessinnen vorkamen, die es ja in der Wirklichkeit nicht mehr gab. Wieder stutzte er, als die Geschichten zuerst erzählt worden waren, da gab es noch Prinzessinnen, ja, all die heute unwirklich erscheinenden Dinge, der absolutistisch herrschende König, all das gab es damals noch, aber trotzdem hatten die Menschen nicht auf Wunder gehofft, hatten ihre Schwiegermütter nicht in den Ofen gesteckt.

Und er. Er stand jetzt da wie ein Verbrecher, oder einer, der nichts verstanden hat. Einer, der den Zauber nicht gespürt hat.

In dem Artikel wurde er nicht mit Namen genannt. Andererseits, es gab nicht so viele allein erziehende Väter, die mit einem bettlägerigen Kind in einem mit Stroh gedeckten Haus in dieser Stadt wohnten. Da hätte sie auch seine Adresse angeben können. Ach, es würde sich sicher niemand melden und die Sache mit ihm ausdiskutieren wollen.

Es gab Wichtigeres. Das Gespräch mit Frau Wagner, das war wirklich wichtig.

Darauf würde er sich jetzt konzentrieren. Er wollte planen wie er mit ihr sprechen würde.

Sein Blick fiel auf seine Jacke, aus der eine Ecke Zeitung herauslugte. Musste er sich Gedanken machen? Nein, niemand würde den Artikel lesen. Wer las schon, was in der Zeitung stand. Niemand würde kommen und ihn in den Ofen stecken.

Frau Wagner.

Also, Frau Wagner würde er einfach fragen, ob sie nicht in seiner Firma aushelfen könnte. Sie mit ihrem

Sachverstand, sie mit ihrem Elan, sie wäre genau die Richtige. Sie hatte die Erfahrung und die Zeit, sie würde sicher ohne Geld beraten können, sie würde den Laden schmeißen und dann würde alles besser werden, er würde seinen Job behalten können, die Raten für das Haus weiter bezahlen können und dann würde seine Tochter auch wieder gesund werden. Seine Tochter. Er griff sich an den Kopf, wie dumm er doch gewesen war, er hatte seine Tochter vergessen. Wenn Frau Wagner bei ihm im Büro aushalf, wie sollte sie dann gleichzeitig seine Tochter betreuen, nein, das ging nicht. Seine Tochter bei ihm im Büro?

Nein, das ging auch nicht. Und wenn sie umschichtig arbeiteten, er am Vormittag und sie dann am Nachmittag? Nein, das ging auch nicht. Sie sollte doch helfen und beraten und nicht seinen Job machen. Nachher würde sie dann eingestellt werden und er seinen Job verlieren. Er wischte den Gedanken weg, weil das nicht passieren würde, sie würde keinen gering bezahlten Angestelltenjob annehmen. Den Job hatte er sicher. Nein, den hatte er nicht sicher, er war ja gekündigt, aber Frau Wagner, die würde alles in Ordnung bringen. Befriedigt lehnte er sich zurück. Er würde sie überzeugen. Mit seinem ganzen Charme würde er sie umwerfen. Hingerissen von ihm würde sie gar nicht anders können, als ‚Ja' sagen. Ja. Er schlug auf seinen Oberschenkel. Die Firma würde bleiben, alles würde bleiben wie es ist. Ja, das Leben war schön. Seine Tochter. Bei diesem Stichwort sackte er innerlich wieder zusammen.

Nein, er konnte keine neue Frau einstellen, womit sollte er sie bezahlen, wie sollte er die Frau anlernen. Er konnte doch nicht alles auf Frau Wagner abladen. Und wenn Frau Wagner nun von seinem Haus aus die Beratung machte. Nein, das ging nicht. Und wenn sie nun mit der Firma in sein Haus zögen? Platz genug wäre ja. Was brauchten sie denn? Ein Büro für seinen Chef, wenn er mal da war und ein Büro für ihn, ach, da ginge auch sein derzeitiges Arbeitszimmer. Ein Zimmer für seinen Chef, in dem er auch mal Kunden empfangen konnte? Sie würden einfach das halbe Beistellzimmer umbauen, da stand sowieso nur Schrott herum, Dinge, die seit Jahren keiner mehr benutzt hatte. Im Sommer würden sie Besucher im Wintergarten empfangen. Das würde viel Miete sparen. Er bräuchte nicht mehr zur Arbeit zu fahren, er wäre zu Hause und könnte sich um seine Tochter kümmern. Sie würden tragbare Telefone anschaffen, dann könnte er auch in der Küche telefonieren, das wäre praktisch, wenn er dann kochen würde, könnte er trotzdem arbeiten. Dann könnten ihn die Kunden, wenn es Probleme gäbe, auch am Wochenende oder spät am Abend erreichen.

Er wurde aufgeregt. So würden sie das machen, sie würden mit der Firma einfach bei ihm einziehen. Das würde sicher auch Frau Wagner gut finden, weil sie dann viel besser beraten könnte. Sie könnte viel intensiver erleben, wie es in der Firma so lief oder warum es eben nicht lief.
Frau Wagner würde sicher ja sagen, diese liebe Seele.
Er trank sein Bier mit Genuss.
„Hast du nicht langsam genug?", fragte der Wirt, als er ihm wieder zuwinkte. „Was meinst du?", fragte er zurück. „Es ist dein fünftes Bier." „Oh", sagte er, „das habe ich gar nicht gemerkt." Aber jetzt, als er nicht mehr nachdachte, sondern in die Runde sah, da merkte er plötzlich, dass die Welt sich zu drehen begann. „Huch", sagte er und setzt sich wieder hin. Er atmete tief durch. Irgendetwas wollte er dem Wirt zurufen, aber das war ihm entfallen.
„Ich schreibe an", rief ihm der Wirt zu.

Ja, sicher, ach ja, das war es gewesen. Er klaubte seine Jacke vom Stuhl, wankte zur Tür: Meine Güte war er besoffen. Der frische Abendwind pfiff ihm ins Gesicht und machte ihn wieder frisch. Er grüßte noch über die Schulter, bevor er durch die Tür verschwand.

Als die Tür zuklappte, sagte der Wirt zu einem seiner Gäste: „Es ist der Tod seiner Frau, er nimmt sich das sehr zu Herzen, verstehen Sie? Und dann seine Tochter, die ist ja bettlägerig, ob das noch Mal was wird? Das Kind hatte bei dem Unfall seiner Frau im Auto gesessen. Es war ganz schlimm für ihn, ganz schlimm. Er hat dann angefangen, abends hier vorbei zu schau'n.

Es ist sein Beruf, der ihn auffrisst, die Überstunden, die er machen muss, obwohl er doch lieber bei seiner Tochter wäre. Von Schwierigkeiten spricht man da, er wird wohl entlassen werden, alles nicht so einfach, verstehen Sie? Neulich dachte ich, er hat was Neues gefunden, eine Journalistin. Nette Person, aber dann habe ich sie in der Stadt gesehen Hand in Hand mit einem anderen Mann. Also das wird sicher auch nichts werden. Wenn sich doch bloß wieder jemand um ihn kümmern würde. Es würde mir zwar den Umsatz nehmen, aber es würde mich für ihn freuen. Ein netter Kerl, ein lieber Vater. Ich weiß das, weil meine Tochter mit seiner Tochter in eine Klasse geht. Nie ein böses Wort, es ist wirklich ein braves Kind, vorbildlich und so interessiert in der Schule. Die Lehrerin geht jetzt regelmäßig hin und lernt mit ihr, damit sie nicht so viel Stoff verpasst. Allerdings glaube ich persönlich ja nicht, dass das Kind jemals wieder in die Schule zurückkehren kann." Er nahm einen tiefen Zug und drückte dann seine Zigarette aus. „Wie das Leben halt so spielt. Ich frage mich ja manchmal, wie er das nur alles aushält."

Der gestiefelte Kater

Heute war *der* Tag. Die ganze Zeit war er fahrig, sein Chef ebenso. Beide sehnten den Abend herbei. „Ich wünsche Ihnen viel Glück", rief der Chef hinter ihm her, als er hastig nach dem letzten Telefonat mit der Tasche in der Hand mit kurzem Gruß aus der Tür geeilt war. „Eigentlich wünsche ich uns beiden viel Glück", sagte der Chef zur geschlossenen Tür, „eigentlich wünsche ich uns, dass es wieder aufwärts geht." Dann seufzte er tief und vergrub den Kopf in seine Händen. Wäre es heller gewesen, so hätte man sehen können, dass er weinte.

Daheim angekommen stürzte Peter durch die Tür, von außen hatte er schon gesehen, dass in der Küche noch Licht war. Frau Wagner musste noch da sein. In der Diele stolperte er fast über eine dort abgestellte Reisetasche. Er zog gar nicht erst seine Jacke aus, sondern platzte, wie er war, in die Küche. „Ich muss mit Ihnen sprechen", sagte er. Frau Wagner saß am Tisch, sie hatte die Arme verschränkt, eine Tasse Kaffee stand vor ihr. Sie blieb regungslos. „Möchten Sie auch einen?" „Ja, ja", antwortete er, er war aus der Küche wieder hinausgerannt, hatte seine Tasche in die Ecke gestellt, seine Jacke an die Garderobe gehängt, war mit seiner rechten Hand durch seine Haare gefahren und stand wieder in der Küche. Er schloss die Tür und sagte dann leise zu Frau Wagner. „Schläft sie? Ich habe kein Licht gesehen von draußen."

„Ja", sagte Frau Wagner, „sie schläft." Sie nippte an ihrer Tasse. „Ich habe Ihnen eingegossen, schwarz." „Ja, danke", sagte er, „also, ich muss mit Ihnen sprechen."

„Ich auch", sagte Frau Wagner und sah ihn über den Rand ihrer Brille an. „Wer fängt an?"

„Ladies first", sagte er.

„Nun", sagte sie, „Sie haben die Tasche in der Diele gesehen?"

Er nickte.

„Der Arzt war da, darum schläft sie jetzt auch. Sie kommt morgen ins Krankenhaus. Wenn das nichts hilft, dann zur Reha oder in Kur, die Krankenkasse ist sich noch nicht ganz darüber im Klaren."

Ganz langsam war er mit einem Stuhl an den Tisch gerückt, sie hatte, während sie sprach, auf eine Tasse gedeutet.

„Aber warum?", fragte er, die Tasse zitterte in seiner Hand, „ist es etwas Ernstes?"

„Je nachdem, wie man es sieht", sagte sie. „Es kann so nicht weitergehen. Sie ist körperlich gesund, nur der Kopf, die Psyche, Sie verstehen. Irgendwo ist da etwas in ihr, das sagt: Nein, ich stehe nicht auf. Es gibt nichts, was sie aus dem Bett bringen kann. Oh, wir dürfen sie nicht zwingen, subjektiv betrachtet ist sie krank. Wenn sie also aufsteht, dann ist ihr wirklich schwindelig usw. Aber es ist nichts Organisches, ihr Körper ist gesund, verstehen Sie, es ist der Kopf. Das Bett ist ihre Welt geworden. Bett ist gut, Welt ist anstrengend. Auf solch eine einfache Formel kann man es bringen."

„Ich verstehe das nicht", sagte er.

„Ach", sagte Frau Wagner, „ich kann das auch nicht erklären, aber die Sache ist einfach die: Es gibt nichts und keinen Menschen, der sie aus dem Bett bringen kann. Wir versuchen es jetzt so ...", ihre Stimme wurde ganz leise, fast flüsternd, „Sie geht morgen ins Krankenhaus. Man erzählt ihr, es würde eine Operation gemacht werden und dann könne sie wieder normal aufstehen, ja dann müsse sie sogar aufstehen, damit die Heilung gefördert wird."

Statt eine Antwort zu geben, saß er mit weit aufgerissenen Augen vor ihr, er war noch näher herangerückt. „Sie meinen, das funktioniert?"

„Sie sind der Vater. Ich habe das mit dem Arzt ausgemacht, aber das letzte Wort haben Sie. Sie müssen die Bescheinigung da vor Ihnen unterschreiben. Sie können ablehnen, aber ich verspreche Ihnen, es ist für das Kind momentan das Beste. Wenn wir alle dicht halten, dann könnte es klappen."

„Einen Augenblick habe ich gedacht, Sie wollen mich auf den Arm nehmen."

„Keineswegs", sagte sie und setzte die Tasse ab. „Sie ist ein liebes Kind, aber ewig kann das so nicht weitergehen. Sie kommt zwar mit dem Schulstoff einigermaßen mit, aber da sind die Klassenarbeiten, sie kann nicht auf Dauer fernbleiben und bitte, sie ist körperlich gesund, Herzwerte, Puls, Lungenwerte, was auch immer, es ist alles im grünen Bereich."

„Aber wenn man ihr das erklärt. Ganz vernünftig?"

„Das haben wir schon hinter uns."

„Ach", sagte er und richtete sich auf, „davon weiß ich ja gar nichts."

„Waren Sie denn tagsüber da? Waren Sie da, wenn der Arzt da war? Sollte ich Sie abends damit überfallen? Es war doch gut so, wie es war."

„Aber Sie hätten mir das sagen müssen."

„Aber das habe ich doch. Immer wenn sie gefragt haben, habe ich Ihnen gesagt, wie es dem Kind geht. Irgendwann haben Sie dann aufgehört zu fragen und sich die Antworten selbst gegeben oder Sie sind so spät gekommen, dass ich schon längst wieder daheim war."

Ja, der Vorwurf saß, er seufzte.

Sie machte eine abwehrende Bewegung. „Nicht, dass ich Ihnen da einen Vorwurf mache. Nein, wirklich nicht. Sie sind, sie waren, ein schwer arbeitender Mensch, aber so konnte es mit dem Kind nicht weitergehen. Also habe ich den Arzt auf die Psyche angesprochen und der hat Untersuchungen durchgeführt und siehe da, das war es, heute ist er mit mir die Ergebnisse durchgegangen. Sie können ihn gerne anrufen, er ist morgen ab sieben Uhr in der Praxis. Rufen Sie bitte gleich um sieben an, er wartet auf Ihren Anruf."

„Das werde ich machen", versprach er, „Frau Wagner, was würde ich nur ohne Sie machen." Ganz verträumt sah er sie einen Augenblick an.
„Kein Grund sentimental zu werden, Ihre Frau hätte mir in solch einer Situation auch beigestanden."
„Ich weiß gar nicht, wie ich das jemals wieder gut machen kann."
„Ach lassen Sie mal", sie senkte den Blick, „das ist schon okay, wissen Sie, die Freundschaft mit Ihrer Frau, das war so ...", sie sah an die Decke, „das hat mir so viel gegeben, ihr Rat, ihre ...", sie zog die Achseln hoch, als würde das Wort Schwierigkeiten haben, ihren Körper zu verlassen, als wäre es stecken geblieben. Sie setzte neu an: „ihre ...". Mit der rechten Hand machte sie eine Handbewegung, als würde sie das Wort nun in der Luft suchen. „Liebe?", fragte er. „Nein", sagte sie, „nicht so wie Sie meinen, natürlich hat das auch alles einen Aspekt der Liebe, was ich meine ist ...", sie legte die Hand vor den Mund, wie um dem Wort den Ausstieg zu erleichtern. Aber es saß fest und wollte nicht heraus. „Selbstlosigkeit", wieder sprang er ihr bei. „Oh ja", sie richtete sich auf, „das war sie, selbstlos, aber sie war noch etwas anderes. Fürsorglich." Das Wort war aus ihr herausgeplatzt.
„Sie war fürsorglich, sie sah, wenn es mir schlecht

ging, sie versuchte zu verstehen, was mit mir war, sie war eine echte Freundin. Sie gab mir die passenden Ratschläge, sie gab mir die passenden Dinge an die Hand, machte mich mit den richtigen Menschen bekannt. Inzwischen bin ich darüber hinweg, über den Verlust meines Mannes, die Sache mit der Firma ist geregelt, ich brauche mich darum nicht mehr zu kümmern, den Mitarbeitern geht es gut, die Firma floriert. Ja, das hat sie arrangiert, ich wäre damit nie klar gekommen. Vielleicht kann ich ihr jetzt hiermit ein wenig meine Schuld zurückzahlen."

„Ist es denn eine Schuld, die Sie da abtragen?"
„Nein, sehen Sie, das ist das falsche Wort, das hätte sie auch nicht gewollt, aber nun hat sich eine Situation ergeben, in der ich mit all meinen Fähigkeiten gefragt bin. Sehen Sie das Mal so: Ich habe in meinem Leben selten gekocht. Ja, ein Spiegelei, ein schnelles Schnitzel in der Pfanne, wir haben auswärts gegessen mit Kunden oder Lieferanten. Wenn wir daheim waren, da gab es nur eine Scheibe Brot. Wenn wir Besuch hatten, dann haben wir liefern lassen oder uns jemanden bestellt, der das für uns gemacht hat.

Nun stand ich vor Ihrem Ofen, ich musste mich durchfragen, ich habe bei der Nachbarin geklopft und sie einfach gefragt. Eine nette Person, kennen Sie sie?" Er schüttelte den Kopf. „Also, die nette Frau kam herüber und sie hat mir gezeigt, wie man damit umgeht. Am nächsten Tag kam sie mit einem Kochbuch. Nach dem habe ich dann rauf und runter gekocht. Manchmal ist auch etwas nicht gelungen, dann habe ich aus Verlegenheit Nudeln gekocht. Zu Anfang gab es viel Nudeln." Sie lächelte ihn an.

Er war ganz ernst geblieben, aber jetzt lächelte er. „Ich könnte Ihnen stundenlang zuhören", sagte er.

„Ja, das waren also meine Ausflüge in die Welt des Kochens. Der Rest war ja kein Problem. Den Garten hat ihr Nachbar übernommen, also Gießen und Kehren, nicht das Pflanzen. Das Saubermachen war kein Problem, nur die Fenster mussten Sie putzen, das ist nicht so mein Ding."

„Kein Problem", sagte er. Er hing an ihren Lippen.
„Ja", sagte sie und schob ihre Tasse weit von sich. „So, das war, was ich erzählen wollte. Ich komme morgen ganz früh, dann kann ich den Abtransport organisieren. Die Sachen sind gepackt, das haben Sie ja schon gesehen. Ich werde dann nicht mehr gebraucht, denke ich. Ich werde nachmittags, solange sie hier in der Stadt ist, bei ihr vorbei springen, nachmittags, wenn Besuchszeit ist. Tja", schob sie hinterher, „hier endet mein Auftritt. Danke, dass ich helfen durfte."

„Das, das", stammelte er, „nein, also ich, wir, also wir haben zu danken. Ich weiß Ihre Hilfe wirklich zu schätzen."

Sie lächelte: „Nun erzählen Sie aber, Sie waren vorhin ja ganz aufgeregt. Warum flüstern wir eigentlich, sie hört uns sicher nicht, weil sie tief schläft. Möchten Sie noch Kaffee?"

„Oh, nein danke", sagte er, „sonst kann ich nicht schlafen."

„Also ich nehme noch eine Tasse, wäre ja schade und schlafen kann ich sowieso, egal, wie viel Kaffee ich trinke."

„Was soll ich sagen. Frau Wagner, Sie können nicht einfach verschwinden, ich brauche Ihre Hilfe."

Sie schüttelte den Kopf: „Ich kann hier nichts mehr für Sie tun, glauben Sie mir."

„Nein, Frau Wagner", sagte er, „ich meine ja auch nicht hier, sondern in meiner Firma."

„In ihrer Firma?" Sie sah ihn ungläubig an, während sie Zucker in ihren Kaffee schüttete. Sie sah ihn tief an, während ihre linke Hand ganz automatisch weiter Zucker in den Kaffee schaufelte. „Ihr Kaffee", sagte er und sie sah auf ihre Hand. „Oh", stellte sie fest, „soviel wollte ich ja gar nicht. Erzählen Sie weiter, ich werde den hier gerade weggießen. Was ist mit Ihrer Firma?"

„Also, ich hatte Ihnen doch gesagt, dass wir jemanden brauchen, der sich den Laden ansieht und uns einen Rat gibt. Es ist so: Wir haben kein Geld, um einen richtigen Berater zu bezahlen, also wissen Sie, so einen von einer Beraterfirma."

„So einen gebügelten, stromlinienförmigen, frisch von der Uni, meinen Sie?"

Er nickte.

„Ja", fuhr sie fort, „die hatten wir auch eine Zeit lang bei uns gehabt. Ich habe sie eines Tages alle rausgeschmissen, auch dank der Unterstützung Ihrer Frau."

Sie setzte sich wieder, nachdem sie den Kaffee in den Ausguss geschüttet hatte.

„Was für eine Rolle soll ich spielen? Soll ich dieser Berater sein? Diese helfende Hand. Ich weiß gar nicht, ob ich über Ihre Branche genügend weiß und aus der Übung bin ich auch etwas."

„Aber Frau Wagner, Sie sind, also wie soll ich sagen ..."

„Ich bin etwas eingerostet", sagte sie und strahlte ihn an. „Aber warum nicht, warum sollte ich es nicht versuchen, in Ihrer Firma. Mein Haushalt läuft ohne mich, daheim vermisst mich niemand und bei Ihnen könnte ich etwas tun. Das wäre, also", sie sah ihn an, „das würde mich schon interessieren." Ihr Gesicht hatte Farbe bekommen. „Warum sollte ich eigentlich nicht? Funktioniert es, dann ist es schön, funktioniert es nicht, dann haben wir auch nichts verloren, sondern sind so schlau wie vorher."

„Frau Wagner, ich bin Ihnen ja so dankbar, ich weiß gar nicht, was ich sagen soll."
„Bedanken Sie sich bitte erst nach getaner Arbeit. Nicht schon vorher. Schauen wir erst einmal, wie ich mich anstelle."
„Aber Sie sollen ja bei uns nicht arbeiten, sondern uns beraten", sagte er.
„Ja, ja, das habe ich schon verstanden. Wann soll ich anfangen?"
„Also, wenn das Kind wirklich ins Krankenhaus kommt, dann gleich danach, würde ich sagen, wir haben keine Zeit zu verlieren. Es wird jeden Tag schwieriger."
„Was wird Ihr Chef dazu sagen?"

„Mein Chef, oh, mit dem habe ich schon darüber gesprochen. Ich habe da ganz freie Hand, weil es eben so ist, nun sehen Sie, eigentlich bin ich ja schon entlassen, die Firma ist eigentlich schon zu, aber momentan läuft alles noch weiter. Irgendwie."
„Dann sehen wir uns morgen, nachdem das Kind im Krankenhaus ist."
„Ich muss Ihnen noch sagen, wo das Büro ist."
„Nein, das brauchen Sie nicht, das weiß ich schon."
„Aber woher?"
„Nun, ich war Mal richtig gut in meinem Beruf."

„Ach, Sie hatten einen eigenen Beruf, der kann dann nur Detektivin gewesen sein."
„Ich habe Kauffrau gelernt und war jahrelang in der Revision tätig."
„Ach daher", sagte er, „ich brauche keinen Kaffee, sondern eher einen Schnaps, wie ist es mit Ihnen?"
„Aber nur einen kleinen", sagte sie. „Ach", sie wischte die Worte weg, „einen doppelten, an solch einem Tag."

Er goss den Schnaps aus dem Kühlschrank in zwei Gläser und reichte ihr ein Glas. Sie griff dankbar zu und hielt ihm ihr Glas hin.

„Prost", sagte er und stieß leicht mit seinem Glas an das ihre.
„Prost", antwortete sie. „Prost, Peter", fügte sie hinzu, sie lächelte ihn an. „Ist es nicht langsam Zeit dafür?"
Er lächelte zurück.
„Verrätst du mir deinen Namen?"

„Inge", sagte sie.
„Prost, Inge", sagte er und beide nahmen einen tiefen Schluck. Sie schüttelte sich: „Ich werde mich nie an Alkohol gewöhnen können." Er lachte: „An solch einem Tag?" „Stimmt auch wieder", sagte sie. „Solange man es nicht übertreibt. Dabei mag ich gar keinen Alkohol."
Sie lehnten sich in ihren Stühlen zurück.

Da hörten sie das Kind rufen. Sie fuhren hoch. Er ging zur Tür und machte sie vorsichtig auf.
„Richtig, hallo, ich bin da", rief er. „Komm, Inge, wir gehen zu ihr, sie scheint wach zu sein."
Inge runzelte die Stirn. Wie war das möglich, wirkte das Schlafmittel vielleicht nicht?
Sie folgte ihm ins Kinderzimmer und tatsächlich, das Kind war wach.

„Du sollst doch schlafen", sagte Inge, im Türrahmen stehend.
Peter hatte sich auf das Bett gesetzt und nahm die Hand seiner Tochter in die seine.
„Inge", er sah über seine Schulter, „Inge hat mir gesagt, dass du morgen ins Krankenhaus kommst."
„Ihr duzt euch!", sie hatte sich aufgerichtet. „Aber das finde ich ja richtig super", sie strahlte.

Die Erwachsenen lächelten sich an.

„Ja, so ist das halt", meinte Inge, „wir hätten das schon viel früher machen sollen."

„Da ist es mit uns Kindern einfacher, nicht wahr?"

„Wieso?", fragte ihr Vater stirnrunzelnd.

„Uns Kinder duzt man immer gleich, da sagt niemand Sie."

Da lachten alle drei.

„Erzählst du mir eine Geschichte?" Die Frage kam sehr überraschend, auf dem Nachhauseweg hatte er noch nach einer Geschichte gesucht, aber keine gefunden. Immer wieder kam ihm der gestiefelte Kater in Erinnerung.

„Ja natürlich", sagte er, „was möchtest du denn hören?"

Sie blickte an die Decke, ihr Kopf war tief im Kissen eingesunken. „Ach ich weiß nicht. Erzähl mir vielleicht wieder, was du beim Mittagessen gehört hast."

„Ach so, ja", sagte er. Fieberhaft war sein Gehirn unterwegs. Es war, als würden in seinem Kopf Schubladen aufgerissen und hektisch etwas gesucht. Es fiel ihm nichts ein. Seine Gedanken rasten, aber es fiel ihm absolut nichts ein. Immer wieder stand ein gestiefelter Kater in der Ecke des Bildes, das er hatte und sah ihn nachdenklich an. Er sah den Kater an und versuchte zu verstehen, wer das sein könnte.

„Ich habe da von drei Brüdern gehört, die geerbt hatten. Der älteste hatte die Fabrik des Vaters bekommen, der zweitälteste alles, was der Vater sonst noch so besaß, wie Grundstücke und Konten, der dritte allerdings hatte gar nichts geerbt, außer ein wenig Geld jeden Monat und der Sekretärin des Vaters."

„Papa, wie kann man eine Sekretärin erben?"

„Weißt du, nicht so richtig erben, aber sie sollte dem jüngsten Bruder zur Seite stehen in seinem Leben. So hatte er zwar die Sekretärin zur Hilfe, aber sonst keine Fabrik oder große Besitztümer."

„Papa", sie richtete sich auf, „aber ist es nicht so, dass Besitz unter den Kindern so aufgeteilt wird, dass alle gleich viel bekommen, das habe ich mal gehört."

„Ja, weißt du, da kannst du recht haben, aber wenn die Fabrik nicht mehr viel wert war, die Grundstücke unverkäuflich, sich die beiden älteren Brüder aber darum kümmern wollten, dann hat der jüngste eben nur ein wenig Geld bekommen und brauchte sich nicht um etwas zu kümmern –, so wird es wohl gewesen sein. Dann ist ein wenig regelmäßiges Geld soviel wert wie eine ganze Fabrik. Besitzer einer Fabrik zu sein bedeutet heute ja auch nicht mehr zwangsläufig, dass man reich ist, sondern eher, dass man viel Verantwortung trägt für das Unternehmen und die Beschäftigten. So denke ich, der älteste Bruder hat die Fabrik bekommen, weil er vielleicht geschickter beim Führen solch einer Unternehmung war oder besser sein würde."

„Ach so ist das", sagte sie befriedigt, „das verstehe ich. Das ist auch besser für diejenigen, die dort arbeiten, nicht wahr? So haben sie weiter ihr Auskommen. Hätte man die Firma zugemacht, stünden alle auf der Straße und der älteste Bruder hätte auch nur wenig Geld bekommen, aber so kann man vielleicht aus der Fabrik noch was machen."

„Wie klug du doch schon bist", sagte ihr Vater und streichelte ihr über das Haar, Inge lächelte die beiden an.

„Die Sekretärin war aber schlau", fuhr ihr Vater fort.

Hilfesuchend blickte er sich im Zimmer um, aber ihm fiel nichts ein. Er hatte ja nicht erwartet, dass irgendwo, vielleicht in Leuchtschrift, nur für ihn sichtbar, die Geschichte an die Wand geschrieben stand, er hatte nur die Hoffnung irgendein Stichwort zu finden, nach dem er die Geschichte weiterspinnen konnte.

„Wie geht es weiter?", die beiden sahen ihn an.

„Also, die Sekretärin war sehr erfahren und ihr wisst ja ...", er machte eine Pause. Im Märchen sammelte der Kater dann die Rebhühner ein, die der König so gern mochte.

Was war das heute. Der Staat braucht dauernd Geld. Was war dem Staat Geld wert? Was konnte man ihm abliefern, das dann Geld brachte.

Er sah hilfesuchend Inge an. Die lächelte ihn an. „Erzähle ruhig weiter, du erzählst gut oder irritiert es dich, dass ich heute dabei bin?"

„Nein, nein, keineswegs", sagte er und lächelte seinerseits zurück, aber das Stichwort war auch nicht auf ihren Lippen abzulesen.

„Also, die Sekretärin hatte herausgefunden ...", plötzlich kam ihm der Geistesblitz. „Sie hatte herausgefunden, dass viele Firmen Waren anderer Firmen kopierten und diese dann zu einem anderen Preis auf den Markt brachten. Sie waren oft billiger, aber die Qualität schlechter." Er sah in die Runde. Beide waren gespannt. Endlich hatte er den Einstieg gefunden, jetzt nur nicht von der Richtung abweichen, weil das bedeuten konnte, dass er sich in der Geschichte verrannte und er hatte schon so ein schönes Ende für sie gefunden.

„Sie notierte alle Nachahmer, die sie fand. Die meisten hatten sich spezialisiert auf eine große Plastikfabrik in der Stadt. Sie brauchte nicht lange zu suchen, um die Produkte dieser Firmen im Supermarkt oder in den kleinen Läden in der Innenstadt zu finden. Sie notierte die Namen und fragte die Ladenbesitzer nach den Adressen der Hersteller.

So zog sie zu der Plastik-Firma und ließ sich zum Vorstand bringen. Das war ein älterer Mann, der verwundert war, dass eine Frau ihm gegenüber saß und ein Geschäft zu vermitteln hatte. Sie wollte ihm die Namen der Nachahmer seiner Produkte liefern. Er war sehr dankbar, denn seine Geschäfte liefen schlecht. Die Kunden kauften natürlich nur noch die nachgemachten, aber billigeren Waren und er blieb auf seinen Produkten sitzen.

Sie machte mit ihm aus, dass sie ihm die Namen und Adressen liefern würde und sie bekäme dafür eine Provision, sozusagen eine Belohnung für ihre Mühe. Der Fabrikbesitzer fragte die Frau, die ihm gegenüber saß, ob sie denn für sich alleine arbeiten würde. Nein, sagte sie, sie würde das alles nur für ihren Chef tun. So machten die beiden miteinander aus, dass sie immer wieder neue Namen und Adressen liefern sollte. Die Sekretärin kam mit der ersten Provision zurück in das Büro, wo traurig der jüngste Bruder saß. Er war traurig, weil er als Erbschaft keine Fabrik bekommen hatte und auch sonst nichts, für das es sich lohnte, morgens früh aufzustehen. Das Geld, das er bekommen hatte, reichte aber nicht für den Kauf einer eigenen Firma oder Fabrik oder für den Kauf von Grundstücken oder Aktien.

Nun stand also die Sekretärin in der Tür und zeigte voller Stolz, was sie bekommen hatte. So hatte der jüngste Bruder zusammen mit ihr eine Aufgabe und regelmäßig ging die Sekretärin mit immer neuen Anschriften und Namen zum Fabrikbesitzer.

Als sie irgendwann im Vorzimmer saß, da hörte sie die Sekretärin des Fabrikbesitzers am Telefon davon sprechen, dass sich der Besitzer andere Firmen in der Umgebung ansehen wolle. Schlau wie sie war, notierte sie die Namen der Firmen. Gleich, als sie im Büro des Fabrikbesitzers fertig war, machte sie sich auf. Sie bereiste nacheinander alle genannten Firmen. Sie ging an das Betriebstor und sprach mit den Pförtnern.

Wem gehört diese Fabrik?, fragte sie und der erste Pförtner antwortete: Diese Firma gehört Herrn Rabe. Hören Sie, sagte die Sekretärin, wenn ich morgen hier wieder am Tor erscheine, dann sagen Sie, die Firma gehört dem Herrn Steinmann. Andernfalls sorge ich dafür, dass Sie entlassen werden. Der Pförtner war natürlich ganz erschrocken. Aber er nickte nur und schluckte.

Bei den anderen Pförtnern ging es genauso. Die meisten Firmen gehörten dem gleichen Mann, dem Herrn Rabe. So ging sie zum Schluss auch zum Büro des Herrn Rabe. Das war ein großer Bau ganz am anderen Ende der Stadt. Sie ließ sich in sein Büro bringen, stellte sich vor und begann gleich zu reden: Herr Rabe, ich habe erfahren, dass Ihnen in der Stadt eine Reihe von Firmen gehört. Ja, sagte er und lehnte sich hinter seinem Schreibtisch zurück, da haben Sie recht. Herr Rabe, sagte sie mit einem bittersüßen Lächeln, ich muss Ihnen leider mitteilen, dass morgen die Steuerfahndung und die Umweltfahndung kommen werden. Sie werden sicher Unregelmäßigkeiten finden. Das könnte sehr teuer für Sie werden. Herr Rabe war erschüttert."

Seine Tochter sah ihn an: „Aber du hast gar nicht erzählt, wie die Sekretärin an diese Informationen gekommen ist."
„Mein Kind", sagte ihr Vater, „sie hat einfach nur gebluzfft, sie hatte keine Ahnung. Das war ihr Trick. Ich erzähle jetzt weiter.
Herr Rabe, sagte die Sekretärin, ich habe Ihnen einen Vorschlag zu machen. Sie übertragen der Firma meines Chefs alle Anteile und sie verlassen das Land. Damit gehen Sie straffrei aus. Herr Rabe war sehr er-

schüttert. Wie haben Sie davon erfahren, fragte er. Ich habe meine Quellen, sagte sie. Herr Rabe war so erschüttert, dass man von seinen Machenschaften erfahren hatte, dass er den Vertrag sofort unterschrieb, den er hingehalten bekam. Er las ihn nicht einmal mehr durch, sondern nahm nur noch seinen Koffer und seinen Mantel und verschwand durch die Tür, ohne einen Gruß und ohne die Tür zu schließen.

Die Sekretärin faltete den Vertrag zusammen, steckte ihn in die Tasche, ging auch aus der Tür und schloss sie. Draußen saß eine Frau, die bisher Sekretärin bei Herrn Rabe gewesen war. Diese sah sie scharf an und sagte, Herr Rabe ist gegangen. Ihr neuer Chef heißt Steinmann. Wenn ich morgen mit ihm hier vorbeikomme, dann begrüßen sie ihn, als wäre er schon seit langem ihr Chef. Oder möchten Sie entlassen werden? Aber nein, sagte die Sekretärin ganz erschrocken und blieb mit offenem Mund sitzen, als die Sekretärin schon längst wieder auf der Straße stand.
Wieder in ihrem Büro sagte sie zu ihrem Chef: Wir gehen morgen zu den Plastikfabriken in der Stadt, das Reden überlassen Sie mir. Wundern Sie sich nicht, es ist alles in Ordnung.
So standen sie am nächsten Morgen vor dem Fabriktor, es hatte ein wenig angefangen zu regnen. Das Tor ging auf und ein großer schwarzer Wagen fuhr heraus, er fuhr an ihnen vorbei, stoppte dann kurz und die Tür wurde aufgemacht. Ja, aber warum stehen Sie denn hier vor meiner Tür? Man hat unser Auto gestohlen und so stehen mein Chef, der Herr Steinmann und ich hier im Regen. Der Plastikfabrikant lud die beiden ein in sein Auto. Als die Tür zuschlug sagte er, ich bereise ein paar Fabriken in der Stadt, die ich vielleicht kaufen möchte. Wollen Sie mich begleiten? Die Sekretärin nickte lächelnd und als sie zustimmte, tat das auch ihr Chef. So fuhren alle zu der ersten Fabrik. Der Plastikfabrikant betrachtete sie aus dem Wagen her-

aus, es hatte aufgehört zu regnen. Er ging auf den Pförtner zu, der erschrocken hinter seinem Fenster saß, weil er die Frau von gestern erkannte, die ihm mit Entlassung gedroht hatte. Wem gehört diese Fabrik, fragte der Plastikfabrikant und der Pförtner sagte: Dem Herrn Steinmann, mein Herr. Dabei sah er auf die Sekretärin, die ihn anlächelte. Der Plastikfabrikant war beeindruckt, noch beeindruckter war er, als er hörte, dass praktisch alle anderen Fabriken auf seiner Liste auch dem Herrn Steinmann gehörten. Als er dann erfuhr, als der Wagen um die Ecke bog, dass auch die Rabe-Fabrik dem Herrn Steinmann, seinem Gast, gehörten, da war er um so mehr beeindruckt.

So gingen sie in das Büro, in dem gestern noch der Herr Rabe gesessen hatte. Eine Frau stürzte auf die drei zu und nahm ihnen die Mäntel ab. Ich freue mich, dass sie wieder da sind. Der jüngste Bruder war verwirrt, weil er das Büro nicht kannte und die Sekretärin auch nicht. Er sah seine eigene Sekretärin an und die machte ihm nur ein Zeichen, sich hinter den Schreibtisch zu setzen. So beratschlagten die drei, wie man zukünftig zusammenarbeiten könnte. Sie machten aus, dass der Plastikfabrikant seine Firma verkaufen sollte. In einem großen Konzern sollten dann alle Fabriken zusammengefasst werden. So machten sie es. Die Machenschaften des alten Besitzers wurden alle aufgedeckt und geordnet.

Die Sekretärin wurde Assistentin und deckte viele Nachahmer auf, so konnte das Geschäft gedeihen und die Geschäfte liefen gut. Der alte Plastikfabrikant war froh, denn seine Firma war in guten Händen und niemand musste entlassen werden, im Gegenteil, man stellte noch weitere Mitarbeiter ein. Der jüngste Bruder war glücklich, denn endlich konnte er zeigen, dass auch er fähig war, eine Firma zu leiten. Die alte Sekretärin des Herrn Rabe aber leistete weiterhin gute Arbeit, auch wenn es nicht mehr darum ging, die Betrügereien ihres alten Chefs zu decken, sondern eine ehrliche Fabrik bei ihrem Tun zu unterstützen."

Er war stolz auf sich. Die Geschichte war gut dahin geflossen. Er sah seine Zuhörerinnen an. Seine Tochter war schon halb eingeschlafen. „Das war schön", sagte sie noch und nach einem Kuss auf die Stirn von ihrem Vater war sie fest eingeschlummert. Die beiden Erwachsenen waren in die Diele getreten.

„Also wenn diese ganze Geschichte eben eine Anspielung auf mich war, dann bestehe ich auf neue Stiefeln", sagte sie und setzte mit einem energischen Ruck ihren Hut auf. Sie hatte sehr leise gesprochen, fast unhörbar. Trotzdem strahlte sie über das ganze Gesicht.

„Wie kommen Sie darauf", fragte er, nur um sich selber die Antwort zu geben. „Der Kater!"
„Der Kater", echote sie. „Soll ich morgen Rebhühner fangen?"
Er legte den Finger an die Lippen: „Still, leise, nicht vor dem Kind, darüber können wir gerne morgen sprechen."
Wie zwei Verbrecher schlichen sie zur Tür.
„Gute Nacht, Inge", sagte er.
„Gute Nacht, Peter", antwortete sie.
Dann schob er die Tür zu.

Treiben und getrieben werden

Manche Dinge geschehen schnell. Langsam kommen sie näher, man sieht sie nicht und plötzlich sind sie da. Plötzlich sind die Dinge passiert. So war es an diesem Morgen. Die Tasche stand schon gepackt in der Diele, als der Arzt mit zwei Helfern kam. Er setzte sich auf das Bett und sprach zu dem Kind: „Du musst keine Angst haben, aber wie ich dir gestern schon erklärt habe, ist es das Beste, wenn du ins Krankenhaus kommst. Wir hoffen, dass du schnell wieder gesund wirst." Sie sah den Arzt ernsthaft an und nickte. Okay, so sollte es sein. Der Arzt überließ das Feld den Helfern. Der eine nahm sie auf den Arm, der andere rückte ihre Decke über ihr zurecht, damit sie beim Transport nicht fror, dann nahm er ihren Teddy, reichte ihn ihr mit einem Lächeln. Sie lächelte zurück. Währenddessen stand der Arzt mit dem Vater in der Küche. „Sie müssen noch hier unterschreiben. Ich hoffe, ich habe Ihnen alles erklärt, heute Morgen am Telefon. Frau Wagner hat sicher mit Ihnen gesprochen. Sie ist ja heute leider nicht da. Eine nette Person." Der Vater nickte. Das Nicken war die Zustimmung für alles, ja sie hatten heute Morgen miteinander gesprochen, er hatte mit dem Arzt kurz diskutiert, ja, warum es nicht so probieren, es ging um das Wohl des Kindes. Der Arzt nickte ihm freundlich zu, wünschte ihm einen schönen Tag. Damit war er schon wieder zur Tür hinaus, er hatte sicher noch andere Termine. In der Diele stand der Helfer mit dem Kind auf dem Arm, eingepackt in ihr Deckbett.

„Mach's gut, Papa", sagte sie. Sie breitete ihre Arme aus.

Er ging auf sie zu.

„Lass dich drücken, Papa."

„Du musst nicht traurig sein, es wird sicher wieder alles besser, der Arzt hat es mir vorhin versprochen."

Sie nickte ihm zu. Abschied war immer etwas Trauriges, so konnte sie nichts mehr sagen, rückte ihre Decke zurück, winkte ihm zu, als sie auf dem Arm des Helfers durch die Tür getragen wurde.

Er hörte eine Tür schlagen, da durchfuhr es ihn, er sollte mitgehen, er sollte sie nicht alleine lassen. Wir machen das, hatte der Arzt gesagt und den Hörer vorhin aufgelegt. Wir machen das. Wer? Wo? Was? Er konnte ein Auto, oder war es ein Transporter, abfahren hören. Er schloss die Tür. Die Wohnung war leer und ruhig. Man konnte den Kühlschrank hören, wie er ansprang. Ihm war schwer ums Herz, er war wie gelähmt. Seine Tochter war weg. Ein fester Punkt in diesem aus den Fugen geratenen Leben. Seine Frau war weg, aber seit dem Unfall war immer sein Kind da gewesen, auch wenn es geschlafen hatte. Es gab dieses Gefühl, dass da jemand war, der atmet, der lebt, mit dem man sprechen kann. Und jetzt? Leere. Einsamkeit. Er sank zusammen und setzt sich wie er war auf den Fußboden. Weinen. Jetzt konnte er weinen. In Ruhe. Niemand, der unverhofft kam. Daheim. Ruhe. Aber es kamen keine Tränen. Er atmete tief durch, er schloss die Augen. Bilder zogen an ihm vorbei. Weihnachten, wieso hatte er plötzlich Weihnachtsbilder im Kopf? Wo waren die anderen Bilder, wo waren die Bilder vom Urlaub, die Bilder von der Geburt?

So saß er da, zusammengesunken, mit dem Kopf auf den Knien, versuchte zu heulen, aber es ging nicht. Nach einer Weile stand er auf, alles drehte sich um ihn, es war wohl der Kreislauf, er war zu heftig hochgeschnellt. Er hielt sich an einem Türrahmen fest, atmete noch schwer. Dann wurde das Bild klarer. Die Wohnung. Er sah auf seine Armbanduhr. Es war schon spät, er würde zu spät in der Firma sein, aber spielte das wirklich eine Rolle? Er atmete aus. Ja, es spielte. Ja, auch wenn vielleicht in der Firma alles vorbei war, er wollte pünktlich sein. Wenigstens an diesem Punkt wollte er solange wie möglich festhalten. Der feste Punkt hieß: Firma. Jeden Tag der gleiche Trott, jeden Tag anders, jeden Tag andere Gefühle. So stieß er sich vom Türrahmen ab, den er noch immer fest umklammert hielt, wie ein Schiffbrüchiger, der sich am Mast des untergehenden Schiffes festhält. Er zog seinen Mantel an und ging durch die Tür. Er zog sie hinter sich zu und machte sich auf den Weg. Unterwegs fiel ihm ein, dass er gar nicht abgeschlossen hatte. Er wollte schon umkehren, da fiel ihm ein, dass er gar keinen Schlüssel dabei hatte. Das war auch egal, an diesem Zustand würde sich den ganzen Tag über nichts ändern, er würde abends den Schlüsseldienst rufen oder hatten die Nachbarn noch den Ersatzschlüssel? Während er darüber grübelte, ging er weiter. Dann fiel ihm auf, dass er gar keine Tasche dabei hatte. Er hatte auch kein Jackett an, sondern nur seinen Mantel über das Hemd gezogen. Der Tag fing an völlig aus den Fugen zu geraten. Keine Unterlagen, kein Schlüssel. Er grübelte, während er zu seiner Firma eilte. Dabei wäre er fast in ein Auto gelaufen, das plötzlich aus einer Einfahrt herauspreschte. Der Fahrer rief noch etwas hinter ihm her, aber er hörte nicht darauf, er eilte weiter. Er trieb sich selber zur Eile an, vielleicht würde er den Zeitverlust aufholen. Wenn er sich beeilte, würde er vielleicht doch noch pünktlich sein. Er hastete weiter. Er wollte sich noch ein Stückchen holen, als Frühstück, dann fiel ihm ein, dass ja seine Geldbörse in seinem Koffer war und der Koffer daheim und die Tür zu und er hatte keinen Schlüssel. Es würde auch so gehen.

Er keuchte, als er die Stufen zur Eingangstür erklomm. Die Tür war unverschlossen, Nebel legte sich auf seine Brille. Er warf ein Grußwort achtlos in den Raum, den er nur erahnen konnte. Er knöpfte seinen Mantel auf, zog ihn aus und hängte ihn an den Haken hinter der Tür. Da war dieser Geruch, dieses Parfüm. Er schob die Brille nach vorn. Konnte das denn sein?

„Guten Tag, Peter", sagte sie und lächelte ihn an. „Hat alles geklappt", fragte sie.

„Du bist gekommen", sagte er.

„Ja", antwortete sie, „ich habe gesagt ich komme, also bin ich da. Es waren ein paar Gespräche, die habe ich dir notiert. Die oberen beiden solltest du zurückrufen, die unteren beiden lass einfach ein paar Stunden zappeln."

Er ging zu seinem Platz, dort lagen einige Akten aufgeschichtet, daran hatte sie gelbe Zettel geklebt.

„Wie bist du hereingekommen?", fragte er mit einem Blick auf den leeren Platz des Chefs.

„Ich war um sieben Uhr hier, da war er schon da. Wir haben miteinander gesprochen, er hat mir gezeigt, was ihr hier macht."

„Und wo ist er jetzt?"

„Er holt Brötchen. Du hast doch sicher auch noch nicht gefrühstückt."

Er sah sie groß an. „Nein, habe ich nicht. Wollen wir denn zu dritt frühstücken? Haben wir denn dazu Zeit?".

„Sicher haben wir das", sagte sie mit einem Lächeln. „Wir", sagte sie, „sind ja schließlich nun zu dritt."

„Ja willst du uns wirklich helfen?"

„Ja, ich will euch wirklich helfen. Es wird mir sicher Spaß machen. Vielleicht drei oder vier Wochen, dann braucht ihr mich sicher nicht mehr."

„Aber was willst du machen?"

„Das ist ganz einfach", entgegnete sie, „ich werde die Telefonate übernehmen, zumindest für eine Zeit.

Nicht wie du denkst. Du hast alles richtig gemacht, ich glaube, du hast immer allen alles recht machen wollen. Das war sicher toll, aber ich glaube, bisherige persönliche Einschätzung", sie zeigte mit dem Finger auf ihn, „man hat euch ausgenutzt. Das versuche ich zu ändern. Ich werde eure Lieferanten auf Trab bringen, du wirst weiterhin die Kunden betreuen, die kennen dich und die vertrauen dir. Bei den Lieferanten werde ich anders auftreten, als ihr das getan habt. Ich werde eure Lieferanten etwas antreiben müssen."

„Was meinst du damit?", fragte er.

„Ihr seid zwar Kunden eurer Lieferanten, aber die haben für euch zu springen, wie ihr das für eure Kunden tut. Ich werde prüfen, ob eure Lieferanten pünktlich sind, zuverlässig sind, oder eben nicht. Dann werde ich nachsehen, welche Alternativen es gibt und entweder werden sie im Liefern besser, also in Sachen Pünktlichkeit, Service, Qualität oder ich werde mich für euch bei anderen umsehen. Und da ist es gut, dass jemand Neues am Telefon ist. Ich kann mit diesen Herren ganz anders umspringen. Die müssen es mit mir aushalten. Ich hoffe, ich überfahre dich nicht damit, aber ich hoffe, ich kann dir und deinen Kunden damit Erleichterung und Verbesserung schaffen und dann läuft hier vielleicht auch alles runder. Dein Chef wird eher hier vor Ort bleiben, als dass er bei jedem Problem durch die Gegend fährt, das ist unwirtschaftlich, finde ich. Wir treffen uns jeden Morgen zum Frühstück, beraten, was gemacht werden muss und was die Pläne für den Tag und die nächsten Tage sind."

„Ja, wenn du meinst," sagte er.

Je mehr sie sprach, desto größer war sie für ihn geworden. Er sah sie voll Bewunderung an.

„Ich habe nebenan den kleinen Besuchertisch gedeckt, nichts Aufregendes, aber für heute wird es gehen."

„Inge, was würden wir nur ohne dich tun. Was du sagst, klingt alles so logisch, aber wird es denn funktionieren?"

„Das werden wir erst wissen, wenn wir es ausprobiert haben", sagte sie.

„Da hast du sicher recht", gab er zu und sank in seinem Stuhl zurück.

„Wie ist es heute Morgen gegangen?", fragte sie.

Da beugte er sich vor und erzählte von dem Telefonat mit dem Arzt, der dann mit zwei Helfern gekommen war und wie tapfer sie doch auf dem Arm des einen Helfers ausgesehen hatte. Wie sie ihren Teddy an sich gedrückt hatte.

„Ach ja, der Teddy", sagte Inge und seufzte.

Die Episode, wie er auf dem Boden gesessen hatte, die ließ er weg.

„Ja, und dann bin ich gleich hierher gekommen und nun bist du da."

„Ich werde im Krankenhaus mal im Laufe des Tages anrufen", sagte sie. „Wir werden dann sehen, wie es weitergeht."

„Inge", sagte er, „ich komme mir so getrieben vor."

„Wie meinst du das?", fragte sie und sah ihn stirnrunzelnd an.

„Ja, wie ich es sage. Das Leben hat eine eigenartige Geschwindigkeit bekommen, seit meine Frau weg ist. Immer neue Dinge kommen auf mich zu, das Kind ist weg, meine Frau ist weg, der Job hier fraglich."

Sie stand auf und trat neben ihn, sie hockte sich hin und legte ihren Kopf an seinen Arm. „Ich kann dir nichts versprechen, aber es kann sein, dass alles besser wird. Die Sache hier mit der Firma, das wäre doch gelacht. Ihr zwei mit eurem Wollen und Können und ich mit meinen Verbindungen, wir schaffen das. Deiner Tochter wird es wieder besser gehen, da bin ich ganz sicher. Man wird ihr im Krankenhaus helfen. Du musst nur etwas durchhalten, wir wissen vielleicht schon heute Abend mehr oder heute Nachmittag, wir werden sehen. Dann werden wir erfahren, wie eure Lieferanten reagieren. Es fehlt euch doch nicht viel, ein wenig mehr Qualität dort und ein wenig besserer Preis hier und schon seid ihr besser als die anderen und ihr könnt eure Kunden viel besser halten, das wird sicher gut werden. Also, dass ihr zumacht, dass sehe ich keine Sekunde. Es wir hart werden die ersten Wochen, bis sich alle daran gewöhnt haben, aber das wird schon. Ich denke, allerhöchstens sechs Wochen werdet Ihr mich brauchen und dann läuft der Laden.

Habt Ihr eigentlich mal daran gedacht umzuziehen, warum richtet ihr nicht euer Büro bei dir daheim ein? Du hast doch ein Arbeitszimmer. Das Kinderzimmer wird unter dem Dach eingerichtet, da ist viel mehr Platz und aus dem Kinderzimmer wird dann eine Art Empfangszimmer für die Kunden. Dann spart ihr die Miete hier." Sie lächelte: „... und wir hätten einen guten Platz zum Frühstücken, was meinst du?"

„Daran habe ich auch schon gedacht, aber noch nie gewagt es auszusprechen, weil ich immer dachte, Firma und Wohnung, das müsse getrennt sein."

„Um Himmelswillen", sagte sie, „das stimmt, aber es reicht völlig, die Tür zu schließen, wenn das Telefon leise gestellt ist.

Allzu weit darf die Firma natürlich nicht in dein Leben hineinragen, aber du sparst auf der anderen Seite den täglichen Weg mit dem Auto oder dem Bus hin und zurück. Deine Tochter hat jemanden, der tagsüber da ist, es würde viele Probleme mit einem Schlag lösen, findest du nicht?"

Er hing an ihren Lippen, er hatte nichts gesagt. „Ja", erklärte er jetzt und noch einmal: „Ja."

„Ja, wie?", sagte sie, „ja oder jaja?"

Sie endete mit dem Satz: „Wir könnten gleich beim Frühstück darüber reden."

Tausend Gedanken schossen durch seinen Kopf. „Aber da ist die ganze Vorbereitung", sagte er.

Sie schüttelte den Kopf. „Was ist da großartig vorzubereiten? Ein wenig Möbel schieben bei dir, der Dachboden braucht einen neuen Anstrich oder eine neue Tapete. Das Kinderzimmer würde ich mit Raufaser tapezieren und mit einem leichten Farbstich streichen. Die Möbel für das Büro könnten die Möbel von hier sein. Der Teppichboden ...", sie überlegte kurz, „... der kann bleiben. Die Computer nehmen wir rüber, wie sie sind", sie sah sich um. „Der Tresor bleibt hier, der ist zu schwer."

„Der ist sowieso leer", sagte er.

„Umso besser", antwortete sie. „Der Schrank, das ist kein Problem. Wo ist Euer Archiv?"

„Unten in einem Keller", sagte er.

Sie überlegte kurz: „Das können wir später immer noch machen. Da findet sich sicher Raum bei dir im Keller. Denk' dran, wie viel Miete ihr spart."

„Für dich ist immer alles so einfach, aber wer soll die Möbel verrücken, wer soll streichen?" Er machte eine wegwerfende Handbewegung. „Du hast gar nicht an die Telefone gedacht. Wir müssen alles ummelden."

Sie schüttelte den Kopf: „Klar habe ich daran gedacht, aber ich kenne da jemanden, der mir noch einen Gefallen schuldet und der kann das gleich am Wochenende machen, dann verlieren wir da keine Zeit."

„Am Wochenende?" Es fuhr einfach so aus ihm, „am Wochenende? Aber wir müssen doch noch die Wohnung renovieren?"

„Ach", sie lachte, „dachtest du, einer von uns dreien renoviert den Dachboden oder wir alle drei zusammen, na das würde ja super werden, ich kann gar nicht tapezieren. Dein Chef sieht auch nicht so aus, als könne er das und von dir weiß ich ...", da brach sie ab. Sie schwiegen einander an.

Sie hatte diese Geschichte erzählt bekommen. Seine Frau hatte sie ihr erzählt. Es war nicht sein bester Einsatz als Handwerker gewesen. Das Tapezieren damals. Was mochte Inge noch alles wissen? Inge legte ihre Hand auf seine Schulter, sie war aufgestanden. „Peter", sagte sie, „ich lache dich nicht aus."
„Das ist es nicht", antwortete er, „es war nur gerade ein Stich, weißt du, meine Frau."
„Sicher", sagte sie, „entschuldige, das wollte ich nicht. Es tut mir leid."

Tapfer lächelte er sie an: „Das weiß ich, aber ich bin immer noch nicht ganz damit fertig geworden. Also du weißt, ich bin kein großer Handwerker vor dem Herrn, wie soll es dann laufen?"
„Ich kenne auch da jemanden, der uns helfen wird. Es sind meine Söhne, die sollen sich darum kümmern, wozu hat man sie schließlich. Die rufe ich nachher an und dann machen die das. Die freuen sich sicher, auch mir mal einen Gefallen tun zu können."
„Einen großen Gefallen", fiel er ein.
„Peter", sagte sie, „entweder man kann renovieren oder man kann es sein lassen. Aber die können renovieren, also warum sie nicht fragen. Höchstens, dass sie keine Zeit haben oder so."
„Ich bin ein Getriebener, findest du nicht", fragte er.
„Ja, das ist sicher richtig und ich möchte dir und deiner Tochter helfen, dass das besser wird."
Er sah sie dankbar an. „Aber wieso?", sagte er, „wieso machst du so viele Sachen für uns möglich, du bist da, du hilfst, du denkst mit."

Statt einer Antwort sah sie aus dem Fenster. „Irgendwann hätte ich gesagt, es ist, weil ich etwas gut zu machen habe, aber ich glaube, ich mache das einfach aus Spaß. Ich bekomme soviel zurück von euch und es ist allemal besser, als daheim zu sitzen und an alte Tage zu denken und was ich machen könnte, wenn bei mir nicht das Schicksal zugeschlagen hätte."

Sie hatte sich aufgerichtet und halb auf seinen Tisch gesetzt. „Was hältst du von meinen Vorschlägen. Es ist dein Leben, es ist deine Tochter, es ist dein Haus, es ist deine Firma!"

„Das ist sie nicht, es ist nicht meine Firma. Sie gehört meinem Chef und ich bin hier nur angestellt."

„Das heißt nur ...", sagte sie, „dass von allem, was dir teuer ist und um das du dich kümmerst, ein Teil auch dir gehört. Du kannst zwar nicht darüber bestimmen, du kannst es nicht wegnehmen oder verschenken, aber die Firma gehört dir, weil sie zu dir gehört. Dass jemand anderes das Risiko trägt, sie irgendwann einmal übernommen hat, das ist sicher richtig, aber sie ist auch deine Firma. Achte doch einfach darauf, ob du sagst, du gehst arbeiten oder du gehst in deine Firma. Ein paar andere Worte, eigentlich die gleiche Bedeutung, aber wenn man genauer hinsieht, ist es ein ganz anderer Sinn. Merkst du das?"

„Ja, das ist sicher richtig, aber sie gehört doch meinem Chef.

Aber etwas anderes: Wieso sprichst du von deinen Söhnen, ich dachte du hättest keine Kinder?"

„Das ist eine ganz eigene Geschichte", sagte sie.

In diesem Augenblick ging die Tür auf und der Chef stand in der Tür. Er hatte eine prall gefüllte Tüte in der Hand. „Ich habe einfach ein wenig mehr gekauft, gleich für die nächsten Tage mit, wie finden Sie das, Frau Wagner?"

„Oh", sagte sie und war schon in Richtung Tür gelaufen, die sie hinter dem Chef zumachte. „Hoffentlich hält sich das alles. Wir haben doch keinen Kühlschrank."

„Aber natürlich haben wir einen", sagte er, als er die Tüte absetzte. „Da waren aber bisher nur das Eis und ein paar Flaschen Alkohol drin. Das war für die Kunden, aber seit man die Gesetze verschärft hat und man nicht mehr getrunken haben darf, wenn man Auto fährt, da möchte niemand mehr etwas und ich selber trinke fast nie und", sein Kopf nickte durch den Raum, „er, er trinkt auch nicht. Den Kühlschrank räumen wir einfach leer und stellen die Sachen da rein. Er ist nicht groß, aber für die Frühstückssachen reicht es und Marmelade braucht sowieso keine Kühlung."

Inge war an ihm vorbei in sein Zimmer gegangen. „Ich habe bei Ihnen gedeckt, Kaffee müsste auch durch sein, nun können wir frühstücken." „Darf ich Ihnen eingießen", fragte der Chef Inge galant und schenkte ihre Tasse ein, nachdem sie ihm dankbar zugenickt hatte.

So saßen sie zu dritt zusammen.
Sie besprachen, wie es weitergehen sollte.

„Wenn es wirklich so ist, wie Sie sagen", meinte Inge zum Chef, „dass wirklich alles vorbei ist, dann sollten wir an dieser Stelle vielleicht eines machen oder besser Sie sollten eines machen: Sie sollten Peter als Teilhaber mit in die Firma nehmen."

„Aber ja, sicher", antwortete der Chef und war Feuer und Flamme. „Wenn wir es zu dritt machen wollen, dann sollte er ganz selbstverständlich Teilhaber werden. Aber wenn ich mir das so betrachte, dann sollten wir das lieber wirklich zu dritt machen. Frau Wagner, Sie mit Ihren Verbindungen, Sie mit Ihrem Talent, Sie sollten ebenso mitmachen." „Aber nein", sie lachte, „ich werde sie beide auf den Weg bringen und mich dann wieder verabschieden, sie brauchen mich dann irgendwann nicht mehr.

Übrigens, wir haben vorhin darüber gesprochen, dass wir mit dem Geschäftsbetrieb umziehen. Wir haben uns das so gedacht ..." Sie fing an zu erzählen, was sie vorhin besprochen hatten.

Der Chef hatte richtig rote Wangen bekommen vor Aufregung, er fand das alles toll, ja, umziehen um die Miete zu sparen, um das Kind mitbetreuen zu können.

Inge und der Chef sprachen eine Zeit lang miteinander, dann sahen Peter zwei Augenpaare an: „Was meinst du, du bist doch jetzt Teilhaber. Sag' einfach noch ein abschließendes Ja."

Er lehnte sich zurück und stellte seine Kaffeetasse ab. „Ich kann mir das nicht leisten, ganz einfach. Wenn ich Teilhaber bin, dann muss ich Geld einbringen und das habe ich nicht."

„Nein, sicher, das hast du nicht, das habe ich schon verstanden, aber du hilfst uns die Miete sparen und das wird dein Anteil. Dein Anteil wird sich aus der gesparten Miete und dem täglichen Kaffee ergeben. In spätestens sechs Monaten haben wir mit der gesparten Miete soviel Geld zusammen, als hättest du das ganze Geld eingebracht."

„Meinen Sie denn, das geht?" Er sah seinen Chef mit großen Augen an. „Das meine ich ganz sicher", sagte der. Und reichte seine Hand über den Tisch. Peter schlug ein. Sein Chef drückte die Hand. Inge klatschte. „Ich beglückwünsche sie beide, also herzlichen Glückwunsch. Ach so", fuhr sie fort, „dann nehme ich das mal in die Hand. Jetzt, wo wir alle so gut zusammen arbeiten wollen, müssen wir uns auch duzen. Also, ich heiße Inge", sagte sie und hielt dem Chef die Hand hin.

„Hubert" sagte der. „Aber wir haben nichts zum Anstoßen." „Doch", lachte sie auf, „wir stoßen einfach mit Kaffee an, das ist rustikal und viel besser als Alkohol." Er lachte und sie ließen ihre Tassen aneinander stoßen und nahmen jeder einen Schluck. „Jetzt ihr", sagte Inge und der Chef hielt seine Tasse hin. Wieder hörte man das Aneinanderschlagen von Porzellan. „Peter." „Hubert." Sie tranken und setzten die Tassen ab. Dann sah einer zum anderen und sie lächelten sich an. Im Hintergrund klingelte ein Telefon, aber das war in dieser Sekunde nicht wichtig.

Inge griff die Hände der beiden und drückte sie. „Ich wünsche euch beiden allen nur denkbaren Erfolg. Jemand sollte an das Telefon gehen."

So begann der Tag.

Inge hatte viele Fragen, dann saß sie hinter dem Besuchertisch und man sah sie schreiben, dann legte sie Sachen ab. Nachmittags rief sie im Krankenhaus an. Als sie auflegte sagte sie: „Peter, die brauchen uns heute nicht. Wir sollen morgen nach der Arbeit vorbeikommen. Glaubst du, du schaffst das?" „Ja, sicher", sagte er, „du kommst aber sicher mit."

„Natürlich", sagte sie, „ich komme morgen mit, aber ich meinte eigentlich, ob du heute Abend alleine zurechtkommst?" „Inge", sagte er, „ich bin so kaputt, ich bin so überdreht, ich komme sicher nach Hause und falle ins Bett."

Es wurde langsam dunkel draußen, die Anrufe wurden weniger, da räumten sie zusammen. In der Tür verabschiedeten sie sich voneinander. „Ach", sagte Inge, „bevor ich es vergesse, morgen früh kommen die Jungs. Hier, nimm meinen Schlüssel, damit du ihnen diesen geben kannst. Zeig' ihnen einfach nur die Zimmer, ich habe vorhin soweit alles mit ihnen besprochen, die machen das morgen im Laufe des Tages." Dankbar nahm er den Schlüssel. Natürlich, seinen eigenen hatte er ja vergessen. Gut, dass er jetzt wenigstens den Ersatzschlüssel hatte.

„Aber wenn das Kinderzimmer weg ist, wird sie nicht enttäuscht sein?" „Nein", sagte Inge, „das haben wir alles schon neulich besprochen, deine Tochter und ich. Sie hatte eigentlich die Idee, du solltest daheim arbeiten, ich habe das alles nur ein wenig umgedacht. Sie wird überrascht sein, sich aber wahnsinnig freuen, über dich und über das Zimmer unter dem Dach."

Dabei war sie zwei Stufen heruntergegangen. Er war einigermaßen verblüfft oben stehen geblieben.

„Inge?"

„Ja", sagte sie und drehte sich auf der Stufe um.

„Was meintest du mit der Anspielung mit den Stiefeln gestern?"

„Ach so", antwortete sie, „das war wegen der Zeitung. Du wusstest doch davon, oder?"

Wieder durchfuhr es ihn. „Du hast sie gelesen?"

„Ja, aber sicher. Ich lese jeden Morgen die Zeitung. Der Artikel war nicht nett, was Schreiberlinge so schreiben."

„Es war eine Frau", antwortete er.

„Das macht den Artikel auch nicht besser", meinte Inge und ging die Stufen hinab. „Ich sehe dich morgen", sagte sie, blickte sich um, winkte ihm zu. „Denk' dran, du bekommst morgen früh Besuch." Dann war sie verschwunden und er stand immer noch oben auf der Treppe.

Es war ein anstrengender Tag gewesen, dachte er.

Daheim angekommen, fiel er wie er war aufs Bett, er zog nicht einmal die Schuhe aus. Er schlief durch bis zum nächsten Morgen, als er durch ein Klingeln an der Tür geweckt wurde.

Anders

Er zuckte hoch, sah an sich herunter. War das ein Irrtum? Aber nein, die Türglocke klang erneut. Er robbte vom Bett herunter, an seinen Füßen saßen noch die Schuhe von gestern.

„Guten Tag", sagte er verwundert, als er die vielen Männer vor der Tür sah. Einige trugen verschmierte Overalls, einen sah er, der hatte seine Kappe weit in den Nacken geschoben und schaute gelangweilt nach oben. „Wir sollen bei Ihnen umräumen und renovieren", sagte einer mit einem Schnurrbart. Nun ließ er die Tür los, an die er sich bis eben gekrallt hatte. Ganz wach war er noch nicht.

„Okay, dann wollen wir mal", sagte der Schnurrbart und schob die Tür auf. „Unterm Dach muss alles grundlegend gemacht werden, dann kommen da Möbel hin und das Zimmer, wo die Möbel jetzt stehen, soll gestrichen werden. Nachmittags kommen dann die Packer mit den Möbeln und Unterlagen aus dem Büro."

Wie er so da stand, konnte er nur nicken. Er hatte den Überblick verloren. Ein paar Männer waren schon im Kinderzimmer und begutachteten die Wände. Von irgendwo hörte er ein: „Heiner, das geht, müssen wir nur vorher auslegen und saubermachen." Je länger er da stand, desto mehr empfand er sich als überflüssig.

Eine tiefe Stimme sagte: „Ihr räumt alles in die Küche, die brauchen wir solange nicht. Ist noch was oben auf dem Speicher, was runter muss?" Der

Schnurrbart trat auf Peter zu. „Inge hat gesagt, sie würden sich heute Morgen im Krankenhaus treffen. Ich glaube, es wäre besser, Sie gingen da jetzt hin und lassen uns das hier machen. Ich verspreche Ihnen, wir richten keinen Schaden an und niemand klaut etwas. Am besten geben Sie mir einfach die Schlüssel, sie haben ja den Ersatzschlüssel, sagt Inge."

Er war so durcheinander, dass er einfach nur nickte und sagte: „Der hängt an der Wohnungstür. Ich gehe dann mal los." Er griff nach seiner Tasche, grüßte den Schnurrbart noch und verschwand durch seine Tür. Alles kam ihm unwirklich vor. Fremde Menschen in seinem Haus, die Möbel umstellten, als sei das eine Selbstverständlichkeit. Sein Leben war aus den Fugen geraten. Er hätte duschen sollen, aber dazu war es jetzt zu spät. Er fuhr mit seiner Zunge über seine Zähne, da war dieses pelzige Gefühl. Er roch unter seinen Achseln. Er hätte den Mantel anziehen sollen, aber dazu war es einfach zu spät. Er konnte doch nicht einfach zurückgehen und sagen, ich bin wieder da, ich habe nur vergessen, meinen Mantel anzuziehen. Er würde die umgestellten Möbel sehen, die Farbe riechen, wie sie in einer Ecke angerührt wurde. Furchtbar. Er war langsam zur Bushaltestelle gegangen. Er hätte auch das Auto nehmen können, aber irgendetwas zog ihn von seinem Haus fort und hin zur Bushaltestelle. Er konnte seinen schlechten Atem schmecken, mein Gott, er trug immer noch die alten Sachen von gestern, was würden die anderen von ihm denken? Wenigstens das Hemd hätte er noch schnell wechseln sollen. Aber dazu war es jetzt eindeutig zu spät.

Er sollte ins Krankenhaus kommen, hatte der Schnurrbart gesagt. Hatten sie das ausgemacht? Einen Augenblick war er verwirrt, hatte er es falsch verstanden, vergessen oder hatte der Schnurrbart das einfach nur falsch ausgerichtet? Er sah sich Geld an den Busfahrer geben. Zuschlag, hatte er gesagt. Er sah gar nicht, wohin der Bus fuhr. Sonst saß er am Fenster und sah den anderen Menschen zu, den Autos, er sah in die Schaufenster der Geschäfte, wenn der Bus stehen blieb. Heute saß er nur mit dumpfem Blick und in sich gekehrt da. Hielt seine Tasche umklammert, als wolle man ihm die auch noch wegnehmen. Auch noch. Krankenhaus. Als er durch die Gänge irrte, wie ihm die Frau an der Pforte gesagt hatte, da war er wirklich verloren. Warum mussten diese Gänge immer alle gleich aussehen, immer in weiß, immer hallten die Schritte von den Wänden wieder, Glastüren trennten einzelne Bereiche voneinander. Weiße Schilder mit schwarzer Schrift bezeichneten einzelne Räume. Die Abteilungen waren nur Nummern, die an Schildern unter der Decke aufgehängt waren. So irrte er durch weitere Glastüren, als er plötzlich auf einem der Stühle im Gang Inge sah. Sie winkte ihm zu.

„Hallo", rief sie mit gedämpfter Stimme, „du bist ja jetzt schon da. Ich hatte nicht vor neun mit dir gerechnet."

Er ließ sich in den Stuhl neben ihr fallen.

„Meine Güte", sagte sie, „du siehst aus, wie ich mich fühle."

Er seufzte: „Wie meinst du das?"

„Naja, ich meine, du könntest ein Bad gebrauchen, sonderlich gekämmt siehst du auch nicht aus. Oh, Peter, haben dich die Jungs heute Morgen überrascht und du warst noch nicht fertig? Das tut mir leid, sie hätten eigentlich vorher anrufen sollen." „Das haben sie vielleicht auch, aber ich habe es nicht gehört, ich bin gestern nur aufs Bett gefallen und heute morgen war einfach keine Gelegenheit mehr. Oh Inge, glaubst du, wir machen das alles richtig?"

„Peter, wir machen das richtig. Ich habe mir das alles angesehen, das mit dem Umzug ist die beste Lösung. Das hier," sie machte eine Bewegung mit dem

Kopf auf eine der Türen im Gang hin, „das kommt auch wieder in Ordnung. Ich verspreche dir, das ist alles okay und das kommt alles in Fluss."

„Wie geht es ihr?"

„Ich denke, besser als uns beiden zusammen. Sie hat gerade Visite, darum kannst du dort nicht hinein. Wir müssen einfach warten. Zeitung hast du noch nicht gelesen?"

„Zeitung?", fragte er zurück. „Nein, gar keine in der Hand gehabt."

„Ich dagegen schon, ich habe sie gleich heute morgen vom Kiosk gegenüber geholt. Es gibt Leserbriefe."

„Leserbriefe?" Er sah sie fragend an. „Was meinst du damit?"

Sie erwiderte seinen Blick. „Leserbriefe auf den Artikel."

Er war verwirrt. „Welche Leserbriefe? Wer schreibt so was?"

„Naja, Leser der Zeitung eben, die den Artikel gelesen haben und nun aller Welt ihre Meinung mitteilen müssen."

„Worüber?", fragte er.

„Oh Peter, du brauchst wirklich erst mal einen Kaffee." Sie stand auf und ging den Gang hinunter, klopfte an eine Tür und steckte den Kopf hinein. Dann verschwand sie darin und kam mit zwei Tassen dampfenden Kaffee zurück. Die Tür wurde von einer Hand wieder zugezogen.

„Das tut gut. Was für Leserbriefe?", fragte er und lehnte sich zurück.

„Naja, Leserbriefe auf diesen Artikel. Willst du sie lesen?"

Er schüttelte den Kopf. „Was schreiben sie?", fragte er.

„Einige Verärgerte sind dabei, die schreiben, dass da jemand Grimm verhunzen will."

„Verhunzen?", fragte er, „Was ist verhunzen?"
„Also, schlecht machen. Wie soll ich sagen?", sie stockte. „Ja, also, Grimms Märchen müssen so bleiben wie sie sind und man dürfe sie nicht umschreiben, das sei ein Verbrechen. Es sei schließlich ein Kulturgut, weitergegeben von Generation zu Generation."

„Aha", meinte er nur und nahm einen Schluck.
„Das übliche Zeug halt", sagte sie abschließend.
„Sonst nichts?", fragte er in die Stille hinein.
„Nein, sonst nichts, außer ...", sie machte eine Pause, „man will dir das Umschreiben verbieten."
„Man will bitte was?", fuhr es aus ihm heraus.
„Ja", sagte Inge, „du hältst übrigens deine Tasse schräg, und schrei' bitte nicht so laut, das ist ein Krankenhaus. Also man will dir das Umschreiben verbieten, weil man das nicht machen dürfe. Einer schrieb, man müsse dich dafür anzeigen, dass du die Märchen umschreibst."

„Aber ich", fuhr es aus ihm heraus, er dämpfte seine Stimme und begann erneut, „ich schreibe doch gar nicht, ich erzähle die Geschichten nur meiner Tochter am Bett, das kann doch nicht verboten sein!". Er war so aufgeregt, er musste die Tasse nach unten zwischen seine Beine stellen und Luft holen.
Da ging die Tür zum Zimmer seiner Tochter auf, eine Schwester stand vor ihnen, hinter ihr sah man einen Arzt in einem weißen Kittel, der eilig den Gang entlang verschwand.
„So, Sie und ihre Frau können jetzt hinein."
„Danke", sagte er, „aber wir sind nicht verheiratet, Sie haben viel Fantasie."

Die Schwester hörte ihn schon nicht mehr. Mit ihrem Tablett war sie hinter einer anderen Tür verschwunden.

„Wieso hat sie viel Fantasie?" fragte Inge, als sie an ihm vorbeiging.

„Naja, du und ich verheiratet."

„Ach so", sagte sie lächelnd. „Ansonsten hast du ja auch genügend Fantasie."

So standen Inge und Peter allein im Gang, Inge ging zur Tür und öffnete sie leise.

„Papa", sagte das Kind und streckte die Arme aus. Es saß auf dem Bett und strahlte sie beide an.

„Musst du nicht liegen?", fragte ihr Vater. „Leg' dich besser hin."

„Aber nein, Papa", sagte sie, „ich soll versuchen zu sitzen und mich nur hinlegen, wenn mir schwindelig wird. Jetzt, wo ihr da seid, bleibe ich hier sitzen, wenn ihr weg seid, dann lege ich mich wieder hin. Morgen soll ich im Zimmer auf und ab gehen."

„Aber ist denn das richtig?", fragte ihr Vater.

„Wenn der Arzt es doch sagt", meinte seine Tochter.

„Ach, Liebes", sagte er und setzte sich neben seine Tochter, „dann wird es ja so langsam wieder."

„Ja", sagte sie, „ich freue mich schon auf mein Zimmer. Hoffentlich muss ich nicht so lange hier bleiben."

Da durchfuhr es ihn. Das Zimmer. Gerade war man dabei, die Möbel heraus zu räumen und in die Küche zu stellen, man würde es streichen, die Bürosachen hineinstellen und ihre Sachen in das Zimmer auf dem Dachboden stellen.

„Was hast du, Papa?", fragte sie.

Gerade fiel ihm ein, dass sie ja dann immer ein Stockwerk höher gehen müsse, wenn sie wieder daheim war.

„Dein Vater hat viel zu erzählen", sagte Inge, „heute Morgen sind die Handwerker gekommen. Willst du erzählen, Peter?"

„Was willst du mir erzählen? Mach schon, ich platze vor Neugierde."

„Du wirst ein neues Zimmer bekommen, viel größer. Also, die Handwerker sind gerade da. Wir werden dein altes Zimmer brauchen für das Büro und du bekommst ein neues Zimmer unter dem Dachboden."
„Aber Papa", jubelte sie, „das sind ja ganz tolle Nachrichten."
„Ja, wirst du denn dann Treppen laufen können in ein paar Tagen, wenn du wieder aus dem Krankenhaus kommst?"
„Papa, ich werde es lernen müssen. Den Dachboden? Ganz für mich alleine? Das ist ja toll. Ich freue mich schon", sie ließ sich zurückfallen und ihre Beine baumelten über die Bettkante, „das ist bestimmt ganz toll und viel größer. Wenn meine Freundinnen kommen, dann können wir auf dem Boden liegen und die Sterne sehen, wenn wir einschlafen. Oh Papa, sie dürfen dann doch über Nacht bleiben, nicht wahr? Och bitte, Papa."
„Ich dachte, du hängst an deinem alten Zimmer", wunderte er sich.

„Ja, aber das ist das Kinderzimmer. Ich bin ja nun schon älter und dann habe ich mehr Platz." Sie richtete sich wieder auf. „Das wird bestimmt ganz toll. Wann ist es fertig?", fragte sie.
Da schaltete sich Inge ein. „Ich denke, es ist heute Nachmittag schon fertig. Dann kommen die Möbel aus dem Büro."
„Welche Farbe wird es haben? Die Wände, meine ich."
Die Erwachsenen sahen einander an. „Ja, also die Wände werden weiß sein. Zum Tapete aussuchen war keine Zeit und da hättest du auch dabei sein sollen. Alle anderen Farben als weiß würden den Raum auch

kleiner machen, dann würden die Wände so drücken", sagte Inge entschuldigend.

„Ach, das ist schon okay", sagte sie, „ich kann ja meine Poster darüber hängen."
„Du hast Poster?", fragte ihr Vater.
„Peter", sagte Inge, „jedes Mädchen hat Poster."
„Welche hast du denn?", fragte sie.
Was folgte war eine Aufzählung von Gruppen, von denen die Erwachsenen noch nie gehört hatten. Sie nickten einander zu, als wüssten sie, um was es geht.
„Ja, dann bring' ruhig deine Poster an. Dann ist das Zimmer nicht so kahl." Inge sah ihn an.
Er stutzte. „Wir haben gar nicht bedacht, dass dort oben ja auch Sachen standen, die nach unten müssten. Ach machen wir uns keine Sorgen", sagte er, „nachdem wir eingezogen waren, sind wir nie dazu gekommen, die Sachen zu sortieren. Dort oben steht ein altersschwaches Fahrrad und noch Reste vom Bau des Hauses. Sperrmüll eben."

„Da bin ich ja beruhigt", meinte Inge und wandte sich nun wieder dem Mädchen zu. „Ist dir eigentlich langweilig, den ganzen Tag?" Sie ließ ihren Blick herum gehen, „du hast kein Fernsehen und kein Radio. Nur die zwei Bücher, die ich dir eingesteckt habe."
„Das ist schon okay", sagte sie. „Gestern hat mir die Schwester eine Zeitung gegeben. Ich hatte ja Zeit, da habe ich mich in mein Bett gesetzt und sie gelesen, von vorne bis hinten. Ihr habt nicht zufällig eine Zeitung im Gang gesehen?" „Aber doch", sagte Inge und wollte aufstehen, als Peter sie am Arm festhielt.
„Nein", sagte er, „ich glaube, da war keine."
„Aber doch", wollte Inge wieder beginnen.
„Ich bin sicher, da ist keine", sagte er und drückte fester zu.
Nun stand sie auf, zog seine Hand weg. Was meinst du? fragte ihr Blick.

„Es könnten Dinge in der Zeitung stehen, die das Kind noch nicht versteht, weißt du", flüsterte er.

„Was ist das? Was, was könnte ich nicht verstehen?", fragte seine Tochter.

Da zog Inge die Augenbrauen hoch. Die ganze Zeitung hatte sie gesagt, jetzt hatte Inge verstanden, sie sank wieder zurück auf den Stuhl, auf dem sie neben dem Bett gesessen hatte. „Ah, ja", sagte sie, „das kann natürlich sein. Ich werde dir einfach ein Magazin holen."

„Was? Was ist es, dass ich nicht verstehen könnte", fragte sie wieder.

Die Erwachsenen sahen einander an. „Also Verbrechen und Krieg, zum Beispiel", sagten sie.

„Aber Papa", sie lachte und ließ sich wieder zurück auf das Bett fallen, „das Fernsehen ist doch voll davon, in jeder Nachrichtensendung gibt es Tote und Verletzte. Da braucht Ihr keine Angst zu haben, das sehe ich alles nicht zum ersten Mal. Und Politik, Politik lese ich sowieso nicht. Das verstehe ich noch nicht alles, was da geschrieben ist, aber den Lokalteil, den lese ich gerne." Nun wurden die Erwachsenen noch betretener. „Das ist nicht gut, wenn du ihn heute liest." „Wieso?", war die Gegenfrage, „was kann dort Schlimmes stehen, was ich nicht schon kenne?"

Er dachte nach: „Wer las schon Leserbriefe, niemand. Zumindest sie würde sie nicht lesen, oder doch? Inge tat es. Viele Menschen taten es. Es war die Meinung des Volkes. Aber was, wenn sie nun über ihn las. Was, wenn sie las, dass alle Geschichten eine Lüge gewesen waren, nichts von alledem hatte er selbst erlebt. Er hatte ihr Geschichten erzählt statt Erlebnisse. Es waren erdachte Geschichten, alle erdacht und erlogen. Waren Geschichten, die man sich ausdachte, eigentlich immer Lügen?"

„Es stehen viele Lügen in der Zeitung."
„Das weiß ich Papa", sagte sie.
„Es ist aber nicht gut, wenn du dich mit so etwas belastest. Das ist schlecht für dich, mein Kind."
„Aber muss ich nicht lernen, Wahrheit von Lüge zu unterscheiden?"
„Das kann man manchmal nicht, manchmal steht da etwas und alle glauben es sei wahr und dabei ist es falsch oder nicht so gemeint. Manchmal lügen die Menschen, weil eine Lüge einfacher ist als die Wahrheit."
„Ich weiß, Papa. Trotzdem möchte ich die Zeitung gerne lesen." „Ich werde schauen, ob ich eine für dich bekommen kann."

Sie strahlte dankbar und rieb sie ihre Knie.
„Ist dir kalt?", er war dankbar für den Themenwechsel.
„Nein."
„Deck' dich zu."
„Aber mir ist nicht kalt."
„Erzählst du mir eine Geschichte, sozusagen als Ausgleich für die Zeitung?"
Inge lächelte verstohlen.
„Du bist schließlich gestern Abend alleine gewesen, da hast du sicher etwas erlebt. Ich habe nichts erlebt, ich habe in dem Buch gelesen und bin bald eingeschlafen." Erwartungsvoll sah sie ihren Vater an.
„Ich, also, ich, ich habe auch nichts erlebt."

„Papa", drängelte sie weiter, „da ist bestimmt etwas, Papa, bitte, denk' dran, ich bin hier alleine in diesem Zimmer und mir ist langweilig, weil doch kein Fernsehen und kein Radio da ist. Und wenn ich auch keine Zeitung bekomme, dann weiß ich gar nicht, ob ich hier bleiben will."

Er griff ihr in die Seite. „Das ist Erpressung, mein Kind", sagte er lachend.

Sie schob ebenfalls lachend seine Hand weg. „Nein, nicht kitzeln."

„Also gut", sagte er. „Ja, mh." Aber da war wieder dieses Loch. Er versuchte sich zu konzentrieren. In Gedanken ging er in sein Zimmer zum Regal, klappte das Buch auf, blätterte darin herum und wollte darin lesen, aber die Schrift war zu undeutlich. So, als ob man versucht, ohne Brille zu lesen. „Ich weiß gar nichts", sagte er. „Papa, sonst klappt es doch auch!" Er sah sie wie aus weiter Ferne an. „Ich bemühe mich. Aber mir fällt nichts Erzählenswertes ein." Er sah ihre Enttäuschung.

„Aber sonst kannst du doch auch etwas erzählen. Heute ist Donnerstag. Was ist die Geschichte für Donnerstag?" Er stand in Gedanken immer noch an seinem Schreibtisch und strich über die kleinen Schilder, die aus dem Buch heraushingen. Die Schilder, auf denen die Tage der Woche verzeichnet waren. Er hatte einfach vergessen, welches Schild an welchem Märchen hing. „Donnerstag", sagte er. Und „Donnerstag" sagte er wieder. Es klang beinahe wie eine Beschwörung. Als würde das Buch in seinen Gedanken plötzlich aufklappen und ein Wesen aus Grimms Märchen würde herauskommen und sagen: Ich bin das Donnerstagsmärchen. Er versuchte sich verzweifelt zu erinnern, aber da war nur diese Leere im Kopf. Keine Geschichte. Kein Märchenwesen. Keine Prinzessin. Kein König fiel ihm ein.

Inge hatte ihren Arm um ihn gelegt. „Dein Vater ist müde, darum fällt ihm nichts ein. Das verstehst du sicher."

„Wer ist eigentlich im Büro?", entfuhr es ihm.
„Hubert natürlich", sagte Inge.

„Aber Papa, meine Geschichte!", kam es wieder von der anderen Seite. Sie hatte sich an seinen Arm geschmiegt. „Bitte denk' nach, was ist die Donnerstagsgeschichte?" Er schüttelte sie ab und sah ihr tief in die Augen. „Wieso Donnerstagsgeschichte? Wie kommst du darauf?" Sie sah ihren Vater an und begann nach Ausflüchten zu suchen. Doch er fasste seine Tochter am Arm, „was meinst du damit. Bist du im Büro gewesen? Hast du in dem Buch geblättert?"

Sie zog die Beine an und sah ihn trotzig an.
„Ja."

Beide Erwachsenen sahen sie an. „Dann weißt du es?"
Sie senkte den Kopf und nickte.
„Du hast die Schilder gesehen und du weißt, wozu sie da sind?"
Sie nickte wieder. „Du hast mir keine Märchen mehr erzählt, sondern du hast die Märchen umerzählt."
„Kind", sagte Inge, „du hast es gewusst?"
Sie sah Inge an. „Du auch?", fragte das Kind zurück.
„Es stand in der Zeitung."
Nun war es raus.

Er war aufgestanden und zum Fenster gegangen. Wieder stieg die Flut in ihm hoch, wieder spürte er diesen Kloß im Hals. Ich habe es doch gut gemeint.
„Aber Papa." Sie war auf ihrem Bett aufgesprungen.
„Kind", sagte Inge und versuchte sie festzuhalten, „Vorsicht, du könntest herunterfallen."
„Papa", sagte sie, „du hast es doch nur gut gemeint. Papa. Erst habe ich es nicht verstanden, dann aber habe ich gerne zugehört und ich habe tagsüber versucht zu erraten, welches Märchen du erzählt hast.

Ein paar habe ich dann erraten können, aber ein paar andere auch nicht. Es hat viel mehr Spaß gemacht zu sehen, wie du dich bemüht hast, mir eine schöne Geschichte zu erzählen, als wenn du es irgendwo abgelesen hättest. Papa, ich habe gedacht, du machst das gerne, du erzählst mir abends gerne eine Geschichte. Papa. verstehst du mich?" Nun standen ihr die Tränen in den Augen. „Papa!"
Er drehte sich um.

„Kind", war das einzige, was er herausbrachte. Er drückte sie an sich. Sie legte ihren Kopf ganz dicht an seinen, während sie auf dem Bett stand und er davor. Sie hielten einander umarmt.

„Sicher, ich habe das alles gerne gemacht und ich würde das gerne auch weitermachen, die Geschichten, also die Märchen, zu erzählen."

„Oh Papa, da freue ich mich aber", sagte sie und drückte ihn noch fester an sich.

Inge räusperte sich. „Also, ich weiß nicht, wie du die Sache siehst, aber meinetwegen kann sie ruhig die Zeitung bekommen."

Er nickte. Inge ging zur Tür, um sie zu holen. Er sah seiner Tochter tief in die Augen. „Eine Zeitung hat darüber geschrieben, dass ich dir abends Geschichten erzähle und nun glauben die Menschen, ich würde Grimms Märchen umschreiben. Da sind eine Reihe von Briefen drin, von Menschen, die mir drohen, weil Grimms Märchen doch so bleiben sollen wie sie sind."

„Aber gehören denn die Märchen nicht allen Menschen?"

„Ja, irgendwie schon", sagte Inge, die mit der Zeitung in der Hand zurückkam.

„Dann kann doch jeder die Geschichten erzählen, so wie er will oder nicht?"

„Ja und nein", sagte Inge. „Sie sollten schon so bleiben, wie die Brüder Grimm sie sich ausgedacht haben. Also ich meine, sie aufgeschrieben haben. Und jeder kann natürlich eigene Märchen erfinden, aber er sollte sie nicht verändert nacherzählen, wie dein Vater es tut. Da kann es passieren, dass die Menschen das nicht verstehen, weißt du."

„Das steht alles in der Zeitung?", fragte sie.

„Ja", sagte ihr Vater.

„Aber das ist doch nicht schlimm. Es ist doch eine Sache zwischen dir und mir, nicht wahr?"

„Nicht mehr", sagte er. „Da ist diese Journalistin und die hat eine Menge Staub aufgewirbelt."

„Aber du erzählst mir doch wieder Geschichten, nicht wahr?"

„Ja, das werde ich, solange du es willst." Nun drückte er sie wieder. „Na siehst du, du hast deinen Willen bekommen, da ist die Zeitung und nun kannst du lesen. Aber sei nicht aufgeregt, wenn du die Leserbriefe liest, das ist sicher nicht alles so gemeint."

„Wir müssen jetzt langsam gehen ", sagte Inge.

„Ist es denn schon so spät?", fragte er.

„Ja, schau' auf die Uhr. Wir müssten längst im Büro sein", stellte Inge fest.

Das Kind lächelte. „Ich habe ja jetzt zu lesen. Morgen kommt ihr aber wieder", fragte sie.

„Ja, das tun wir", nickte Inge.

Ihr Vater sah sie an: „Bist du mir böse?"

Sie schüttelte den Kopf. „Ich habe den besten Papa auf der Welt und die beste Frau Wagner auf der Welt."

„Inge", sagte diese, räusperte sich, „Tschuldigung ein Frosch, sag' einfach weiterhin Inge zu mir." So wurde auch Inge gedrückt.

„Bis morgen", sagte das Kind und ließ sich ins Bett fallen. „Das ist alles so aufregend. Ein neues Zimmer bekomme ich, was meinst du dazu, Teddy, der ganze Dachboden für uns alleine."

„Sei schön artig", sagte ihr Vater.
Sie winkte den Erwachsenen zu und sprach weiter mit ihrem Teddy.

„Manchmal frage ich mich, ob ein Teddy in ihrem Alter noch angemessen ist", sagte ihr Vater, als sie zu zweit die Treppen hinunter gingen.
„Aber brauchen wir nicht alle jemanden, mit dem wir uns zusammen freuen können und mit dem wir uns aussprechen können und der uns nicht widerspricht?" antwortete Inge.
„Ich verstehe was du meinst", sagte er.

Sie kamen ins Büro, dort saß Hubert, um ihn herum standen Kisten und Kasten, mit einer Hand hatte er einen Telefonhörer umfasst, mit der anderen packte er Sachen in unterschiedliche Kartons. „Ich habe schon angefangen", sagte er fröhlich, als die anderen beiden in der Tür standen.
„Das hättest du nicht gemusst", erwiderte sie. „Das hätte ich schon gemacht, wir haben noch Stunden, bis die Jungs zum Abholen kommen. Außerdem brauchen wir morgen sicher noch einiges hier, weil doch das Telefon erst morgen umgeschaltet wird." „Telefon!", Hubert rief das Wort laut hinaus. „Telefon!", sagte er noch einmal, bis er alle Aufmerksamkeit hatte. „Da war ein netter junger Mann, der sagte, er könne das schon heute Abend oder heute Nacht umschalten, ob uns das recht sei, er käme nachher wegen der Installation vorbei."
Inge stemmte die Hände in die Seite. „Das ist ja prima. Wie machen wir das jetzt hier?" Sie ließ ihren Blick über das Durcheinander gleiten. „Ich weiß", beantwortete sie sich selbst ihre Frage. „Ich rufe an und dann schau'n wir." Sie wählte eine Nummer. „Ja. Oh. Wirklich. Ja, ja." Dann legte sie auf. „Also, das Büro ist schon fertig. Der Dachboden braucht noch ein paar

Stunden. Sie kommen schon jetzt, das ist viel besser. Sie sind dort einfach zu viele Leute."

Hubert war sehr erfreut. Es haben sowieso nur drei Leute bisher angerufen. „Ich weiß auch nicht, was los ist. Flau heute, dann lasst uns die Chance nutzen. Wir packen und dann geht es los." Er hatte kaum ausgesprochen, da klingelte es schon an der Tür. Inge machte auf und sagte: „Das nenne ich nun aber Tempo!" Hubert war neben sie getreten. „Ja, wie viele seid ihr denn da beim Renovieren?" „Also, da sind wir zwölf aus der Mannschaft, dann der Harro, der mit dem Laster, dann unser Trainer. Ach ja, und die Mädchen, das sind ein paar Freundinnen, die haben wir auch gleich mitgenommen, damit es schneller geht. Die richten dann das Zimmer oben ein. Es ist doch ein Mädchenzimmer? Das haben wir uns gedacht, das sollen die dann manchen, so Poster an die Wand und so, wie Mädchen das halt gerne haben."

Inge lachte: „Ihr seid schon Männer. Ja, aber hier wart ihr einfach zu schnell, wir haben noch gar nicht ganz ausgeräumt." Inzwischen standen alle im Büro. „Wieso ausräumen? Das sind doch alles einzelne Schränke, das wäre doch gelacht, wenn wir die nicht so, wie sie sind, hier herausbekommen. Das spart das Ausräumen und Einräumen, wir müssen nur aufpassen, dass wir die Schränke beim Transport gerade halten, damit nichts rausfällt. Vielleicht nehmen Sie einfach die Sachen heraus, die umfallen könnten." Das war das Stichwort. Schranktüren wurden geöffnet, Kisten geschlossen, jeder drängte am anderen vorbei. Kisten wurden aus dem Zimmer getragen, man konnte Stimmen hören und Befehle wie: ‚Hebt an.' ‚Setzt ab.' ‚Vorsicht.' ‚Weg da.'

Es dauerte gar nicht lange und Inge, Peter und Hubert standen auf dem leeren Teppichboden. Jetzt, wo alle Möbel weg waren, konnte man den Schmutz sehen, der sich hinter den Schränken angesammelt hatte. Dort, wo die Schreibtische standen, hatten sich die Füße tief in den Boden gestanzt. In diese Leere hinein klingelte ein Telefon. Hubert bückte sich, während die anderen verloren herumstanden.

„Ja, können Sie", sagte Hubert, „Gerne." Dann legte er auf. „Das war wieder dieser Nette, er kommt wegen der Telefone."

Inge setzte sich auf den Boden. „Inge, da ist es schmutzig." „Lasst man sein, so wie ich mich fühle und nach der letzten Nacht und gestern, da kommt es nun auch nicht mehr drauf an."

Peter hockte sich neben sie. „Bist du denn die ganze Nacht im Krankenhaus gewesen?" „Peter, ich war die ganze Nacht im Krankenhaus, ich habe auf dem Stuhl geschlafen, die Schwester hat mich dann mit Kaffee und einem Frühstück versorgt. Ich habe bei deiner Tochter ab und zu leise hineingesehen, aber sie hat friedlich geschlafen. Ich war so kaputt, dass ich für eine Taxe nach Hause viel zu müde war. Ich wollte nur die Augen kurz schließen. Ich bin dann aber eingeschlafen." Er drückte ihre Hand: „Wenn das alles mal vorbei ist, also ich weiß gar nicht, wie ich das wieder gut machen kann." „Da macht dir mal keine Gedanken", sagte sie und richtete sich wieder auf.

Es klingelte erneut. Wieder war Hubert als erster an der Tür.

„Ach", sagte er, „dann sind Sie der Nette."

„Wieso der Nette", lachte ihn ein junger Mann an, „ich mache hier nur die Telefone."

Hubert öffnete die Tür ganz. Der junge Mann ging mit seinem Koffer an ihm vorbei, grüßte Inge mit einem Lächeln und einem Kopfnicken. Sie nickte zurück.

„Schön, dich zu sehen."

„Ich habe leider nicht viel Zeit", sagte er. „Ich hatte eigentlich etwas anderes vor. Aber für dich mache ich das gerne." Sein Blick wanderte über den Boden. „Das alles hier? Das alles hier weg und dann wohin?" Er nahm einen Bleistift aus seiner Hemdtasche und zog einen kleinen Block aus der Hosentasche. „Nur damit ich weiß, wo ich dann hin muss." Inge trat auf ihn zu. Sie nannte ihm die Adresse.

„Ich glaube, das kenne ich. Das ist dieses Fachwerkhaus hinten in der Siedlung, nicht wahr?"
„Genau", sagte sie erleichtert.
Er lächelte.
Dann drehte er sich zu Peter und Hubert um und sagte: „Grimm, wer ist das von Ihnen beiden?"
Hubert zog die Augenbrauen hoch.
Peter nickte.

„Hab' darüber in der Zeitung gelesen. Nette Sache. So, ich möchte sie nicht vertreiben, aber ich bin schneller, wenn ich das hier alleine machen kann."
Peter strebte dem Ausgang zu, Hubert schloss sich nickend an. Inge ging auf den jungen Mann zu.
„Ich danke dir, dass du mir hier helfen kannst."
„Aber das mache ich doch gerne und ich bin froh, dir einen Gefallen tun zu können, nach allem, was du für mich getan hast."
Sie legte ihre Hand auf seine Schulter. „Zieh einfach die Tür hinter dir zu, wenn du hier fertig bist. Kann ich mich darauf verlassen, dass hier Licht aus ist und so?"
„Natürlich." Sie nahm die Hand wieder weg.
„Danke."
„Ist schon in Ordnung."

Sie strich über ihren Rock: „Wir sehen uns dann in der anderen Wohnung."

Damit war auch sie durch die Eingangstür getreten, sie drehte sich noch einmal um, aber der Nette war schon in einer Zimmerecke mit seinem Schraubenzieher beschäftigt, sein Kopf lag auf seiner Schulter und er sprach in sein Handy, das er dort eingeklemmt hatte.

Sie zog die Tür zu. Während sie die Treppe herunterging, dachte sie an die alten Zeiten, damals, als ihr Mann noch lebte. Der junge Mann hatte eines Tages ganz abgerissen in der Tür gestanden und nach Arbeit gefragt. Sie suchten gerade jemanden, der im Lager helfen sollte. Aber wie er da so stand, da tat er ihr leid. Sie kümmerte sich nach der Arbeitszeit um ihn. Sie lud ihn zu sich ein. Stück für Stück erfuhr sie, dass er ohne Geld, ohne Unterkunft war. Sie fand ein Zimmer für ihn, sie fand Kleidung für ihn. Langsam kehrte ein Lächeln in sein Gesicht zurück. Später dann begann er eine Ausbildung im Betrieb. Er machte sich gut. Als dann ihr Mann starb und der Betrieb umstrukturiert wurde, da vermittelte sie ihn an einen Handwerksbetrieb, den sie schon lange kannte. Man nahm ihn gerne, denn er war gut ausgebildet, immer freundlich. Und er, er war froh wieder in einem Betrieb untergekommen zu sein, in dem das Miteinander noch zählte.

„Inge", sagte Peter, als sie unten vor der Tür standen „wo bleibst du, wo bist du mit deinen Gedanken?"

„Es ist schon okay", sagte sie und stieg in Huberts Auto, das sich in den Feierabendverkehr einreihte. „Es ist ja schon spät", stellte sie fest, als sie aus dem Autofenster sah.

„Das liegt im Auge des Betrachters", sagte Hubert.

Eine Gruppe junger Männer in Overalls stand vor dem Fachwerkhaus, als Hubert um die Ecke fuhr.

Sie parkten das Auto in der Einfahrt.

„Wo ist der Laster", fragte Inge, als sie aus dem Auto stieg.
„Der ist schon wieder weg", sagte der Schnauzbart.
„Wie weg?", fragte sie verwirrt, „Probleme? Wo sind die Möbel?"
„Ach, die stehen schon."
„Aber Ihr könnt doch unmöglich schon fertig sein?"
„Aber doch", sagte ein Blonder.
„Wie habt ihr das geschafft?", fragte Inge.
„Och, wir haben wo es ging eine Reihe gebildet und dann durchgereicht, das ging ruckzuck und keiner stand dem anderen im Weg."

Die drei gingen ins Haus, es roch etwas nach neuer Farbe und Lack. Wirklich! Inge war in das ehemalige Kinderzimmer geeilt, es war alles da. Der Schnauzbart war den dreien gefolgt. „Ich hoffe, es ist so okay für Sie?" „Also ich bin ja ganz hin und her gerissen", antwortete Inge. „Ach ja, da werden noch die Lampen angebracht." Sie rümpfte die Nase. „Was riecht hier nur so nach Farbe, die Tapeten können das doch nicht sein?" „Nein", sagte der Schnauzbart, „wir haben noch schnell die Fenster gestrichen. Muss man mal sehen, ob einmal streichen reicht." Er ging weiter in die Küche: „Hier haben wir schnell abgerollt, ich hoffe das war recht." Dann zeigte er nach oben. „Die Mädchen sind noch oben und räumen ein, wollen wir nachschauen?" Die drei nickten und gingen hintereinander die Stiege zum Dachboden hinauf.

Man konnte ein paar Mädchen reden hören. Eine lag auf dem Bett und dirigierte von dort zwei andere. „Weiter nach links", sagte sie, „ja so." Die anderen beiden hielten ein Poster hoch und drückten Heftzecken in die Decke.
Das Mädchen auf dem Bett richtete sich auf. „Wir haben uns das so gedacht. Sie kann sie ja wieder abmachen, wenn es ihr nicht gefällt." Dann erklärte sie,

welches Poster wo hing, aber es klang für die Erwachsenen, als würde in einem Land, dessen Sprache man nicht spricht, in einer Gemäldegalerie etwas erklärt. Vieles kommt einem bekannt vor, aber man versteht rein gar nichts.

Die anderen beiden Mädchen waren von den Stühlen heruntergestiegen. „Wir wären dann fertig", sagte die kleinere von beiden. „Hat Spaß gemacht, hoffentlich kommt es gut an, sie können uns ja mal anrufen." Damit begannen sie, die Stiege hinunterzuklettern, nachdem sie noch kurz Tschüss gesagt hatten.

„Ich glaub', das war es dann. Ich wünsche noch einen schönen Abend." Der Schnauzbartging, während er rief zur Haustür, seine Stimme wurde schwächer.

Peter sprang auf. „Warten Sie, also ich muss mich bei Ihnen noch bedanken, wie kann ich das alles nur wieder recht machen?"

Der Schnauzbart lachte. „Drücken Sie mir einfach die Hand und sagen Sie danke, würde ich vorschlagen." Er lächelte breit, als Peter neben ihm stand.

„Aber Geld, Sie bekommen doch sicher noch Geld?"
„Nein, das fangen wir gar nicht erst an."
„Dann also nur danke?"
„Schon okay."
Damit verschwand der Schnauzbart.

Zurück blieb nur Peter. Die anderen waren die Treppe herunter gegangen.

„Wir gehen dann jetzt auch mal, war ein aufregender Tag", sagte Hubert. „Ja", meinte auch Inge, „das kann man wohl sagen. Ich freue mich auf ein Bad und dann auf mein Bett!" Sie drückten einander die Hände. Peter war viel zu ergriffen, um etwas zu sagen. Hubert öffnete die Tür, Inge verschwand mit einem kurzen Gruß. „Neun Uhr", sagte Hubert und fügte hinzu, „ist dir das recht? Um 10 Uhr kommt der Anwalt. Ich sehe dich. Erhol' dich ein wenig."

So stand Peter alleine in seinem Haus.

Er ging in sein Schlafzimmer und ließ sich aufs Bett fallen.

Sein Kopf hatte noch gar nicht das Kissen berührt, da war er auch schon eingeschlafen.

Alles ist anders

Als er die Augen aufklappte, war das erste, was er bewusst wahrnahm, der Geruch von Kaffee. Sein Kopf schmerzte, seine Arme taten weh, seine Füße steckten in den über Nacht zu eng gewordenen Schuhen. Sein Körper musste sich über Nacht geändert haben, er passte ihm nicht mehr. Er räkelte sich und sah an die Decke. Gleich würde er aufstehen und in die Firma fahren müssen. Heute kamen die Leute zum Renovieren oder war alles ganz anders? Er versuchte seine Glieder zu ordnen, was misslang, dann versuchte er, seine Gedanken zu ordnen. Er sah das leere Büro wie eine Fotografie. Nein, das war schon leer. Die Poster. Er sah Poster. Nein, das war auch schon erledigt. Stimmt, gestern waren der Umzug und das Renovieren gewesen. Er war zu Hause und doch im Büro. Er richtete sich auf. Es roch verschwenderisch nach Kaffee. Er wälzte sich auf die Seite, rollte auf den Rücken, stützte sich auf und sah an sich herunter. Er hatte immer noch das Hemd von vorgestern an, seine Hose war an den Beinen etwas nach oben gerutscht, seine Füße steckten in den Straßenschuhen. Er war wieder ins Bett gefallen, ohne dass er sich ausgezogen hätte.

Er zog die Beine hoch, um zu entspannen, dann streckte er sie verschreckt mitten in einem Gähnen wieder aus, nur nicht die Decke mit den dreckigen Schuhen einsauen. Wie er so da lag dachte er, dass es darauf eigentlich auch nicht mehr ankäme. Das Leben war aus seinem gewohnten Trott geraten, die Decke war sicher schon schmutzig von seinen Sachen, die er nach dem Schmutz in der alten Firma nicht gewechselt hatte. Er setzte sich auf den Bettrand. Er streckte sich. Da war immer noch dieser Geruch nach Kaffee, jemand musste in der Küche sein und Kaffee gekocht haben. Er schlafwandelte doch nicht, er selber war es nicht gewesen. Er bog seinen Rücken durch und öffnete die Schlafzimmertür. Leise konnte er ein Radio hören. Er machte sich auf den Weg, er wollte schlaftrunken, wie er morgens immer war, noch in der Küche nach dem Rechten sehen. Einbrecher? Einbrecher, die Kaffee kochten? Nein. Aber wer dann?

Als er in der Tür stand, durchfuhr es ihn. Es konnte nur Inge sein und der wollte er so, wie er aussah, nicht begegnen. Ungewaschen, ungekämmt, er war sicher kein schöner Anblick. Während er unschlüssig in der Tür stand, hörte er von drinnen eine Stimme.

„Komm rein, Peter, ich habe dir eine Tasse eingeschenkt." Er fühlte sich ertappt und sagte ja, räusperte sich dann, denn das erste Ja war nur ein Krächzen geworden. „Ja", sagte er und schob ein „gerne" nach.

„Ich habe dich schlafen lassen. Möchtest du ein Frühstück, wir haben noch die Sachen von vorgestern."

Er schüttelte den Kopf und überlegte, woher sie den Schlüssel haben mochte. Vom Umzug! Er hatte ihn nicht zurückbekommen. Warum sollte er auch, wenn man ihr nicht mehr vertrauen konnte, wem dann, dachte er. „Bist du schon lange da?", fragte er.

„So eine Stunde oder etwas mehr. Ich habe ein wenig sortiert und hatte dann Appetit auf einen Kaffee."

„Wie spät ist es?", fragte er.

„Halb neun."

Er griff sich an den Kopf. „So wie ich mich fühle, könnte es auch 12 Uhr sein oder besser drei Uhr nachts."

Sie lachte ihn über den Rand ihrer Tasse hinweg an. „Es war ja auch viel los für dich. Aber das wird schon wieder. Geh' duschen, dann bist du ein neuer Mensch, das verspreche ich dir. Hubert kommt bald, ich habe da ein paar Fragen, wir sollten bald anfangen, es gibt viel zu tun. Wer fährt nachher in das Krankenhaus?"

„Krankenhaus? Naja, ich, heute Nachmittag."

„Das ist eindeutig zu spät. Ach", sagte sie und setzte ihr Tasse ab. „Das hast du ja gar nicht mitbekommen, sie wird heute schon wieder entlassen. Nachdem sie hier eine Rundumbetreuung hat und auch wieder beginnt zu laufen, da braucht sie nicht mehr im Krankenhaus zu sein."

„Wie haben sie sie eigentlich aus dem Bett bekommen?"

„Ich denke, sie haben ihr auch nur die Wahrheit gesagt. Sie haben ihr gesagt, was mit ihr los war, warum sie sich so schwach fühlte und dann hat sie selber gesehen, dass sie hier im Hause auch gebraucht wird, dass sie für dich als Bettlägerige ein Problem ist. All das wird sie aus dem Bett gebracht haben. Wenn da einmal ein Schritt gemacht ist, dann geht es oft von alleine."

„Aha", sagte er. „Wusste ich nicht."

„Ich auch nicht", antwortete sie.

Er sah von oben in seine leere Tasse, stellte sie ab und meinte nur: „Ich mach mich schnell frisch." Sie schenkte ihm wieder eine Tasse ein und nickte ihm zu.

Er verschwand unter die Dusche. Während das heiße Wasser seinen Rücken hinunterrann, konnte er die Türglocke hören und Stimmen in der Diele. Hubert musste gekommen sein. Eine Weile später saß er frisch geduscht, aber noch mit feuchten Haaren am Frühstückstisch. Hubert grüßte ihn mit dem Messer in der Hand, er war gerade mitten im Frühstück. Wie er seinen Partner da so sitzen sah, überkam ihn auch der Hunger.

„Das dachte ich mir", Inge hatte verstanden, ohne dass er etwas gesagt hatte. Er musste hungrig ausgesehen haben. Sie hatte schon Eier vorbereitet, nahm ein Frühstücksbrett aus dem Schrank und deckte ihm auf. Sie setzte sich wieder, stützte die Arme auf den Tisch und wog ihre Tasse in beiden Händen.

„So", sagte sie, „ich habe da eine Reihe von Fragen. Esst ihr ruhig, ich werde einfach fragen und ihr müsst ja dann nur nicken oder den Kopf schütteln." Beide sahen sie erwartungsvoll an wie zwei Schüler, die der Lehrerin lauschen. Was mochte kommen?

„Ich habe mir heute Morgen die Schreibtische angesehen und dabei die beiden Körbchen gesehen. Ich denke mal, das eine ist der Korb für die Bestellungen und das andere das für die Lieferungen, wo das Geld noch nicht eingegangen ist."

Beide nickten.

„Ich bin die Aufträge durchgegangen. Da sind bei den Bestellungen einige dabei, die verstehe ich nicht. Jedes Mal bekommt ihr da einen anderen Preis. Ich würde es verstehen, wenn die Chargen nach Größe berechnet würden, dann müssten Großabnahmen billiger sein als kleine Aufträge. Das stimmt aber so nicht. Auch wenn man die Lieferkosten herausrechnet, kommt es nicht hin. Gibt es da spezielle Absprachen?"

Beide schüttelten wie auf Kommando den Kopf.

„Also, ich werde da anrufen und fragen, was das soll. Ansonsten werde ich einfach versuchen, den jeweils besten Preis als Dauerpreis auszuhandeln. Ihr habt ja mehrere Lieferanten und ich werde die Preise miteinander vergleichen. Reicht euch das, wenn ich die Dinge am Telefon bespreche? Ich mache euch dann eine Liste der Vereinbarungen, dann braucht Ihr zukünftig nur noch nach der Liste zu arbeiten, wenn Ihr Bestellungen aufgebt."

Beide nickten wieder, während sie einen Happen um den anderen aßen.
Sie fuhr fort.

„Bei den unbezahlten Rechnungen habe ich gesehen, dass einige ja schon seit über einem Monat ausstehen. Ihr habt bezahlt, aber Eure Abnehmer nicht. Gibt es denn auf dieser Seite irgendwelche Abmachungen? Zahlungsaufschub?"
Beide schüttelten wieder den Kopf. Dann sah man Peter mit dem Messer wedeln. „Doch ja, aber das ist schon ein Jahr her, und das galt nur für eine Lieferung, da brauchte der Herschmann zwei Wochen Aufschub."

„Herschmann?" Sie runzelte die Stirn. „Der hat seit sechs Wochen keine Rechnung mehr bezahlt." Sie sahen beide nach unten wie zwei Schüler, die man beim Abschreiben erwischt hatte.
„Okay", sagte sie, „ich werde die Leute nacheinander anrufen. Dann werde ich mit ihnen ausmachen, dass sie zwei Prozent Skonto bekommen, wenn sie gleich bezahlen." Sie nahm einen Schluck, die beiden schauten sie, mit vollen Backen kauend, an. Sie setzte ihre Tasse wieder ab.

„Nee", sagte sie, „das machen wir anders. Ich teile allen mit, dass wir die Preise wegen verspäteter Zahlungen hochsetzen werden, bei pünktlicher Zahlung könnte es wieder Rabatt geben. Zukünftig, das lässt euch Luft. Ich denke mal, zehn Prozent Aufschlag sind okay."

Hubert sah sie verblüfft an. „Zehn Prozent, das setzen wir nie durch!"

„Du musst es ihnen ja nicht sagen", erklärte Inge.
„Du sagst ihnen nicht, wie viel du aufschlägst, aber du tust es. Sie werden sowieso keinen besseren Lieferanten bekommen als euch. Ihr habt den besten Service und selbst mit zehn Prozent Aufschlag seid ihr immer noch gut im Rennen."

Sie breitete die Arme aus: „Was habt ihr zu verlieren? Vorgestern noch wolltet ihr zumachen. Jetzt gilt es die Zusammenarbeit mit euren Lieferanten und Kunden auf eine zukunftsträchtige Basis zu stellen. Zukunftsträchtig, weil ihr das Geld braucht."

Hubert wischte sich den Mund ab. „Du meinst, das geht so einfach?", fragte er.
„Hubert, du bist hier der Unternehmer gewesen. Hast du das nie probiert?"
„Eigentlich nein", sagte er. „Nach dem Studium habe ich diese Firma übernommen, damals von meinem Vater. Am Anfang ist hier gar nichts gelaufen. Aber es ist immer irgendwie weiter gegangen. Großen Gewinn hat die Firma nicht gebracht, aber es ging so, bisher."

Inge sah ihn fragend an. „Ihr habt beide viel für diese Firma gearbeitet, ihr habt euch angestrengt, aber mehr als ein ‚es ging so' ist nicht dabei herausgekommen? Wir werden ab jetzt versuchen, nicht nur über die Runden zu kommen, es soll zukünftig wirklich spürbar besser für euch beide werden."
Sie schlug mit der flachen Hand auf den Tisch. „Lasst uns gleich anfangen." Die drei standen auf, jeder hatte sein Geschirr gegriffen, aber Inge sagte: „Ach, lasst es stehen, den Kaffee nehmen wir mit. Wir haben keine Zeit zu verlieren, aufräumen können wir nachher immer noch, wenn wir Mittag machen."

Damit ging sie mit ihrer vollen Tasse durch die Tür, die beiden folgten ihr mit ihren Tassen, vor dem ehemaligen Kinderzimmer bogen sie ab. Auf den zwei Schreibtischen, die dort standen hatte Inge Papierhäufchen aufgestapelt. Einer beinhaltete die Unterlagen zu den Lieferungen, auf dem anderen stapelten sich die Rechnungen zu den Lieferungen. „Ich würde vorschlagen, ich bleibe heute Vormittag hier und telefoniere, wie ich es vorhin gesagt habe. Peter, du könntest die wichtigen Geschäftspartner anrufen und die Adressänderung durchgeben und wenn du schon dabei bist, teile allen auch gleich mit, dass es jetzt zwei Geschäftsführer gibt. Hubert, du bereitest alles für den Anwalt vor, der nachher kommt. Such' schon mal die Unterlagen raus." Alle nickten, jeder ging an die Arbeit.

Hubert suchte den Schrank mit den Unterlagen und begann den Boden damit zu bedecken. Peter hatte sich an seinen Schreibtisch gesetzt und telefonierte nach seiner Telefonliste.

So herrschte geschäftiges Treiben, als die Türglocke läutete. Hubert eilte hin und begrüßte den Anwalt. Man kannte sich aus Studienzeiten. „Komm' doch herein, wir sind gestern erst umgezogen und es ist vielleicht alles noch ein wenig provisorisch." Auch Inge hatte ihr letztes Telefonat beendet und begrüßte den Anwalt. Der Anwalt war erfreut, sie zu sehen.

„Ich habe Ihren Mann gut gekannt, ich freue mich, Sie jetzt hier in neuer Rolle zu sehen, gnädige Frau."

Inge lächelte ihn an. „Es ist nur eine vorübergehende Tätigkeit meinerseits, ich würde sie eher beratend nennen."

Peter war durch die Tür gekommen, der Anwalt begrüßte auch ihn.

„Ich räume das Feld und werde bei dir weitermachen", sagte Inge, die die einzelnen Unterlagen, die vorher noch über die Schreibtische verteilt gelegen hatten, in einen Ordner geheftet hatte, den sie nun nacheinander abtelefonierte. Der Anwalt stellte seine Tasche auf einen der leeren Schreibtische und nahm einige Akten heraus. „Wir können das gleich hier machen", sagte er. Das war das letzte, was Inge hörte, bevor sie die Tür zuklappte. Ein oder zwei Stunden würde der Anwalt brauchen, um alles mit den beiden durchzusprechen, dann würde er in seine Kanzlei fahren, den Vertrag erstellen und alle notwendigen Formalitäten vorbereiten. Mit ein wenig Glück würde er morgen wieder da sein und der neue Gesellschaftsvertrag dann Morgen unterschrieben werden. Sie war zufrieden mit sich.

Sie griff zum Hörer und wählte die nächste Nummer von ihrer Liste. Auch bei diesem Lieferanten würde sie auf alsbaldiger Lieferung bestehen, sie würde mit Kürzung der Rechnung drohen. Die beiden hatten immer pünktlich bezahlt, auch wenn die Lieferung manchmal auf sich warten ließ.

„Wir haben auch andere Lieferanten. Wenn Sie schon bei der Bestellung wissen, dass Sie nicht pünktlich werden liefern können, bringen Sie uns in eine fatale Lage. Wir können dann unsere Verträge nicht pünktlich erfüllen. Das sehen Sie doch ein, oder?"

Bis der Anwalt gegangen sein würde, hatte sie mindestens ein Dutzend derartiger Anrufe getätigt. Zufrieden legte sie gerade den Hörer auf, als sich gegenüber die Tür öffnete. Sie ging um den Schreibtisch herum in die Diele, verabschiedete zusammen mit den beiden anderen den Anwalt. Beide waren etwas aufgeregt, Peter schwenkte den unterschriebenen Gesellschaftsvertrag. „Gratuliere", sagte sie. „Da der Vertrag jetzt schon unterschrieben ist, sollten wir ein wenig feiern." Doch dann sah sie erschreckt auf die Uhr. „Schon so spät?", entfuhr es ihr. „Die Visite ist längst vorbei. Jemand muss das Kind abholen." „Oh", sagte Hubert. „Ich werde sofort losfahren", sagte Peter.

„Ich mache mir Vorwürfe", sagte Inge, „ich habe gar nicht mehr daran gedacht, ich war so mit Telefonieren beschäftigt." Da klingelte es wieder an der Tür, sie sahen einander an. Es könnte der Anwalt sein, der noch eine Frage hatte. Aber vor der Tür stand das Kind mit dem Teddy in der Hand. Inge lief auf sie zu.

„Aber wie kommst du hierher?", fragte sie entgeistert.

„Mit der Taxe", sagte das Kind. „Als stundenlang das Telefon besetzt war, da bin ich einfach los, habe eine Taxe gerufen und hier bin ich."

„Aber was, wenn niemand zu Hause gewesen wäre?"

„Dann wäre auch nicht das Telefon besetzt gewesen."

„Jemand muss das Taxi bezahlen", sagte Hubert und ging hinaus, auf dem Weg zur Straße schaute er in seine Geldbörse, um Kleingeld bereit zu haben.

„Mach' das bitte nie wieder", sagte Peter. „Vorgestern konntest du noch nicht laufen und heute gehst du durch die ganze Stadt."

„Keine Sorge, Papa", sagte sie, „ich bin doch gefahren."

„Aber wer hätte das Taxi bezahlt, wenn wir nicht da gewesen wären?"

„Dann wäre ich zu den Nachbarn gegangen, die sind doch Rentner und immer daheim."

Peter nahm sein Kind auf den Arm: „Du bist ja schon ganz schön schlau für dein Alter."

„Ach", sagte sie und schlang ihre Arme um ihn, „das liegt bestimmt nicht am Alter, sondern daran, dass ich deine Tochter bin." Als Antwort gab er ihr einen dicken Kuss. Sie strahlte immer noch, als Hubert hereinkam und die Tür schloss.

„Erinnere mich daran, dass ich dir nachher das Geld gebe."
„Quatsch, ist schon in Ordnung", sagte Hubert.
„Ich hätte auch gerne Kinder."
„Dazu bräuchtest du die passende Frau", sagte Inge.
„Ich sollte mit der passenden Wohnung anfangen", meinte Hubert.
„Andererseits, wenn wir alle tagsüber zusammen sind, dann habe ich ja praktisch auch eine Tochter", er strahlte über das ganze Gesicht.
Sie strahlte auch.
„Dann habe ich ja zwei Papas und eine Mama."
Er nickte.

Das Kind hatte sich an den Erwachsenen vorbei geschoben und war die Treppe hinaufgeeilt zu seinem neuen Zimmer. „Das ist ja ganz anders als es früher war, so habe ich mir das nicht vorgestellt und die ganzen Poster sind schon an der Wand, das ist ja toll. Wer hat das gemacht?" Sie sprang auf ihr Bett und begann zu hüpfen. Die Erwachsenen waren ebenfalls die Treppe hochgegangen.
„Du bist ja schon reichlich sportlich", sagte Hubert. „Vor zwei Tagen noch im Bett und heute schon so was!"

„Naja, der Arzt hat gesagt, ich hätte den Tod von Mama einfach nicht verarbeitet. Ich sei aber schon alt genug und ich sollte mich nicht hängen lassen. Mama hätte das nicht gewollt, dass alle um mich herum sind und ich nicht in die Schule gehe. Er hat recht gehabt, es ging wirklich ganz gut, als ich mir vorgestellt habe, wie Mama mir zuschaut. Ich soll auch in die Schule gehen, aber ich darf noch keinen Sport machen, weil ich noch keine Kondition habe. Dazu bräuchte ich noch drei Wochen oder so."

„Erzähl noch mehr", sagte ihr Vater, „was hat er noch gesagt?"

„Er wird dich nachher anrufen und dir alles erklären. Das sind ja alles Sachen, die sind kompliziert und alles habe ich auch nicht verstanden. Wo sind eigentlich meine alten Puppen?" Sie war vom Bett aufgesprungen und hatte eine Schublade vom Schrank herausgezogen. Die hatte keinen Widerstand geleistet und war aus dem Schrank gerutscht. Aller Inhalt ergoss sich über den Boden. „Meine ganzen Puppen", rief sie. „Wie lange habe ich euch vermisst. Wie ist es euch ergangen?" Und schon war sie dabei, ihre Puppen einzeln in die Hand zu nehmen. Die Erwachsenen sahen zu, kamen sich aber etwas überflüssig vor. Peter schüttelte den Kopf. „Du spielst noch mit Puppen und das in deinem Alter", sagte er kopfschüttelnd, ohne eigentlich eine Antwort zu erwarten.

„Wir gehen wieder nach unten", sagte Inge.

Statt einer Antwort hörte sie nur die Namen der einzelnen Puppen.

Das Kind war zu Hause angekommen.

„Das sind doch gute Nachrichten", sagte Hubert, als sie in der Küche standen.

Inge seufzte, es wäre Zeit für ein Mittagessen. „Was haltet Ihr von Nudeln? Das geht am schnellsten."

Die Männer nickten.

„Ich mache Makkaroni und überbrate sie kurz mit Butter und drei Eiern. Was haltet ihr davon? Die Kleine kann sich in so was reinsetzen und es ist doch wichtig, dass sie etwas isst."

Die Männer nickten wieder.

„Wir können uns ja dabei unterhalten."

Sie zog einen Topf aus dem Schrank, füllte Wasser hinein und stellte ihn auf den Herd. Aus einem anderen Schrank holte sie alle Zutaten und redete dabei.

„Meine Lieben, ich merke so langsam, dass meine Gastrolle hier beendet ist. Ich habe euch, so hoffe ich, ein paar Tipps geben können. Ich habe euch mit dem Umzug hierher auf den Weg gebracht. Ich glaube, ihr schafft das auch ohne mich. Jetzt, wo ihr beide Geschäftsführer seid, habt ihr beide direkten Anteil an eurem Tun. Ich glaube nicht, dass ihr mit dieser Firma richtig reich werden könnt, aber ich bin sicher, ihr werdet ein Auskommen haben. Natürlich werden ein paar Kunden abspringen, wenn ihr wirklich höhere oder sagen wir angemessenere Preise nehmen werdet. Das ist ganz normal. Aber euer Service will bezahlt werden. Wenn die Kunden den Service brauchen, bei Hubert anrufen zu können, und der fährt los und kommt zu ihnen, dann kostet das Geld, nämlich euer Geld. Hubert könnte ja in der Zeit auch etwas anderes machen. Eine Reihe von Dingen lässt sich auch am Telefon erledigen und eure Kunden müsst ihr halt erziehen, dass sie es erst mit euch am Telefon versuchen, bevor sie euch kostenpflichtig anfordern. Okay?"

Sie sah in die Runde. Dann drehte sie sich wieder zum nun kochenden Wasser um und schüttete Öl und Salz hinein. „Ich will euch ja nicht reinreden, aber so könnte es sein, dass euer Arbeitstag weniger Stunden hat. In den Stunden, also der freien Zeit, die ihr dann habt, könnt ihr andere Dinge tun oder neue Kunden suchen. Außerdem habt ihr so Zeit, euch bessere Lieferanten zu suchen oder die wenigstens mal auszuprobieren. Die Sache ist doch die: Bisher wart ihr einfach Getriebene. Weil die Lieferanten nicht pünktlich waren, habt ihr Probleme mit den Kunden gehabt. Da hat einfach das eine das andere bewirkt. Das wird nun besser. Unpünktliche Zahlung bedeutet ab jetzt, dass ihr die Rechnung erhöhen werdet. Schlechtere Qualität bedeutet niedrigere Preise oder besseren Service: Aber von euren Lieferanten! Damit lösen sich die Probleme auf der Kundenseite praktisch von selbst. Versteht ihr?"

Sie nickten.

„Dafür braucht ihr mich nicht. Ich komme gerne mal auf einen Kaffee vorbei und schaue mir die Sachen an, aber auf Dauer bei euch arbeiten, das ist dann doch weniger mein Ding, versteht ihr?"

Sie nickten.

„Ja", sagte Hubert, „also ich denke, ich spreche da auch im Namen von Peter. Wir sind dir dankbar für alles. Für die vielen Tipps und auch dafür, dass du uns die Idee mit dem Umzug geschenkt hast. Ja, die Idee war ein Geschenk und die war Gold wert. Was ich fragen wollte, waren das alles deine Kinder?"

„Nein", sagte Inge und schaute verlegen weg, „ich habe keine eigenen Kinder und mein Mann hatte auch keine. Aber einige der Lehrlinge sind uns ans Herz gewachsen. Einige waren fremd in der Stadt und haben bei uns die Jahre bis zum Abschluss gewohnt. So waren immer junge Menschen in dem großen Haus. Einige sind in der Stadt geblieben, andere haben sich selbstständig gemacht und eine Familie gegründet. Ich bin Patentante und ein wenig Oma-Ersatz bei einigen Familien." Peter war aufgestanden. „Bei uns bist du Mutterersatz, weißt du." Er hatte seine Hand auf ihre Schulter gelegt. Sie sah ihn an und lächelte.

„Wie lieb du das sagst."

Das Wasser sprudelte und drohte überzukochen, man konnte es schon zischen hören. Mit einem „Oh" drehte sie die Temperatur herunter und griff mit der anderen Hand nach dem Topflappen. „Hubert, bitte sag' doch schon mal Bescheid, dass wir gleich essen. Peter, kannst du bitte den Tisch decken?"

„Sicher", er nahm seine Hand weg und holte die Teller aus dem Hängeschrank, dann klapperte er in der Besteckschublade herum, weil er vier zueinander passende Bestecke suchte. Sie waren, seit seine Frau verstorben war, nie mehr so viele beim Essen gewesen. Er rückte die Stühle zurecht. Als alle schon aßen, sagte Peter mitten in die Stille hinein, die am Tisch herrschte: „Was hätten wir nur ohne dich gemacht, Inge?"

„Nun ist mal gut", sagte Inge, „ich bin doch auch keine Zauberin. Ich habe ein paar Qualitäten und die habe ich hier eingebracht. Es hat euch etwas gebracht und ich habe mich gefreut, zu etwas nutze zu sein. Ich bin noch zu jung für das Altenteil. Die anderen müssen noch 20 Jahre arbeiten, um Rente zu bekommen und ich bin schon daheim."

„Das ist doch das, was ich sage!", Hubert leckte seine Gabel ab und fuhr fort, „du solltest hier bei uns bleiben und mitmachen."

Sie hatte den Mund voll, so konnte sie nur die Hand wie zur Abwehr erheben. „Nein, nein, das vergiss gleich wieder", sagte sie. „Jeden Tag das gleiche Theater mit den Kunden? Ohne mich, vielen Dank. Nur weil ich etwas lange gemacht habe und gut darin war, muss ich es nicht weiterhin mein Leben lang tun."

„Nun wird es aber spannend", sagte Hubert, „was würdest du denn machen wollen oder anders gefragt, wo erreichen wir dich, wenn wir dich wieder brauchen?"

„Ihr erreicht mich immer daheim. Aber tagsüber würde ich gerne in der Bibliothek sein oder bei einer Ausgrabung. Dieses Geschichtliche hat es mir angetan. Wirtschaft und Fabrik, das ist gut und schön, aber interessiert habe ich mich immer für etwas anderes. Das musste hinten anstehen. Aber jetzt, wo ich Zeit habe und es mir aussuchen kann, ja, da werde ich vielleicht studieren oder als Aushilfe in einem wissenschaftlichen Institut anfangen. Keine Ahnung. Mal sehen. Was habt ihr für Pläne?"

Hubert und Peter sahen einander an.

„Du zuerst", sagte Peter.

„Also", sagte Hubert und wischte sich mit der Serviette den Mund ab, „ich habe eigentlich keine Pläne. Seit ich von den Eltern ausgezogen bin, da habe ich nur diese anderthalb Zimmer bei meiner Wirtin gehabt. Wenn der Betrieb besser läuft, würde ich gerne eine eigene Wohnung haben. Das ist dann auch einfacher, wenn eine Freundin kommt oder so. Es war ja nie richtig Zeit dafür, da war immer die Firma." Nun sahen beide Peter an.

Der sah von einem zum anderen und sagte: „Ich habe eigentlich keine richtigen Pläne. Als meine Frau noch lebte, da hatten wir Pläne, zum Beispiel wegzufahren. Wir wollten immer einen Wohnwagen mieten und durch Kanada fahren. Als das Kind dann da war und das Haus, da hatten wir weder Zeit noch Geld dafür. Ich würde gerne Ruhe und Zeit haben zum Lesen, es gibt so viele interessante Bücher und", er sah in seinen Teller und machte mit der Gabel ein Muster, „es stimmt schon, was in der Zeitung steht, ich würde auch gerne ein Buch schreiben."

„Das ist ja wunderbar", sagte Inge, und legte ihre Hand auf seinen Arm. „Dann mach' das mal, wovon soll es denn handeln? Ein Krimi, ein Roman?"

„Nein", sagte er, „ich möchte gerne Märchen schreiben. Moderne Märchen."

Es war Inge, die zu sprechen begann. Es war eigentlich nur ein halber Satz, sie sagte: „... solche Märchen, wie die da?"

Peter nickte.

„Ich gehe jetzt nach oben", sagte Hubert, „sie soll endlich kommen, wie sind ja schon bei der zweiten Runde Nudeln."

Inge sah Peter an. „Ist es wirklich das, was du möchtest oder ist es nur, weil die von der Zeitung denken, dass du das tun wirst?"

Er schüttelte den Kopf. „Tief in mir ist das drin und ich möchte es schon immer, seit ich denken kann. Nur das Thema hat mir gefehlt, aber je mehr Geschichten ich erzähle, desto mehr ist in mir der Wunsch, sie auch wirklich zu Papier zu bringen. Aber ich weiß nicht, wie ich das machen soll, ich kann nicht schreiben und mir gleichzeitig die Geschichte ausdenken, das geht nicht."

Die Tür schwang auf. Hubert hatte sie abgeholt, er hatte sie auf seine Schultern gesetzt und die Treppe herunter getragen. Er setzte sie auf den freien Platz und schaufelte ihr den Teller voll. „Wer soll das alles essen?", fragte sie. „Ich bin doch noch ein Kind, soviel kann ich gar nicht verdrücken."

„Du warst ein krankes Kind und du musst essen, damit du wieder gesund wirst und damit du groß und stark wirst. Iss einfach, es ist ganz lecker."

Sie hieb mit der Gabel hinein und stopfte sich die Makkaroni in den Mund. „Soll ich sie dir klein schneiden?" Sie lächelte Hubert dankbar an und schluckte die Nudeln herunter.

Inge und Peter sahen sich das Schauspiel an, wie Hubert die Nudeln klein schnitt.

„Wie ein richtiger Vater", sagte Inge mit einem Seitenhieb auf Peter.

Peter grinste.

Hubert sagte: „Ja, auch ein Job, den ich noch lernen muss." Als sie den Teller zurückbekommen hatte, teilte sie die Nudeln, indem sie 4 Berge daraus machte: „Einen für Inge, einen für Hubert, einen für Papa und einen für mich."

Sie saßen noch lange zu viert und aßen und sprachen, irgendwann schob Hubert die Küchentür auf und sagte: „Das klingt wie Telefon, wir sollten rangehen, finde ich." Damit stand er auf und ging in die Diele. Peter stellte die Teller zusammen. „Lass nur", sagte Inge, „geh' ruhig rüber, wir Frauen bleiben noch etwas hier."

Als auch Peter gegangen war, konnte man die Stimmen der beiden Männer hören. Inge hatte die Teller und den Topf in die Spülmaschine gestellt.

Sie sah in der Küche herum, ob noch irgendwo Geschirr stünde, dann klappte sie aber die Tür zu, es war noch Platz darin.

„Was hätten wir nur gemacht, wenn es dich nicht gegeben hätte?", fragte das Kind.

„Kind", sagte Inge, „es hätte sich jemand anderes um dich gekümmert, da bin ich ganz sicher." Sie lächelte und legte ihre Hand auf den Kinderkopf.

„Inge, warum sagt ihr alle eigentlich Kind zu mir?"

„Wieso sollten wir das nicht?"

„Seit Mama tot ist, sagte Papa immer Kind zu mir."

„Aha", sagte Inge und putzte am Herd herum. „Wie sagst du zu deinem Vater?"

„Papa."

„Ach so."

„Sollte ich Peter sagen?"

„Nein, es fiel mir nur auf. Du musst ihm das sagen, dass er dich bei deinem Namen nennen soll, dann wird er es sicher auch tun. Ich denke, er hat das gar nicht gemerkt."

„Hubert hat das auch gesagt, hast du gemerkt?"

„Nein, das habe ich nicht gemerkt, er wird aber sicher nur Kind gesagt haben, weil wir das auch getan haben, meinst du nicht? Es ist ja nichts Böses, nicht wahr?"

Inge war fertig und sah sich abschließend um.

„So, in der Küche gibt es nichts mehr zu tun. Ich glaube, ich gehe langsam aber sicher nach Hause, ich werde hier heute nicht mehr gebraucht hat."

„Ich bin froh, wenn ich wieder nach Hause kann. Du hast deinen Vater und deine Puppen und dein neues Zimmer."

„Du hast ja recht", war die Antwort. „Daran habe ich gar nicht gedacht."

Sie lief aus der Küche und die Treppe hoch in ihr Zimmer. „Kommst du noch mal vorbei und sagst tschüss", rief sie von oben.

„Nein, komm' her, das machen wir besser jetzt gleich, dann störe ich dich nachher nicht."

„Na gut", sie sprang die Treppenstufen wieder hinunter.

„Mensch, Mensch, sei vorsichtig, hörst du."

„Och, warum?", war die Antwort.

„Ich sehe dich immer noch im Bett liegen."

„Ja, aber es geht alles schon wieder, siehst du."

„Aber übertreibe bitte nicht, schone dich noch etwas, versprochen?"

„Versprochen."

Inge war an die Treppe getreten und das Kind machte sich ganz lang, um die Freundin umarmen zu können.

„Ich hab' dich lieb", sagte sie.

„Ich dich auch", sagte Inge.

Hubert war aus dem Zimmer getreten. „Willst du gehen, Inge?"

Inge machte sich los und drehte sich um. „Ja, es wird Zeit."

„Inge, du kommst aber wieder, versprochen? Morgen? Ich koche auch." Sie lachte: „Ja bei solch einem Angebot, Hubert. Okay, ich komme. Was gibt es denn?"

„Das ist noch ein Geheimnis", sagte Hubert und grinste. „Morgen um ein Uhr wirst du es erfahren."

Peter stand in der Tür seines Büros: „Höre ich hier schon wieder was von Essen? Seid ihr nicht satt geworden?"

„Nein, wir sprachen gerade von morgen, wenn Inge wieder kommt."

„Oh, du willst gehen? Inge, vielen Dank für alles", Peter war auf sie zugegangen. „Du weißt gar nicht, wie wertvoll deine Hilfe war." Sie legte den Kopf schief.

„Hey, Peter, das ist hier kein Abschied für immer, das ist ein Abschied bis morgen Mittag!" Sie nahm ihre Jacke von der Garderobe, legte sie über den Arm und wollte gehen. „Soll ich dich nach Hause fahren?", fragte Hubert.

„Nein danke", sagte Inge, „ich bin mit meinem Wagen da. Also macht es gut, alle miteinander." Sie ging in Richtung Haustür. Peter war ihr vorweg gesprungen und hatte den Türgriff in der Hand.

„Also", sagte er.

„Also", sagte sie.

Dann sprach sie über die Schulter einen Gruß und verschwand durch die Tür, die Peter offen hielt. Draußen ging sie zügig um die Ecke und war verschwunden.

Man konnte das Kind hören, wie es die Treppe nach oben hopste. Hubert schnaufte kurz und ging ins Zimmer zurück, man konnte ein Telefon klingeln hören. Dann hörte man Hubert, wie er antwortete.

Peter lehnte sich an die Haustür und schloss die Augen. Alles war anders als noch vor wenigen Tagen. Wenn er die Augen aufmachte, dann sollte er arbeiten gehen. So stand er weiter da und hielt die Augen geschlossen. Inge war wieder gegangen, sie würde wiederkommen, aber erst einmal war sie weg. Seine Tochter konnte man oben hören, das war wieder in Ordnung gekommen, er hörte Hubert zu, wie er mit einem Kunden sprach. Das funktionierte auch schon besser, so wie Inge gesagt hatte. Wenn Hubert es schaffte, mit dem Kunden alles am Telefon zu klären, dann brauchte er nicht hinzufahren. So stand Peter da und träumte mit geschlossenen Augen vor sich hin, bis er Huberts Stimme hörte.

„Peter, können wir dann?"

Peter stieß sich ab und öffnete die Augen. Das war sein neues Leben, das war sein anderes Leben. Er trat ein in das Zimmer, in das Leben.

Arbeitsteilung

Manch ein Morgen kann anstrengend sein, wenn man schlecht geschlafen hat oder unsanft geweckt wird. Manchmal ist auch der Tag danach anstrengend, wenn man morgens im Badezimmer ist oder auf dem Weg in die Firma. Aber an einem Wochenende sollte einfach der Tag in Ruhe beginnen, man sollte sich erholen können, ausschlafen können. Wozu sollte man sich beeilen, wenn kein Besuch kommt oder man nicht weggehen wollte, dann war solch ein Wochenende fast ein kleiner Urlaub. So lag sie in ihrem Bett und schlief. Sie hatte friedlich geschlafen in ihrem neuen Zimmer. Es war alles noch ein wenig ungewohnt. Aber wenn sie ihren Teddy in den Arm nahm, dann war sie überall zu Hause. Sie schlug die Augen auf. Die Sonne blinzelte ins Zimmer, sie drehte sich auf die dunkle Seite und träumte mit offenen Augen. Wie anders war das Leben doch geworden und eigentlich waren es nur ein paar Dinge gewesen, die sich geändert hatten, aber die Folgen davon waren so erschütternd gewesen wie ein Erdbeben, fand sie. Sie lächelte. Lange hatte sie in ihrem Bett gelegen, seit Mama tot war. Aber jetzt konnte sie wieder aufstehen, sie konnte zum Fenster gehen, das Leben hatte sie wieder. Sie würde zur Schule gehen.

Wie aufregend das geworden war. Früher war sie zwar nicht ungern, aber auch nicht wirklich überschwänglich gern in die Schule gegangen, jetzt begann ihr Herz allein schon bei dem Gedanken daran wie wild zu schlagen. Sie würde die anderen sehen, sie würde auf dem Schulhof spielen. Eine Zeit lang hatte sie das

Gefühl gehabt, es würde nie wieder so werden wie zuvor, sie würde ewig in ihrem Bett liegen bleiben müssen und würde als alte Frau mit ihrem Teddy im Arm sterben. Doch nun konnte sie aufstehen oder liegen bleiben, ganz wie sie wollte.

Sie reckte sich, ihre Hände schlugen an das Kopfende des Bettes. Mitten in ihr tiefes Gähnen hinein hörte sie unten die Haustür knallen. Die knallte eigentlich nie. Dann hörte sie Stimmen. Unten redete man durcheinander. Sie war neugierig geworden und sprang aus dem Bett, lief zur Treppe und lauschte von oben. Viele redeten durcheinander. So stieg sie weiter neugierig hinunter und versuchte zu verstehen, um was es ging.
Sie sah ihren Vater, Inge und Hubert über die Zeitung gebeugt. Inge war die erste, die den Kopf hob und die Zeitung zur Seite schob, damit die anderen beiden besser lesen konnten.
„Fassen wir zusammen", sagte sie, als die andern zu Ende gelesen hatten. „Erst schreibt sie, dass du ein Buch planst und Grimms Märchen zerstören willst, dann diese Leserbriefe, in denen steht, dass du etwas ganz Schlimmes machst - unter uns gesagt, ich denke sie hat die selber geschrieben - aber jetzt die Reportage über die Unterschriftenaktion, das setzt dem Fass die Krone auf!" Ihr Vater hatte sorgenvoll auf sie geblickt, Hubert wedelte als letzter mit der Zeitung.

Sie hatte sich oben auf die Treppe gesetzt und beobachtete die Erwachsenen, wie sie in der Diele standen. Ihr Vater hatte nur seinen Schlafanzug und seine Pantoffeln an, er ließ die Arme hängen, Hubert stand mit der Zeitung in der Hand da, er hatte noch seinen Mantel an und seine Tasche hielt er unter dem Arm. Nicht einmal die hatte er abgestellt. Seine Haare waren wirr, es musste draußen etwas windig sein. Inge als einzige stand passend angezogen in der Diele. Sie hatte die Arme in die Seite gestemmt und sagte noch einmal dieses Wort: „Unterschriftenaktion."

Wie sie so oben auf der Treppe saß und die Erwachsenen sah, fragte sie: „Wozu?"
Alle drehten sich zu ihr.
„Also", sagte ihr Vater und suchte nach Worten. Seine Arme ruderten etwas hilflos herum. Inge sprang ihm bei. „Man hat begonnen Unterschriften zu sammeln, dass Grimms Märchen so bleiben sollen, wie sie sind und nicht umgeschrieben werden dürfen."
„Aber wozu soll das gut sein", fragte sie und kam die Treppe herunter. Nun sah man, dass auch Inge ratlos war. Jetzt sprang Hubert ein. „Das ist ganz einfach", sagte er. „Es geht um Geld. Die Schreiberin von der Zeitung, die bekommt Geld für alles, was sie über ein Thema schreibt, das die Leute interessiert und der erste Artikel hat einige interessiert. Nun hat sie eine Aktion gestartet und eine Reportage darüber geschrieben und die hat sie auch wieder an die Zeitung verkauft und da sich auch andere Zeitungen inzwischen dafür interessieren, wird sie den Artikel auch weiter verkauft haben. So hat die Schreiberin ein richtiges Geschäft daraus gemacht. Sie hat nur leider dabei übersehen, dass der Artikel gar nicht wahr ist und dass sie uns damit weh tut."

Dann machte er eine Pause und ihr Vater sagte: „Ja, das ist so." Inge nickte dazu.
Sie stand auf und ging die Treppenstufen herunter. „Ja und was machen wir jetzt?" Die Erwachsenen sahen einander an und blickten dann auf das Kind herunter, das sich in ihre Mitte geschoben hatte.

Hubert sagte:, „Wir rufen da an, schließlich haben wir Übung im Telefonieren." Dazu nickte er, als erwarte er Zustimmung von den anderen. Aber die standen noch herum und waren tief in ihren eigenen Überlegungen versunken.

Ihr Vater stemmte jetzt die Hände in die Hüfte. „Das können wir auch", sagte er, „wir schreiben einen Leserbrief."

„Ja", sagte Hubert, „das ist sogar noch besser und den können wir gemeinsam schreiben." Inge spielte mit ihren Haaren und drehte sie durch die Finger. Auch sie dachte angestrengt nach. „Wir machen das anders", sagte sie und schaute von einem zum anderen. „Wir schreiben keinen Leserbrief, sondern einen eigenen Artikel. Was die kann, können wir schon lange und wir sind schließlich zu dritt, das schaffen wir schon."

„Zu viert!" Die Erwachsenen sahen das Kind an. Sie hatte die Hand hochgehoben und war etwas gehüpft. „Ich bin ja auch noch da."

Alle lächelten: „Aber sicher, du hilfst uns dabei."

Hubert kamen Zweifel, ob die Zeitungen denn solch einen Artikel auch drucken würden?

Ihr Vater kratzte sich am Ohr. „Was wollen wir eigentlich hineinschreiben?"

Inge sah auch ratlos aus. „Wie bietet man solch einen Artikel eigentlich an und was wollen wir hinein schreiben? Soll es eine Homestory werden?" Alle blickten Inge an. „Da kommen die ins Haus und machen ein Interview, dann fotografieren sie ein wenig und dann schreiben sie einen Artikel. Wobei", sie sah sich um, „die Fotos dürften das Problem sein. Wir sollten das dann bei mir in der Wohnung machen, da ist mehr Platz und es sieht nicht so nach Büro aus."

So standen sie alle herum und dachten nach.

„Wir schreiben keinen Artikel, wir schreiben die Geschichten auf!" Sie hatte wieder angefangen zu hopsen und alle sahen zu.

„Die Geschichten?", fragte ihr Vater.

„Ja, klar", sagte seine Tochter, „die Leute wissen doch gar nicht, über was die von der Zeitung eigentlich schreiben oder worum es eigentlich geht. Wir schreiben einfach deine Geschichten auf. Dann kann jeder für sich entscheiden, ob sie gut sind oder nicht. Wenn wir dann die neuen Märchen aufgeschrieben haben und die Zeitungen noch Interesse an der Story haben, dann werden sie sicher auch die Märchen veröffentlichen wollen. Später können wir dann ein Buch herausbringen."

„Ist sie nicht klug, meine Tochter?" Ihr Vater sah sie stolz an, trat auf sie zu und drückte sie. „Das ist wirklich die beste Idee. Aber bekomme ich denn die ganzen Geschichten wieder zusammen? Und dann müssen wir die Geschichten noch aufschreiben."

„Aber da können wir uns gegenseitig helfen. Einer erzählt, einer passt auf, einer schreibt", sagte Hubert.

„Doch das schadet sicher der Firma", sagte ihr Vater. „Erst ab dem dritten Monat, in dem die Miete wegfällt, können wir mit einer Ersparnis rechnen. Bis dahin ist das alles sehr teuer."

Inge schüttelte den Kopf: „Du irrst, du gehst noch von den Zahlen vor dem Umzug aus. Ich will mich ja nicht selbst loben, aber ich habe mir ein paar Dinge angesehen. Wenn auch nur die Hälfte der Leute zahlt, die zahlen sollten und wenn die Preise, die wir jetzt angesetzt haben, auch teilweise durchsetzbar sind, dann haben wir in zwei Wochen schon ein klein wenig Gewinn gemacht. Das habe ich mal überschlägig ausgerechnet. Die Sache ist nämlich die, ihr macht gerade mehr Umsatz, habt dabei mehr Gewinn und weniger Arbeit. Ich denke mal, so wie der Laden jetzt läuft, da braucht ihr euch eigentlich keine Sorgen zu machen, da werden wir alle viel Zeit haben. Außerdem ist jetzt Wochenende und das wäre doch gelacht, wenn wir nicht wenigstens ein paar Märchen hinbekämen. Was denkt ihr?"

Die anderen sahen ratlos herum. Inge fügte hinzu: „Ich kann auch auf der Maschine schreiben, das macht mir gar nichts aus. Ich bin zwar nicht mehr so schnell wie früher, aber das reicht schon, glaube ich." Peter schüttelte den Kopf: „Ihr versteht das Problem nicht. Ich habe die Geschichten nicht aufgeschrieben, ich bekomme sie nicht mehr zusammen." Da griff die Tochter die Hand ihres Vaters und sagte: „Papa, denk' an die Zettel im Märchenbuch, da wissen wir, welche Geschichten wann dran waren und ich habe mir viele Details gemerkt, die werde ich dann erzählen. Papa, wir schaffen das."

„Wir können das noch anders machen", sagte Hubert, „ich mache mir Notizen, wenn Ihr Euch versucht zu erinnern und die diktiere ich dann Inge. Dann sind wir noch schneller fertig."

„Das ist ja alles noch viel besser", sagte Inge, „da werden wir wirklich zügig fertig, aber hast du denn schon einmal solche Geschichten geschrieben?"

„Ja, ich habe in meiner Studienzeit bei einer Zeitung ausgeholfen. Ich habe keine Ahnung, wie man Artikel dann an die Zeitung bringt, aber ich kenne da noch jemanden, den könnte ich einfach fragen, wie man das macht. Ach, und dann habe ich noch einen Nachbarn, der ist Rechtsanwalt, der kennt sich mit so was aus."

„Ist das der Anwalt, der neulich hier war?"
„Aber nein, auch solche Rechtsanwälte sind spezialisiert, da ist nicht jeder in wirklich allen Themen fit. Meinen Nachbarn frage ich, ob wir solche Geschichten wirklich schreiben dürfen und veröffentlichen."

„Kann das denn verboten sein?", fragte Inge.
„Nein, eigentlich nicht, aber es kann ja sein, dass da jemand mitreden darf und ganz wichtig, wir müs-

sen wissen, was wir dafür bekommen, weil wir schließlich auch etwas daran verdienen wollen."

Wieder standen alle da und man konnte fast ihre Gedanken hören. Es war Inge, die die allgemeine Stille unterbrach.

„Wir werden als allererstes frühstücken, ich habe eingedeckt. Los vorwärts, sonst hängt euch in wenigen Stunden der Magen in den Kniekehlen und so kann man keine Märchen erzählen."

Alle gingen in die Küche. Es wurde ausgiebig gefrühstückt, aber nicht viel geredet, weil jeder seinen Gedanken nachhing. Inge versuchte sich auf Frühstück und Tippen zu konzentrieren, Hubert dachte an alte Zeiten und versuchte sich zu überlegen, was er fragen wollte. Peter zermarterte sich das Gehirn, was er alles für Geschichten erzählt hatte. Dabei merkte er gar nicht, dass er noch die Milchtüte in der Hand hatte und Milch eingoss, als die Tasse schon längst voll war.

Aber alle waren mit sich beschäftigt, so ließ er die Milch in der Untertasse stehen und beugte sich beim Trinken weit nach vorne, um nicht alles auf die Tischdecke zu kleckern.

Die Kleinste war die einzige, die Spaß am Frühstück hatte. So lange hatte sie immer ein Tablett auf das Bett gestellt bekommen und musste im Bett essen, so dass es jetzt, wo sie am Tisch saß, für sie richtig gemütlich war.

Als alle fertig waren, begann Inge still den Tisch abzuräumen. Peter begann abzuwischen, Hubert stellte die Stühle heran und den Toaster in den Schrank.

„Wie wollen wir das jetzt machen?", fragte Peter, „gehen wir zu dir nach oben?" Sie nickte. Hubert, der am nächsten zur Küchentür stand, öffnete sie und die kleine Abordnung ging die Stiege nach oben.

Als sie es sich oben bequem gemacht hatten, schloss Peter die Augen. „Also, ... es hat mit diesem

Kerl begonnen, der in den Brunnen stieg und etwas herausholte. Daraus habe ich eine Geschichte gemacht, in der jemand entlassen wird und sich rächt. Rache ist nichts Gutes. Wie hieß nur das Märchen dazu?" „Fällt dir nicht noch mehr ein?", fragte Hubert. Peter sah zerknirscht aus. „Ich weiß nicht." Wie die Erwachsenen so da saßen, ging ein Ruck durch das Kind. „Ich weiß!" Sie sprang auf „Das Märchenbuch!" Sie lief die Stufen hinunter. Ja, sicher, sie hätten das Buch mitnehmen sollen. Nachher ist man immer schlauer als vorher.

„Aber ja", durchfuhr es Peter. Da waren seine kleinen Zettel.

Sie hatte recht. Da war sie auch schon wieder oben und hielt triumphierend das Buch hoch.

„Seht ihr! Papa, du hast nicht mehr an die Zettel gedacht. Wenn uns nicht einfällt, welches Märchen was war, dann brauchen wir nur zu schauen, welche Märchen du überhaupt erzählt hast und dann fällt uns das richtige wieder ein, nicht wahr, Papa?"

„Ja, du hast recht, wie klug von dir."

Hubert rappelte sich auf und sagte: „Ich mache Notizen dazu, dann braucht ihr nur noch eure Gehirne anstrengen."

„Soll ich oder willst du suchen?", fragte sie. Er schüttelte den Kopf. So klappte sie das Buch beim ersten Lesezeichen auf. Das blaue Licht.

„Natürlich!", rief Peter. Das blaue Licht: Der Mann, der in den Brunnen gestiegen ist, um das Licht heraufzuholen und der nachher keinen Lohn bekommen hat, sondern fast im Brunnen gestorben wäre.

„Frau Holle". Es war einfach so aus ihr herausgeplatzt. „Du hast auch das Märchen von Frau Holle erzählt."

„Ja, ja, jetzt wo du es sagst."

Sie klappte das Buch erneut auf.

„Der gestiefelte Kater: Das war die Sekretärin, die zu allen Fabriken fuhr und allen gesagt hat, sie würden sonst entlassen werden." Gemeinsam lachten sie. Hubert runzelte die Stirn. Aber er schrieb weiter.

„Hans im Glück", sagte sie, „das war der, der sein ganzes Geld verlor, als er ins Ausland ging." Sie machte eine Pause. Dann sah sie ihn an. „Und das Mädchen mit dem Pfeil, das muss dann die kluge Bauerntochter gewesen sein."

Hubert sah auf. „Das Mädchen, das ihrem Vater sagte, er solle den Stößel nicht ohne den Mörser abgeben oder war es umgedreht, nicht wahr", fragte er.

Die anderen nickten.

Sie sah ihren Vater an. „Die Geschichte mit dem Fischernetz, in das sie sich hüllte und so. Ja daran erinnere ich mich, aber an den zweiten Teil der Geschichte nicht. Der Teil, in dem sie dem Bauern den Rat gibt, dass er bei einer Streitigkeit sein Kalb abgenommen bekommt und das dann dem anderen Bauern mit den Pferden gegeben wird."

„Das ist richtig, dass dir da nichts zu einfällt, da ist mir nämlich auch nichts zu eingefallen. Wie hätte ich das umschreiben sollen? Wo hat man heute noch Tiere oder Erträge, die man tauschen kann." „Doch, Papa, man könnte zwei Nachbarn nehmen, bei denen der eine die Äpfel des Nachbarn bekommt, obwohl in seinem Garten doch ein Birnbaum steht. Und wenn bei Grimms Märchen dann der Nachbar auf der Straße sitzt und angelt, wo doch keine Fische zu bekommen sind, da lassen wir ihn mitten auf der Straße das Gras mähen, das dort gar nicht wachsen kann. Ja, jubelte sie, jetzt haben wir es."

Während Hubert noch eifrig schrieb, sah sie ihren Vater an: „Was war das für eine Geschichte, wo drei da saßen und darüber beratschlagten, welches Geschäft sie als nächstes ruinieren würden und wo dann die Oma vorbeikam und den entscheidenden Tipp gab?" „Das war ‚Die Bienenkönigin'. Bei Grimm findet sie heraus, was die drei Prinzessinnen gegessen haben: Sirup, Honig oder Zucker." „Nein", sie ließ sich fallen, „das hätte ich nie erraten, in meinem ganzen Leben nicht. Aber es ist ja so klar. Natürlich." Sie umarmte ihren Vater. „Es ist gemein zu sagen, du hast die Geschichten nur umerzählt." Sie dehnte das ‚nur' ganz lang. „Nein, Papa, du hast sie ganz toll übersetzt."

„Waren das alle?", fragte Hubert.

„Nein", sagte sie entschieden, „da war noch eines", und sah an die Decke.

„Ich glaube schon", seufzte ihr Vater, „das war alles."

Er war schon beim Aufstehen.

„Was war mit dem Mann der die Sachen im Keller hatte?"

„Keller", sagte er nachdenklich. „Ja, du hast recht, das waren ‚Ein Teufel und ein Bauer'. Ich glaube, so hieß das Märchen." Beide blätterten in dem Buch herum, aber es war kein Zettel mehr da.

Hubert sah auf. „Schaut doch einfach mal bei ‚Der Teufel und der Bauer' oder ‚Der Bauer und der Teufel'."

„Ja, Hubert, du hast recht", sagte sie, „das ist es. Das hatte noch gefehlt. Jetzt haben wir alle zusammen." Sie sprang auf und jubelte. Dann ließ sie sich auf ihr Bett fallen. „Das ist schön! Wir haben alle zusammen."

„Ja", sagte Hubert und schob die Kappe auf seinen Stift. „Das ist die halbe Miete, wie man so sagt. Wir haben die Überschriften zusammen, aber wir müssen die Märchen noch schreiben."

„Ich hole Inge, Inge kann gut schreiben, zumindest mal besser als ich auf der Schreibmaschine." Er hatte den Block und den Stift auf den Boden gelegt und war die Treppe hinunter gegangen. Man hörte ihn unten reden.

„Kommt doch herunter", rief er, „Inge sagt, hier kann man besser sitzen und die Maschine ist auch hier unten."

So kamen Vater und Tochter die Treppe herunter. Sie schrieben den ganzen Tag. Es wurde dunkel draußen. Peter begann die Geschichte zu erzählen, seine Tochter fiel ihm ins Wort, Inge versuchte auf ihrer Maschine Ordnung in das Chaos zu bekommen und da war noch Hubert, der in dem Märchenbuch las und gleichzeitig darauf hörte, was gesagt wurde. Ab und zu gab er die Stichworte, wenn Vater und Tochter die Geschichte durcheinander brachten. Inge tippte geduldig auf der Maschine, ein paar Mal musste sie korrigieren, aber sie machte das immer routinierter. So ging das Stunde um Stunde. Vater und Tochter konnten gar nicht mehr aufhören. Dann lachten wieder alle, wenn sie die Einfälle hörten, mit denen Peter versucht hatte, die Märchen neu zu erzählen. Es war ein heiterer Tag gewesen, sicher anstrengend, weil sich alle konzentrieren mussten, aber lustig, weil die Geschichten so lustig waren.

Irgendwann hatte Inge die Maschine zugeklappt, war in die Küche gegangen und hatte ihnen ein paar Kekse hingestellt, aber niemand schien sie weiter zu beachten. „Ich gehe dann nach Hause", hatte sie gesagt, die anderen hatten nur genickt und dabei gelächelt. Peter hatte die Hand gehoben und dazu noch gewinkt. So war Inge gegangen. Am nächsten Morgen würde sie dafür pünktlich kommen und im Büro nach dem Rechten sehen.

Das Telefon klingelt

Das Telefon hatte geklingelt, noch dazu an einem Sonntag. Wer auch immer es gewesen sein mochte, er war ausdauernd. Peter klappte die Augen auf und starrte verwirrt an die Decke.
Wo war er?
Wer war er?
Er wurde mitten aus einem Traum herausgerissen. Er war mit irgendjemandem durch den Wald gegangen. Es war ein dunkler Wald und dauernd drehten sich die beiden um, immer in Furcht vor einem Wolf. Sie folgten einer Spur aus Brotstücken. Es war ein großer Wald und so gingen und gingen sie, immer wieder auf den Boden schauend, als plötzlich das Telefon klingelte. Er drehte sich um und steckte die Füße unter der Bettdecke hervor, der erste Schritt zum Aufstehen.

Ein Stockwerk über ihm träumte seine Tochter gerade davon, wie sie an einem Fenster in einem Turm saß. Unten stand jemand und rief zu ihr hinauf. Wenn sie aus dem Fenster sah, konnte sie ihn winken sehen und rufen hören. Dann klingelte das Telefon. Jetzt rief er sicher an, weil man ihn nicht verstehen konnte. Sie sah wieder aus dem Turmfenster und sah ihre Pantoffeln, die vor dem Bett standen. Sie griff danach. Das Telefon klingelte. Unten. War sie denn alleine im Haus? Sie beschloss aufzustehen.

Als Hubert das Klingeln hörte, hatte auch er tief und fest geschlafen. Als es nun klingelte, wickelte er sich aus den Decken, in die er sich eingerollt hatte und rutschte vom Sofa. Er reckte sich und wankte auf das Telefon zu. Gerade als er die Hand danach ausstreckte, hörte das Klingeln auf. Peter gähnte laut, dann wurde die Tür aufgeschoben. „Wer ist es denn?" fragte er und blinzelte, die Sonne stach ihm durch das Fenster in die Augen.

Hubert zuckte die Schultern: „Weiß nicht. War schon weg."

Sie war die Treppe hinunter gekommen und sah ihren Vater in der Tür seines Büros stehen und schob sich zwischen ihn und den Türrahmen durch.

„Guten Morgen", sagte Hubert.

Peter strich ihr über das Haar.

„Schon wach?", fragte Hubert.

„Das Telefon hat geklingelt", sagte sie und gähnte.

„Wohl wahr", sagte Hubert, „aber ich war zu spät."

Wie sie so verschlafen dastanden und niemand wusste, was er als nächstes tun sollte: Waschen, weiterschlafen, in die Küche gehen, konnte man hören, wie ganz leise die Haustür aufgeschoben wurde. Es war Inge, sie hatte frische Brötchen in der Hand und sah die verschlafenen Gestalten, wie sie auf dem Weg in die Küche waren. „Oh", sagte sie, „eine Pyjamaparty" und zog die Tür ins Schloss. „Ich habe Brötchen geholt," fuhr sie fort, „kann jemand den Kaffee aufsetzen?" „Oh Mann", fügte sie hinzu, als sie die verschlafenen Gesichter sah. „Es ist zwar erst neun Uhr und Sonntag, aber ihr seid wirklich verschlafen. Ihr seid doch gleich danach gestern ins Bett gegangen oder etwa nicht?"

Sie wartete die Antwort gar nicht erst ab, sondern ließ Wasser in die Kanne laufen, um Kaffee aufzusetzen. Die anderen hatten sich jeder eine Aufgabe gesucht, da wurden Frühstücksbretter auf den Tisch gelegt und aus dem Kühlschrank wanderten Butter und

Käse dazu. Peter raschelte im Besteckkasten und suchte das Besteck zusammen.

Da klingelte das Telefon wieder. Inge drückte den Schalter der Kaffeemaschine. „Lasst nur", sagte sie und eilte davon. Dann hörte man sie sprechen. Die anderen setzten sich an den Tisch und schnitten ihre Brötchen auf, da stand Inge in der Tür. „Ihr müsst kommen, es ist das Fernsehen, sie wollen uns besuchen." Jeder sah von seiner Arbeit hoch, Inge sah in drei Gesichter mit offenen Mündern. „Ich weiß nicht, was ich sagen soll", sie sah ratlos aus und drehte sich wieder um, um zum Telefon zu gehen. Da standen alle drei wie ein Mann auf und eilten hinter ihr her.

Inge sagte: „Ja, was dachten Sie denn so als Uhrzeit. 12 Uhr? Ich dachte schon, sie wollten jetzt gleich kommen, das lässt uns noch Zeit zum Frühstücken." Sie sah von einem zum anderen, legte die Hand auf die Muschel und fragte flüsternd: „Was machen wir?" Alle hatten leuchtende Augen und nickten. Als sie, „ja, gerne, wir sehen uns dann um 12 Uhr", sagte und einhängte, brach ein Sturm aus Jubel los.
„Sie kommen, um unser Buch zu filmen."
Peter und Hubert lagen sich in den Armen.
Hubert sagte: „Ist das nicht schön?"

Inge wollte etwas sagen, aber die anderen drei machten einen solchen Krach, dass sie nicht durchdrang. Als es ruhiger wurde und nicht mehr alle durcheinander redeten sagte sie: „Wie stellt Ihr euch das eigentlich vor, wir haben nicht einmal so viel, dass die ersten 20 Seiten gefüllt sind."
„Oh", sagte Peter, „da hast du natürlich recht."
„Oh", sagte Hubert.

Peter nahm seine Tochter in den Arm. „Was machen wir jetzt?" Er war ratlos. Nicht so seine Tochter.

„Das ist doch einfach", sagte sie. „Wir nehmen einfach alle Seiten, die beschrieben sind und fotokopieren sie. Aufeinander gelegt sieht das aus wie ganz viele und wenn sie welche vorgelesen bekommen wollen, dann blättern wir einfach drin herum und lesen eine von denen vor, die wir schon haben."

„Meine Tochter", sagte Peter und drückte ihr einen Kuss auf die Wange.

„Aber nach dem Frühstück", sagte Inge, „ich hole doch keine Brötchen und dann werden sie nicht gegessen."

Hubert lachte und so gingen sie alle wieder in die Küche, um sich an den Tisch zu setzen und weiter zu frühstücken.

Alle saßen schweigend da und jeder war in Gedanken versunken. Man dachte an den Traum der Nacht und daran, was noch zu machen war, wie die nächsten Geschichten gestaltet werden sollten.

Als alle mit Essen fertig waren, begann Hubert die Brettchen einzusammeln. „Das mache ich schon", sagte Inge, „geht nur ruhig schon rüber, ich komme dann nach. Macht euch schon ein paar Gedanken."

Als sie die Küche wieder in Ordnung gebracht hatte, ging sie in das gemeinsame Büro. Dort saßen sie zu dritt über das Buch gebeugt. „Wir sollten aufräumen, bevor das Fernsehen kommt. Wir brauchen Platz für das Interview."

„Wir könnten ja das Interview in der Küche machen, da ist der meiste Platz."

„Aber nein", sagte die Kleinste, „das ist ja ein Kinderbuch, da können wir das alles nur bei mir unter dem Dach machen."

„Natürlich, kluges Kind", sagte Inge. „Wir sollten dann die Stühle aus der Küche nach oben schaffen und einen Tisch hinstellen. Ein paar Blumen vielleicht." Sie war in ihrem Element. „Ich mache das schon", sagte sie und sprang auf. „Macht ihr nur weiter und ruft mich dann, wenn ihr soweit seid. Ich werde alles ein wenig herrichten."

So eilte sie aus dem Zimmer, um ihre Pläne umzusetzen, sie schaffte Stühle auch für bis zu drei weitere mögliche Fernsehmitarbeiter die Treppe hoch, dann bugsierte sie den Küchentisch nach oben. Der war eigentlich nicht schwer, aber er war so unhandlich und passte nicht die Treppe hoch, aber mit ein wenig Drehen und Kippen schaffte sie es doch. Befriedigt sah sie ihr Werk an. Sie schaltete alle Lichter im Zimmer an, schob die Gardine auf die Seite und machte das Bett. Dann holte sie eine Tischdecke aus der Küche und die Blumen, die dort auf der Fensterbank standen. So sah es wie eine gemütliche Sitzecke aus, die dort anscheinend immer ihren Platz hatte.

Befriedigt stieg sie die Treppe hinunter. Sie konnte die anderen hören, wie sie über etwas diskutierten. Sie sah sich in der Diele um. Ein paar Wollmäuse huschten zwischen ihr und der Garderobe entlang. Sie sah ihnen auf ihrem Weg zu. Dann bückte sie sich und schob diese Staubflocken unter den Teppich. Es gab Tage, an denen man nicht alles haben konnte. Sie drehte sich, als sie sich bückte, einmal nach links und einmal nach rechts. Es war einfach keine Zeit zum Staubsaugen, sie mussten jetzt schreiben. Mit diesem Gedanken beschäftigt öffnete sie die Tür. „Okay, wie weit seid ihr?" Sie setzte sich hinter die Tastatur und spannte ein Blatt Papier in die Schreibmaschine.

„Also, ich höre", sagte sie und sah von einem zum anderen.
Peter atmete tief durch und begann. Seine Geschichte war amüsant, ab und an mussten die anderen lachen.

Inge nickte zwischen den Passagen, manchmal lachte sie auch. Sie hatte ihr Tempo beim Schreiben gefunden und es lief alles wunderbar, sie hatten viel Spaß, doch dann klingelte es plötzlich an der Haustür. Alle schreckten hoch. Niemand hatte die Kopien gemacht, sie hatten einfach nur vor sich hin geschrieben und erzählt. „Beruhigt Euch", sagte Hubert, „ich stecke die Blätter einfach in den Kopierer und ihr geht schon vor." Man konnte Inge an der Tür hören. Sie begrüßte jemanden. Hubert stand am Kopierer und hatte die Blätter hineingeschoben, startete und der Fotokopierer spuckte den ersten Satz aus. Während das Gerät warm lief, lochte er die Blätter, um sie in einem Schnellhefter abzulegen, das machte er so lange, bis der Hefter randvoll war. Dann nahm er die Originale und legte diese als letztes oben drauf.

Mit dem noch warmen Bündel trat er vor die Tür. Dort standen alle und sprachen mit einigen Männern vom Fernsehen. Inge sah ihn verstohlen an. Er lächelte und sie nahm das als Bestätigung, dass der Trick geklappt hatte. Wie er da so stand, mit den Händen in den Hosentaschen und mit dem Bündel Papiere in einem Schnellhefter unter dem Arm und sie angrinste, sah er wirklich wie ein gemeiner Verbrecher aus. Sie versuchte, nicht zu lachen und sich weiter auf ihre Gesprächspartner zu konzentrieren. Sie hatten Fragen an sie, wieso sie für die Familie eingesprungen war, sie als Unternehmerwitwe. Der Mann vom Fernsehen, der einzige, der ein Jackett trug, versuchte das in seinen Worten zu sagen: „Kann es sein, dass Sie ihre Arbeit hier als sozialen Dienst verstehen, als ein Dienst am Menschen sozusagen?" Sie sah ihn fest an. „Keineswegs", sagte sie, „ich mache das, weil ich hier gebraucht werde und weil ich hierher passe, aber ich bin hier nicht, weil ich plötzlich sozial geworden bin, weil mich eine Organisation hierher geschickt hat oder was Sie sonst denken mögen." Der Mann wehrte ab: „Nein, das meine ich nicht. Wie soll ich sagen …", er sah betroffen nach unten, „das schneiden wir nachher, stimmt, es war eine blöde Frage. Haben Sie ein Zimmer, in dem wir sitzen und ein Interview führen können?"

Inge sagte: „Oben im Kinderzimmer! Schließlich sprechen wir ja von Märchen und da wäre es das Vorrecht von unserer jüngsten Freundin, Sie zu begrüßen, finden Sie nicht?" Statt eine Antwort abzuwarten, hatte sie sich bereits an der Kamera vorbei geschoben und sagte etwas wie, bitte folgen sie mir, als sie begann die Treppe hinaufzusteigen. Die anderen folgten ihr. Oben angekommen stellte sie sich in die Zimmermitte.
„Das hier ist das Kinderzimmer. Aber vielleicht sagst du selber ein paar Worte." Peter ließ seine Tochter, die er getragen hatte, herunter.

„Also, das hier sind meine Poster, da bin ich besonders stolz drauf." Der Mann mit der Kamera machte einen Schwenk über die Wände. „Das hier ist mein Lieblingsteddy", sagte sie und nahm ihren Bären in den Arm. „Das da ist mein Bett und das meine Spieltruhe." „Was hast du da drin?", fragte der Interviewer. „Ach, alles mögliche", sie kniete nieder, „ich mag aber nicht, dass alle da hineingucken, das ist ein wenig mein Geheimnis." „Wir verstehen das", sagte der Interviewer sanft, „aber ich denke, alle sind neugierig." „Da verstehe ich sie", sagte sie und sah ihn fest an, „aber Sie verstehen mich sicher, dass das meine private Sache ist. Sie sind schließlich schon in meinem Zimmer und da kommt auch nicht jeder hin." Sie hatte ihn weiter fest angesehen. Er begriff, dass er nicht weiterkam. So stand er auf, fuchtelte mit dem Mikrofon herum und bedeutete allen, sich zu setzen. „Wir könnten das Gespräch hier führen, das ist für die Kamera besser. Wir brauchen noch Licht", sagte er. Ein junger Mann richtete einen Strahler auf den Tisch.

Inge blinzelte, das Licht traf in ihre Augen und störte sie. Weitere Lampen wurden die Treppe hinauf getragen, dann angeschlossen und hin und her geschoben. Ein Mikrofon wurde über ihnen aufgehängt. So viele Menschen waren sicher noch nie in diesem ehemaligen Speicher gewesen. Der Mann mit dem Mikrofon wurde noch etwas gekämmt. Unter der Kamera kniete jemand, der mit Kopfhörern arbeitete. Hubert sah interessiert, was um ihn herum passierte.

Peter hatte die Hände herunterhängen, seine Tochter saß auf seinem Schoß, hatte sich an ihn gelehnt und beobachtete den Mann mit den Kopfhörern. Inge hatte sich bequem auf ihrem Stuhl zurückgelehnt und die Arme verschränkt. Nach einer Weile sagte eine Stimme: „Wir können!" Der Mann mit dem Mikrofon stellte sich vor dem Tisch auf, zwischen ihm und der Kamera hielt man eine Holzplatte, eine Stimme sagte etwas und man höre ein Knallen. Der Mann mit dem Mikrofon begann:

„Meine sehr geehrten Damen und Herren, guten Tag.
Wir befinden uns hier zu Gast bei der Familie Wagenberg. Sie haben sicher davon gehört, dass es hier in der Stadt jemanden gibt, der Grimms Märchen umschreibt. Sie haben auch die Unterschriftenlisten gesehen, die überall in der Stadt ausliegen. Eine Reihe von Sendungen hat es bereits zu diesem Thema gegeben, ich erinnere nur an die von gestern Mittag ‚Märchen und ihre Wirkung in der Erziehung'. Viele Menschen, junge wie alte, haben sich zu Wort gemeldet. Vielen liegen die Märchen der Brüder Grimm sehr am Herzen. Sie zu zerstören oder sie umzuschreiben, hat große Empörung hervorgerufen. Schließlich sind die Märchen ein Kulturgut unserer Gesellschaft, sie sind geadelt

durch die Aufnahme in die UNESCO-Liste, also die Liste aller bewahrenswerten Dinge, Orte oder Literatur.

Meine Damen und Herren, wir haben heute die Möglichkeit, aus erster Hand die Beweggründe zu erfahren, wie jemand dazu kommt, die Märchen der Gebrüder Grimm umzuschreiben. Ist es pure Zerstörungswut, ist es Ignoranz oder etwas ganz anderes, Fragen, die Sie als Zuschauer sicher bewegen.

Wir wollen damit beginnen, den Autor nach seinen Gründen zu befragen."

Er hielt das Mikrofon Peter hin, der wurde angeleuchtet, blinzelte etwas, wobei er das Gesicht verzog.

„Nun", sagte er, „ich wollte eigentlich nur meiner Tochter einen Gefallen tun. Die lag zu dieser Zeit krank im Bett und hatte genug von Märchen."

Der Mann sprach in sein Mikrofon: „Wie kann man von den Märchen genug haben, sie sind doch wunderschön. Man kann sie doch sicher immer wieder hören." Er hielt das Mikrofon wieder Peter hin.

„Also, wissen Sie, Sie und ich lesen doch die Märchen nicht mehr. Wir haben sie vorgelesen bekommen, als wir Kinder waren, aber irgendwann haben wir doch aufgehört, sie hören zu wollen, wer hat denn später noch Märchen gelesen? Da gibt es so viel Literatur, speziell für Kinder, dann für Jugendliche und erst recht für Erwachsene. Der ganze Kosmos ist voll davon. Ich kann schon verstehen, dass meine Tochter ab einem gewissen Zeitpunkt genug von Märchen hatte."

„Aber sind", fragte der Interviewer wieder, „Märchen nicht etwas wunderschönes, sind sie nicht einzigartig?"

„Ach wissen Sie, um ehrlich zu sein, es gibt ja nicht nur die Märchen der Brüder Grimm, es gibt auch Märchen von Schriftstellern, die sie sich ausgedacht haben oder die sie notiert haben. Ich denke da zum Beispiel an Andersen."

„Andersen ist ein Däne, kann man wirklich die dänischen Märchen mit deutschen Märchen vergleichen?"
„Ja nun, ich habe mal gelesen, dass viele Grimmsche Märchen erzählt wurden von einer Frau, die sie aus Frankreich mitgebracht hatte. Dass die Grimmschen Märchen gar keine Geschichten von vielen verschiedenen Erzählern sind, sondern von einer überschaubaren Anzahl von Erzählerinnen, die einfach alle Märchen erzählten, die sie kannten. Die Namen der Erzählenden hat man vergessen, geblieben sind die der Brüder Grimm".

„Kommen wir zurück zu unserem Thema: Wie kommt jemand darauf, die Geschichten umzuschreiben?" Peter sah Hilfe suchend zu Inge hinüber, er sprach weiter:

„Egal wie schön sie sind, Kinder sind sehr aufgeweckt, irgendwann kennen sie die Geschichten. Dann beginnen sie, die Geschichten nachzuerzählen, irgendwann können sie die Texte auswendig und irgendwann danach sind die Märchen langweilig, weil sie keine neue Geschichte zu bieten haben. Und was mir noch aufgefallen ist, da sind Passagen, in denen Menschen getötet werden, in tiefes Unglück gestürzt werden. Das wollte ich anders erzählen, weil gerade in unserer Familie zu diesem Zeitpunkt der Tod ein zu großes Thema war."

„Sie meinen den Tod Ihrer Frau."

„Ja, sicher. Das Kind hat sehr unter dem Verlust und unter allem danach gelitten. Wenn ich aber wahllos das Märchenbuch aufgeklappt habe, dann starben da Menschen. So habe ich gemerkt, dass die Geschichten für mein Kind vielleicht nicht die richtige Unterhaltung waren. Ich habe einige Zeit gebraucht, um zu verstehen, dass mein Kind Geschichten erzählt bekommen wollte, aber keine von Prinzessinnen und von Königen, keine von sprechenden Frösche oder vom drohenden gestiefelten Kater."

„Was meinen Sie mit dem drohenden, gestiefelten Kater?"
„Haben Sie die Geschichte im Kopf? Es geht darum, dass der Kater an Feldern und Wäldern vorbeikommt. Er droht den dort Beschäftigten mit dem Tod, wenn sie nicht sagen, dass die Felder und die Wälder seinem Herrn gehören. Auch die Szene, in der die Katze dann die Maus frisst, also den großen Zauberer, den sie mit List dazu brachte, sich selbst in eine Maus zu verwandeln, die fand ich reichlich blutig."
„Katzen fressen nun mal Mäuse."

„Ach wissen Sie, die Bemerkung ist doch nicht von heute. Wann haben Sie das letzte Mal eine tote Maus in der Hand gehabt, die ihre Katze getötet hat. Sie haben eher eine Dose in der Hand gehabt, in der das Katzenfutter war."
„Da können Sie recht haben."
„Sehen Sie. Diese Passagen wollte ich aus der Geschichte herausnehmen, aber dadurch wurden sie schwieriger, weil sie umgeschrieben werden mussten oder wirklich umerzählt werden mussten. Das wollte ich eigentlich nicht."
„Das wollten Sie nicht? Aber das ist doch das, was man sich über Sie erzählt."

„Nein", sagte Peter, „ich wollte die Handlung eigentlich nicht verändern, ich wollte einige Dinge herausnehmen und in die heutige Zeit bringen, das war mir wichtig. Sie sollten auch heute verstanden werden. Man tötet heute niemanden mehr zur Strafe, die Königinnen und Prinzen haben auch nicht mehr den Stellenwert, den sie einmal hatten. Es ist doch einfach so, dass heutige Könige nicht nur einfach Macht haben und Geld, sondern dass sie dieses Geld bekommen haben durch Erbschaft oder sie haben es mit Unternehmungen verdient, also mit Fabriken oder sie hatten Glück an der Börse. Und da ist es doch nicht anders als damals. Immer noch gibt es Leute, die für andere arbeiten, da gibt es immer noch oben und unten.

Dann habe ich begonnen, die Geschichten, die ich abends erzählt habe, daraufhin zu untersuchen. Wo ist die Verbindung zum Heute. Wie erzähle ich die Geschichte mit Menschen, die es heute möglicherweise gibt oder zumindest geben könnte. Ich wollte also nicht die Geschichte an sich umerzählen. Wissen Sie, der gestiefelte Kater zum Beispiel, in der heutigen Zeit ist das doch jemand, der dadurch auffällt, dass er anders gekleidet ist als andere, der eine Rolle spielt, die normalerweise andere inne haben. Da habe ich Parallelen gesehen zu Frauen in typischen Männerberufen. Frauen, die sich durchsetzen können. Auch da sind viele Frauen in der Wahrnehmung durch uns Männer doch Paradiesvögel."

Da hakte der Interviewer wieder ein. „Frauen sind doch in unserer Gesellschaft in allen Berufen zu finden. Aber ich beginne zu verstehen, was sie meinen. Ein König ist also bei Ihnen jemand, der etwas leitet, der Macht und Geld hat. Warum haben Sie keinen Politiker dafür genommen?"

„Na, wissen Sie, ein König und ein Politiker, das wäre von der Macht her ähnlich, aber sehen Sie es doch mal so: Ein Unternehmer hat auch Macht in einem begrenztem Rahmen, seinem Betrieb, seiner Firma. Haben Sie bei Grimm schon einmal eine genauere Definition von einem König gelesen, als vom König aus Soundso oder dem Prinzen aus Soundso. Nein, da bleiben die Grimms sehr ungenau, dem bin ich gefolgt.

Ich habe auch keine genauen Namen genannt, ich habe einfach davon gesprochen, dass es sich um irgendeinen Fabrikchef oder so handelt. Bei Grimms scheint es ja auch eine unendliche Anzahl von Königreichen gegeben zu haben. Hätten sie noch mehr Märchen gesammelt, würde das noch augenfälliger werden."

„Es geht Ihnen also nicht darum, die Handlung an sich zu ändern, sie übersetzen die Handlung praktisch nur."

„Ja", antwortete Peter, „was heute nicht mehr möglich ist oder zu fantastisch, das habe ich versucht, umzuschreiben."

„Hat Ihre Tochter denn die Geschichten geglaubt? Hat sie nicht die Ähnlichkeiten erkannt, die sich gezeigt haben? Man müsste das doch merken, wenn die Geschichten eine ähnliche Handlung haben."

„Das würde sie sicher gemerkt haben, wenn sie z.B. ‚Den Fischer und seine Frau' nehmen, da würden auch in der Jetzt-Zeit die Entwicklungen ähnlich laufen, das ließe sich nicht so gut verbergen. Meiner Tochter habe ich die übersetzten Märchen als Wahrheit erzählt. Das hat eigentlich auch funktioniert. Sie ist mir nie dazwischen gefahren und hat gesagt, das kenne ich schon, das habe ich schon mal in Grimms Märchen gelesen."

Der Interviewer wandte sich um. Fragen wir doch einfach Ihre Tochter: „Wie hast du das damals empfunden?"

„Ich habe die Geschichten gerne gehört."

„Hast du Dich gefragt, ob sich Dein Vater die Geschichten ausgedacht hat oder ob sie wirklich passiert sind?"

„Ich glaube, ich habe ihn mal gefragt, ob er das wirklich erlebt hat. Er hat manchmal so was gesagt, wie: Ich habe die Geschichte heute Mittag gehört, da haben sich zwei unterhalten. Ich habe im Bett gelegen, ich habe das ja nicht nachprüfen können. Aber sie klangen alle so wirklich."

„Fühlst du dich heute betrogen, weil es erfundene Geschichten waren und keine wirklichen?"
„Nein." Sie senkte den Blick, denn sie dachte angestrengt nach. „Nein, ich habe, als ich klein war, auch die richtigen Märchen für wahr gehalten, die Sache mit den Riesen zum Beispiel. Ich habe immer erwartet, dass sie eines Tages bei uns in der Straße stehen."

„Hattest du Angst?"
„Nein, das nicht, aber ich konnte mir das vorstellen."
Der Interviewer sprach wieder Peter an. „Sie sprachen eben von brutalen Handlungen in den Märchen. Darüber ist viel geschrieben worden. In neuerer Zeit gab es Diskussionen über die Gewalt Jugendlicher, die zurückzuführen sei auf die ausgiebige Nutzung von Gewaltspielen an PCs. Kann es sein, dass Ihre Gedanken in diese Richtung gingen? Wollten Sie Ihre Tochter vor Gewalt verherrlichenden Szenen in den Märchen schützen?"
Peter blies die Backen auf. „Ja, ich habe diese Szenen gelesen, ich fand die auch nicht kindgerecht, aber schützen ist das falsche Wort, glaube ich."

Da mischte sich Hubert ein. „Entschuldigung, wenn ich mich hier vordränge. Aber Sie stolpern von einer Anschuldigung in die nächste. Erst beschuldigen sie Peter, er habe sich wie ein Frevler an Kulturgut vergriffen. Nachdem sie jetzt gemerkt haben, dass er lautere Gründe hatte, werden Sie es andersherum versuchen, indem sie Peter vorwerfen, dass er zu lange gewartet hat mit dem Aufhören. Also was denn nun? Wie finden Sie selbst denn die Märchen? Sind sie Ihnen zu brutal oder sind sie Kulturgut?"

Nun wusste der Interviewer nicht weiter. „Also ich, ja, wissen Sie …", er sah über die Schulter, „wir schneiden das nachher raus."

Eine Stimme sagte: „Wir sind live."

Man konnte deutlich sehen, wie der Interviewer anfing zu schwitzen.

„Also ich …", stammelte er, „es ist ein Kulturgut."

„Ach", mischte sich Inge ein, „sie sind Ihnen nicht zu brutal?"

„Also ich …", stammelte der Interviewer nun sichtlich verwirrt.

„Wissen Sie, wenn ich Sie hier so vor mir sehe, dann frage ich mich, ob sie die Märchen eigentlich wirklich kennen. Wissen Sie eigentlich, von was Sie reden?

In den Märchen kommen alle Schlechtigkeiten dieser Welt vor. Machen wir doch einfach mal ein Quiz." Der Interviewer sah blass über seine Schulter, aber er bekam keine Antwort, die Crew war noch immer konzentriert bei der Arbeit und mit Apparaten und der Kamera beschäftigt.

„Wo", fragte Inge, „kommt zum Beispiel Kindesentführung bei Grimm vor?" Man konnte sehen, wie der Mann immer mehr schwitzte. Inge rückte in ihrem Stuhl weiter nach vorne. „Kommen Sie", sagte sie, „Sie wissen es doch."

„Rumpelstilzchen, in Rumpelstilzchen soll das Kind entführt werden."

„Gut", sagte Inge. „In welchem Märchen wird eine alte Frau verbrannt?"

„Hänsel und Gretel."

„Wo werden Kinder ausgesetzt im Wald?"

„Auch Hänsel und Gretel."

„Womit droht der gestiefelte Kater den Menschen in den Felder und Wäldern?"

„Mit schlechtem Wetter?"
„Nein", sagte Inge.
„Mit Entlassung?"
„Nein, auch falsch" sagte Inge.
„Mit Verhexung?"
„Nein, der gestiefelte Kater kann nicht hexen. Womit denn sonst?", Inge war näher an ihn heran gerutscht.
„Ich weiß nicht", der Interviewer war in Schweiß gebadet.

Inge war jetzt ganz nah an seinem Gesicht: „Hört, jetzt wird gleich der König vorbeifahren. Wenn er wissen will, wem das Korn gehört, so antwortet: Dem Grafen; und wenn ihr das nicht tut, so werdet ihr alle erschlagen.

Finden Sie das kindgerecht? Sollten Kinder ihren Willen so durchsetzen? Ich habe die Diskussion um PC-Spiele verfolgt. Aber beginnt es nicht schon hier? Grimms Märchen sind Kulturgut, jeder sollte sie kennen, sie sind so wichtig wie die Bibel oder Andersens Märchen. Aber von einem bestimmten Zeitpunkt an ist es doch dann auch mal gut. Sie lesen ja auch nicht jedes Jahr wieder den gleichen Krimi, nur weil er irgendwann mal gut und spannend war."

Der Interviewer schüttelte den Kopf.

Inge lehnte sich zurück.

„Und wenn man von Märchen genug hat, dann ist das doch auch okay. Kennen Sie Hauff?"
„Der Politiker?"
„Nein, den Schriftsteller. Kennen Sie ‚Das kalte Herz'?"
Der Interviewer schüttelte den Kopf.
„Lesen Sie es", sagte Inge.
„Kennen Sie Wilhelm Busch?"
Er nickte.

„Haben Sie darauf geachtet? Auch dort viel Schläge, viel Brutalität, doch niemand käme auf den Gedanken, ihn deswegen zu zensieren."

Der Interviewer schüttelte wieder den Kopf. „Nein", sagte er.

„Und Sie machen Peter Vorwürfe, weil er versucht, seine Tochter, die keine Lust mehr hat, Märchen zu hören, egal wie brutal sie sind, vor Brutalität zu schützen? Ist es nicht Aufgabe von uns allen, unsere Kinder davor zu schützen?

Wir müssen ihnen sagen und zeigen, dass es so etwas gibt. Aber sie unentwegt damit konfrontieren? Es ist eine schlechte Welt, aber muss das dauernd auch in unseren Fantasien, in unseren Geschichten vorkommen oder reicht es nicht, wenn es in der Zeitung geschrieben wird oder im Fernsehen als Nachricht gesendet wird - oder als eine Geschichte für einen spannenden Film für uns Erwachsene, im Fernsehen, nachts, wenn die Kinder schlafen, dramatisiert wird?"

Inge fuhr fort. „Wie kann ich einem Kind zeigen, was normal ist, wie kann ich einem Kind zeigen, was gut und was schlecht ist, wenn, wie bei Grimm, immer viel Blut fließt."

Sie hob die Arme, um sie wieder fallen zu lassen. „Ja, ich weiß, es ist nicht so, dass man das Blut sieht, aber wenn ich mir die Szenen ins Gedächtnis rufe, so ist es doch so, dass das Blut zwar nicht beschrieben wird, die Hilferufe der zum Tode Verurteilten aber zu hören sind." Sie stockte. „Die Erhängten, man kann sich das vorstellen oder es gehört einfach dazu. Muss das sein? Muss das wirklich sein? Sollten wir nicht dazu erziehen, dass Konflikte auf andere Weise gelöst werden. Und müssen wir unseren Kindern nicht beibringen, dass dieses wenn-dann nicht mehr funktioniert oder nie richtig funktioniert hat: bist du fleißig, wirst du reich; bist du faul, bleibst du arm; bist du redlich, so fällt dir alles zu. Ist das noch wahr in der heutigen Zeit? Kann jeder wirklich sein Leben bestimmen, wie er will? Ist es nicht vielmehr so, dass die Ernte, die Belohnung nicht so automatisch kommt? Manchmal tut sich nichts, aber sollte es nicht so sein, dass unsere Kinder trotzdem nach Ehrlichkeit, Redlichkeit und Liebe streben? Egal ob, wie in den Märchen, automatisch die Belohnung kommt?"

Der Interviewer und Inge sahen einander lange in die Augen, die Kamera beobachtete diese Situation.
Der Interviewer schluckte. „Sicher, das ist ganz wichtig."
Er drehte sich zur Kamera.

„Ich glaube, meine Damen und Herren, es ist deutlich geworden, worum es hier geht. Es geht nicht darum, Grimms Märchen zu verunglimpfen, es geht um unsere Kinder, ihren Schutz, es geht um die Dinge, die uns in unserer Gesellschaft wichtig sind. Grimms Märchen sind ein Kulturgut. Aber wir sollten sie nicht undiskutiert von unseren Kindern konsumieren lassen. Wir sollten schon zusätzlich aufzeigen, was richtig und was falsch ist. Wir sollten unseren Kindern vorleben, wie Konflikte zu lösen sind."

Ein Mann mit Bart machte dem Interviewer Zeichen. Er hielt alle Finger hoch. Es sollte wohl wie ein Countdown sein, die Anzahl der Finger wurde weniger und je weniger es wurden, desto schneller sprach der Interviewer, er fand zu seiner alten Form zurück und lächelte in die Kamera.
„Ich danke Ihnen für die Aufmerksamkeit, meine Damen und Herren. Ich hoffe, Sie haben interessante Einblicke bekommen in ein Thema, das viele von uns in der heutigen Zeit beschäftigt."
Eine Stimme rief aus dem Hintergrund. „Ende."

Lichter wurden ausgeschaltet, der Interviewer fuhr sich durch das Haar, nickte zum Gruß zu den vieren hinüber, Kabel wurden zusammengerollt, der Mann mit dem Bart, der ‚Ende' gerufen hatte, trat an den Tisch und sagte: „Ich danke Ihnen sehr für das Interview, es war zwar nicht leicht zu führen, aber wir haben sicher viel Interessantes für unser Publikum senden können. Also vielen herzlichen Dank. Das Interview wird heute Abend wiederholt glaube ich, das interessiert sie vielleicht. Also auf Wiedersehen."

Damit drehte er sich um und wartete die Antwort gar nicht mehr ab. Er hätte auch keine bekommen, die vier saßen wie gelähmt da. Einer nach dem anderen verschwanden die Fernsehleute die Treppe herunter. Ich muss runtergehen und sie verabschieden oder wenigstens die Tür zumachen, dachte Peter. Aber er war viel zu sehr erschöpft, um aufzustehen. Inge atmete tief durch, als man unten die Haustür klappen hörte. Nun waren sie alle weg und die vier wieder alleine. Hubert maulte: „Ich hatte gehofft, sie würden viel mehr über uns fragen, aber die waren ja nur auf Skandal aus. Und Inge, wie du dir den Kerl vorgenommen hast, einfach toll. Wie lernt man so was?"

„Ich weiß nicht", sagte Inge, „ich habe keinen Kurs belegt ‚Wie blamiert man sich am Besten, wenn man schon mal im Fernsehen interviewt wird'. Ich hoffe, ich habe nichts kaputt gemacht oder so. Der Interviewer tut mir fast leid."

Hubert zuckte die Schultern: „Ein Mann ohne Rückgrat, er hat es verdient, findet ihr nicht? Ich habe eine Meinung und dann kann ich die auch vertreten oder ich habe keine, dann vertrete ich eine fremde Meinung nicht dermaßen aggressiv. Du, Peter, als Frevler, das war wirklich das allerletzte."

„Soviel für den Nachspann", sagte Peter, „ich bin weder ein Frevler, noch ein Bekehrer der Menschheit, ich halte Grimms Märchen weiterhin für wichtig, aber es muss auch möglich sein, andere Geschichten zu erzählen oder neue zu erfinden, das haben doch die Menschen früher genauso gemacht, nicht wahr?

Das haben die Menschen doch dauernd gemacht, denk' nur an alle die Geschichten, die als Bücher erscheinen, das sind doch alles ausgedachte Geschichten."

„Ich konnte nicht anders, mir war der Interviewer - hat jemand seinen Namen gehört? - er war mir von Anfang an unsympathisch. Er hat überhaupt nicht gefragt, wer wir sind, was wir hier machen, er hat einfach nach Skandalen gebohrt und versucht, seinen Zuschauern nach dem Mund zu reden. Außerdem gehe ich jetzt hinunter und koche einen Kaffee und einen Tee, wer möchte was?"

Hubert reckte sich. „Was ist eigentlich mit der Unterschriftenaktion? Sollten wir da nicht hingehen und nachsehen, für was die Unterschriften sammeln?"

„Das kann ich dir sagen", meinte Inge, „vorhin hat eine Freundin angerufen, die hat mir das alles erzählt. Man sammelt Unterschriften zum Schutz der deutschen Sprache und zum Schutz der deutschen Märchen."

Hubert gluckste. „Wie wäre es, wenn wir hingehen und auch unterschreiben, dann ist das ganze noch absurder."

Die Erwachsenen sahen einander an, dann begannen alle zu lachen. Das wäre wirklich das Größte bei einer Unterschriftenaktion, die eigentlich gegen uns gerichtet ist, gegen das, was wir tun, selber zu unterschreiben, das wäre wirklich das Größte.

„Papa, was ist absurd?" „Absurd ist, wenn etwas den Sinn in das völlige Gegenteil verkehrt. Wenn es völlig verrückt ist. Alle unterschreiben, weil sie meinen, uns die Meinung sagen zu müssen und wir gehen hin und schließen uns dieser Meinung an. Das ist absurd, weil das ja heißt, dass wir die gleiche Meinung haben wie die anderen."

„Tee und Kaffee?", fragte Inge und stieg die Treppe hinunter.

Die anderen folgten. So friedlich, wie die Wohnung jetzt da lag, konnte man kaum glauben, dass mit dem Fernsehen die Welt zu Besuch gewesen war.

Sie gingen in die Küche. Inge setzte Kaffee auf und machte Wasser heiß. Sie standen alle schweigend herum.

„Wir sollten heute wieder weiterschreiben, findet ihr nicht? Wir haben schließlich eine Mission zu erfüllen."

„Mission?", fragte Hubert, „wie meinst du das?"
„Naja, nach diesem Interview wird jeder glauben, wir würden versuchen, die Welt mit neuen Märchen zu missionieren."

„Ich finde, ganz persönliche Meinung, wir sollten uns ranhalten, damit wir genau das auch erreichen."

„Lasst uns die Welt revolutionieren", Hubert lachte über seine eigenen Worte.

„Nein", sagte Peter, „wir wollen niemanden missionieren, wir wollen einfach gut unterhalten und es dabei vermeiden, dass aus unseren Seiten das Blut trieft, was denkt ihr?"

Alle nickten. „Ja, das machen wir."

„Geht schon mal rüber", sagte Inge, „ich komme sofort nach."

Hausaufgaben

„**H**ast du eigentlich Hausaufgaben gemacht?", fragte Peter seine Tochter. Sie hatte ihn mit ihren großen fragenden Augen angeguckt und nichts gesagt. „Aber Peter", antwortete Hubert für sie, „wie soll sie denn Hausaufgaben aufhaben, wenn sie noch gar nicht in der Schule war? Außerdem ist heute Sonntag." Sie lächelte Hubert an. „Danke", sie sah wieder ihren Vater an, „die habe ich schon letzte Woche gemacht." „Aber wann?", fragte Peter weiter. „Naja", sagte sie, „es gab Zeiten, an denen du letzte Woche noch nicht daheim warst. Das ist ja jetzt anders." Sie sagte es und umarmte ihn.

Inge seufzte: „Dann sollten wir alle gemeinsam unsere Hausaufgaben machen. Es gibt schließlich noch genügend weiße Seiten Papier, die wir beschreiben könnten. Hat jemand eine Idee?" Sie sah Peter an, aber die anderen beiden fühlten sich auch angesprochen. Hubert zupfte nicht vorhandene Flusen von seinem Ärmel. „Keiner eine Idee?" Keiner reagierte, keiner hatte eine Idee.

„Dann machen wir das so, das habe ich einmal in einem Kurs gelernt. Wir schreiben die Namen von Märchen auf einen Zettel. Ich brauche ja keine mehr zu erzählen, Ihr kennt sie doch sicher. Dann verteilen wir die Bögen auf dem Boden und jeder schaut sich die Zettel an, ob er eine Assoziation dazu bekommt."

„Papa, was ist eine Assoziation?"

„Ja, also das ist, ja Inge, was soll das eigentlich sein?"

„Eine Assoziation ist, wenn du die Bögen nachher ansiehst und dir die Geschichte entgegen springt. Wenn du einfach plötzlich die Geschichte erzählen kannst, wenn sie dir vertraut vorkommt, als wenn sie die ganze Zeit in dir gesteckt hätte und eigentlich nur raus wollte."

„Ach so", sagte sie und schaute ihre Freundin an.

„Ja", sagte Inge und wandte sich ab, „ich schreib' dann mal Bögen."

Sie kramte in dem Haufen Stifte auf dem Tisch.

- Brüderchen und Schwesterchen
- Daumesdick
- König Drosselbart
- Der Hase und der Igel
- Das tapfere Schneiderlein
- Der alte Sultan
- Frau Holle
- Rumpelstilzchen

Befriedigt legte sie den Stift hin und betrachtete ihr Werk. Dann verteilte sie die Bögen auf dem Boden. So, sagte sie, steht alle auf und geht ein wenig herum. Bitte nicht sprechen, sondern einfach nur wirken lassen.

„Ich", räusperte sich Hubert, „ich habe aber was zu sagen. Ich finde, wir lassen Rumpelstilzchen draußen, da fällt mir nur Kindesentführung ein, von vorhin."

Inge sah die anderen an, während sie sich bückte: „Dann nehme ich die raus."

„Können wir Frau Holle auch rausnehmen, die", sagte Peter, „also die erinnert mich auch an etwas."

„Okay", sagte Inge gedehnt, während sie sich bückte und die Bögen vom Boden fischte. „Der Rest kann bleiben?", sie sah in die Runde. Wie gewünscht gingen alle herum, um die Namen auf den am Boden liegenden Bögen zu lesen. Der erste, der stehen blieb und sich am Kopf kratzte, war Peter. Hubert trat hinzu. „Mh", machte Hubert und sah Peter an. „Ich auch nicht, wenn es das ist, was du meinst."

Peter schüttelte den Kopf. Seine Tochter war auf allen vieren zu den Zetteln gekrabbelt und hockte nun vor den Füßen der beiden Erwachsenen."

‚Der alte Sultan' stand auf dem Zettel. Nun sahen alle Inge an, die kniete sich zu dem Kind hinunter und sagte: „Ja, kennt ihr das denn nicht? Es ist eine der schönsten Geschichten, finde ich." Sie schob die Zettel mit Frau Holle und dem Rumpelstilzchen hinter sich. Das Kind schubste sie unter das Sofa. Da lagen sie nebeneinander.

Inge atmete tief durch. „Also, die Geschichte ist keineswegs orientalisch, sondern es geht um einen Hund, der keine Zähne mehr hat und um eine Katze, die nur drei Beine und Schmerzen hat. Beide leben auf einem Bauernhof. Der Hund soll umgebracht werden, weil er zahnlos ist. Zusammen mit seinem Freund, dem Wolf, denken sie sich eine List aus: Der Wolf soll das Kind der Bauersleute stehlen, der Hund es ihm wieder abnehmen und sich als Held feiern lassen. Das passiert auch planmäßig, nur nach einer Zeit will sich der Wolf Beute holen. Der Hund verrät ihn an seinen Herrn. Der Wolf schickt ein Wildschwein als Botschafter, man will sich duellieren im Wald. Als einzige Hilfe hat der Hund die alte Katze. Doch die alte, dreibeinige Katze macht auf die Entfernung den Eindruck, als würde sie einen Säbel tragen und laufend Steine zum Werfen aufsammeln. Das Schwein verkriecht sich unter Laub, dass nur die Ohren rausschauen. Die Katze, kurzsichtig, hält die Ohren für etwas Essbares und beißt herzhaft hinein. Schwein und Wolf rennen davon. Der Wolf, der auf einen Baum geflüchtet ist und der Hund vertragen sich danach wieder."

Peter lachte: „In der Tat, da ist nichts Orientalisches dran. Aber es ist doch ein nettes Bild, wie die zwei Stärkeren vor den Schwächeren Reißaus nehmen."

Seine Tochter lachte. „David und Goliath im Doppelpack." Alle fielen in das Lachen ein.

Hubert hob die Hand. „Inge, ich habe eine Idee."
Inge sprang auf, spannte ein leeres weißes Blatt Papier in die Maschine und sah ihn erwartungsvoll an.

„Es ist die Geschichte eines alten Mannes, der schon seit Jahren in der gleichen Firma arbeitet. Er ist nicht mehr so schnell, wie er früher mal war und man möchte ihn gerne loswerden. Er soll vorzeitig in Rente gehen, man möchte ihm nicht mehr sein Gehalt zahlen.

Früher, als er noch schneller arbeiten konnte, da habe er schließlich genug Geld verdient und jetzt sei das alles, was er mache, nicht mehr nötig und er überflüssig.

Wie er so betrübt bei sich daheim sitzt, kommt sein Nachbar zu Besuch. Der hat früher in Läden eingebrochen und der hat eine Idee. Ich breche bei euch ein, mache Unordnung und du verjagst mich. Du bist morgens der erste in der Firma, die anderen kommen erst viel später. Dann bist du ein Held und sie werden dich nicht rauswerfen.

So machen sie das auch. Der Nachbar bricht in die Firma ein, macht Durcheinander, bedient sich aus der Portokasse und versucht den Kaffeeautomaten aufzubrechen. Wie vereinbart kommt der alte Mann, der Nachbar steigt wieder durch das Fenster und verschwindet.

Der alte Mann ruft die Polizei. Als später alle da sind und erfahren, dass der alte Mann die Einbrecher verscheucht hat, da sind sie alle froh und feiern ihn.

Man beschließt, dass er bleiben kann bis zu seiner Rente.

Einige Zeit später sitzen der alte Mann und der Nachbar wieder in der Küche und reden miteinander. Da sagt der Nachbar, du ich habe doch bei euch schon mal eingebrochen, ich brauche Geld. Es geht mir schlecht, alles ist teurer geworden, du hast eine Arbeit und mir fehlt das Geld. Ich kenne mich ja aus, ich breche bei euch ein und dann habe ich wieder Bares. Das möchte der alte Mann aber nicht. Aber dem Nachbarn ist das egal. Unter einem Vorwand bestellt der alte Mann die Männer aus dem Lager am nächsten Tag schon ganz früh ins Büro.

Als der Nachbar ein Fenster einwirft, um einzubrechen, da hat er es plötzlich mit den Lagerarbeitern zu tun. Die laufen hinter ihm her und wollen ihn fassen. Nur mit viel Glück gelingt es ihm zu entwischen. Als der alte Mann abends in seiner Küche sitzt klingelt es an der Tür, als er aufmacht sieht er einen Unbekannten vor sich stehen, der sagt, dein Nachbar schickt mich. Wir treffen uns heute Abend am Ende der Straße am Wald und dann gibt es Dresche für die Sache von heute morgen. Der alte Mann macht die Tür wieder zu und hat Angst. Er will nicht alleine hingehen, er weiß aber auch, dass es nichts bringt, sich zu drücken. Er hat niemanden, mit dem er hingehen oder den er einweihen kann. Er hat nur eine alte Freundin, aber die kann sich mit niemandem mehr schlagen. Die ist klein und dick und humpelt. Das ist die einzige Person, der er sich anvertrauen kann und die mit ihm mitgeht.

So ziehen sie zu der verabredeten Zeit an das Ende der Straße. Der Nachbar und der Unbekannte sehen den alten Mann mit jemandem die Straße entlangkommen. Der Mann neben dem alten Mann scheint so viele Revolver zu haben, dass der Mantel spannt. Da haben beide Angst und verstecken sich. Der Unbekannte kennt sich aber in dem Gelände nicht aus und klemmt sich in seiner Not zwischen zwei Bäume ein. Es ist dunkel und er hofft, dass niemand ihn sieht. Wie nun der Nachbar und die alte Frau in den Wald kommen, ist da niemand. So schaut die alte Frau herum und sieht plötzlich etwas schimmern zwischen zwei Bäumen. Weil sie sich nicht bücken kann, nimmt sie ihren Stock und sticht damit auf das Schimmernde ein. Es ist aber der Gürtel des Unbekannten, der da schimmert. Weil die Frau aber kräftig zusticht, tut es ihm weh, er versucht, sich zwischen den beiden Bäumen durchzuzwängen, um zu verschwinden. Das gelingt ihm auch, er sucht das Weite. Der Nachbar sieht das Ganze, kommt aber nicht hervor. Nachdem der Unbekannte geflohen ist, gehen der alte Mann und die alte Frau nach Hause. Am nächsten Tag versöhnen sich der Nachbar und der alte Mann wieder."

Hubert klatschte in die Hände. „Wie war ich?", fragte er.
„Schön", sagte Peter, „ich hätte das nicht besser gekonnt." Seine Tochter saß immer noch auf dem Boden und klatschte in die Hände. „Eine schöne Geschichte", sagte sie.
Inge schrieb gerade noch die letzten Worte. Sie zog den Bogen aus der Maschine und sah befriedigt drauf. „Ja", sagte sie, „das ist eine schöne Geschichte." „Braucht jemand eine Pause?", fügte sie hinzu.

Niemand antwortete, seufzend spannte sie ein neues Papier in die Maschine. Die anderen betrachteten die restlichen Bögen auf dem Boden.
Peter nahm den Bogen in die Hand auf dem ‚Der Hase und der Igel stand'. Das hier ist seine Geschichte.

„Es war einmal ein kleines Lebensmittelgeschäft. Die Geschäfte gingen gut, das Ehepaar, das den Laden führte, hatte sein Auskommen. Eines Tages machte in der Nachbarschaft ein neuer Laden auf. Der war größer und moderner. Alle Kunden waren neugierig, was das für ein Geschäft sei. Die machten viel Werbung, wie preiswert sie seien. Da hatte der alte Ladeninhaber so seine Bedenken: Was wird passieren, wenn der andere Laden wirklich so preiswert ist? Aber er beschloss, dass sie ihren Laden nicht zumachen sollten. Als dann ein Vertreter des neuen Lebensmittelladens mit ihm sprach, dass das wohl das Ende des kleinen Ladens sei, da schrie er den Mann an, er sei schließlich seit Jahrzehnten im Viertel und er böte seinen Kunden einen viel besseren Service und außerdem sei er sowieso preiswerter als der neue Laden. Daheim erzählte er, was ihm passiert war. Seine Frau schüttelte den Kopf, wie konntest du dich nur so hinreißen lassen? Wie sollen wir da nur herauskommen?

Nach einer Zeit hatte sie eine Idee. Der neue Laden machte auf und hatte eine ganz große Reklame an der Tür hängen:

Billige Ananas, nur 1,99 Euro pro Stück.

Der kleine Ladeninhaber war tief betrübt, zu dem Preis konnte er nie und nimmer seine Ananas beim Großhändler kaufen. Aber seine Frau war schlau. Sie nahm einen großen Korb und ging heimlich in den neuen Laden einkaufen. Sie kaufte einen ganzen Korb voll Ananas. Den brachte sie in den Laden und sagte zu ihrem Mann: Schreib ein großes Preisschild mit Ananas für 1,95 Euro. Das ist billiger als die im neuen Laden, die vier Cent pro Stück werden uns nicht ruinieren, aber unsere alten Kunden werden den besseren Preis sehen. Und wirklich, die alten Kunden bogen ab, als sie sahen, dass der alte Laden wirklich billiger war als der neue. Das sah der Ladeninhaber des neuen Geschäftes und ging nach draußen, strich sein Plakat durch und schrieb 1,49 darauf. Der alte Ladeninhaber aber hatte alle Ananas verkauft, die Kunden hatten zusätzlich eine ganze Reihe von anderen Dingen gekauft, für ihn war das bis dahin ein guter Tag.

Als seine Frau die Änderung an dem Preisschild gegenüber sah, zog sie sich wieder an, nahm den leeren Korb und kaufte in dem neuen Laden wieder Ananas ein. Die bot ihr Mann dann für 1,45 Euro an. Als der neue Ladeninhaber sah, dass sein Konkurrent wieder billiger war, strich er den Preis wieder durch und schrieb 49 Cent auf das Schild. In dem kleinen Laden waren alle Ananas schon verkauft, es hatte einen großen Umsatz gegeben, weil die Berufstätigen kamen und schnell noch andere Dinge einkauften. Und wieder zog die Frau mit dem Korb in den anderen Laden und kaufte Ananas. Die boten sie dann für 45 Cent an. Der Inhaber in dem neuen Laden raufte sich die Haare und schrieb 9 Cent auf das Preisschild. Irgendwann musste der andere Laden doch aufgeben und die Leute bei ihm einkaufen. Aber der Laden gegenüber schrieb auf sein Preisschild 8 Cent.

Der Mann grüßte den Inhaber vom neuen Geschäft auch noch über die Straße. Der kochte, er konnte sich gar nicht beruhigen. Er verstand nicht, wie der kleine Laden, der doch wirklich keine so großen Mengen wie er kaufen konnte, solch einen guten Preis bekommen hatte für die Ananas. Er hatte an den ganzen Ananas einen großen Verlust gemacht. Kaum jemand hatte bei ihm gekauft. Er war ganz deprimiert und das passierte ihm am allerersten Tag. Als der Tag herum war und er trotz der vielen Angebote, die es im Laden gab, nur wenig Geld eingenommen hatte, da setzte er sich auf die Stufen vor seinem Laden und dachte nach. Es machte keinen Sinn, er konnte nicht besser sein als der kleine Laden gegenüber. Am nächsten Tag ließ er die Ware wieder abholen und machte den Laden zu. Das war für ihn billiger, als darauf zu warten, dass der kleine Laden aufgab. Der Mann soll später einen Laden in einer anderen Ecke der Stadt eröffnet haben. Der

Mann und die Frau aus dem kleinen Laden haben noch lange ihre Kunden bedient und die waren immer zufrieden."

„Das ist auch eine schöne Geschichte", fanden alle drei. „Ja, sie zeigt, dass auch die Kleinen gegen die Großen eine Chance haben, wenn sie einfach versuchen, die Großen mit ihren eigenen Mitteln zu schlagen", sagte Inge, „weiter, ich freue mich, solche Geschichten schreibe ich gerne."

Wieder sahen sich alle an.
Peter war der erste, der sprach: „Wie wäre es mit Sterntaler?
Also, das ist die Geschichte von dem Mann, der arbeitslos war und nichts mehr hatte. Der zog eines Tages in die Welt. Er hatte nur noch einen Rucksack und ein paar Sachen. Wie er so durch die Lande zog, traf er einen Mann, der hatte nur ein dünnes Hemd an und keine Jacke. Dem schenkte er seine, weil er doch noch einen Pullover hatte. Eine Jacke brauchte er eigentlich gar nicht. Dann traf er eine Familie, die war ganz arm. Denen schenkte er seinen Rucksack, er hatte sowieso nichts, dass er hätte hineintun können und so konnte die Familie wenigstens das Baby in den Rucksack setzen und es so besser tragen. Als er weiter ging, da traf er jemanden, der fror ganz erbärmlich, weil er in der Kälte nur ein Unterhemd trug. Dem schenkte er seinen Pullover. Nun hatte er nur noch ein Brot, das schenkte er einer anderen Familie, die schon ganz lange nichts mehr zu essen gehabt hatte. Nun hatte er wirklich nichts mehr. Wie er so durch die Straßen ging, traf er auf einen Mann, der ihn fragte, ob er nicht eine Arbeit suche. Da willigte er ein und der Mann ließ ihn in einer kleinen Wohnung wohnen und gab ihm einen Vorschuss, damit er sich ein paar Dinge kaufen konnte. So hatte der Mann wieder eine

Arbeit. Er blieb dort, bis er in Rente ging und es ging ihm dort gut."

Befriedigt zog Inge auch diesen Bogen aus der Maschine.

Das Kind hatte einen Einwand: „Eigentlich heißt es doch in der Geschichte, dass er danach nicht wieder zu arbeiten brauchte."

Sie schwieg und sah die Erwachsenen an. Sie saß auf dem Boden, die Erwachsenen standen im Raum.

„Kann es denn wirklich sein", fuhr sie fort, „dass es Menschen gibt, die für ihr Kind keinen Kinderwagen haben? Kann es denn sein, dass es Menschen gibt, die nichts anzuziehen haben? Kann es sein, dass es Leute gibt, die ihre Angestellten einfach auf der Straße suchen und ansprechen? Ich will ja nicht sagen, dass es das nur im Märchen gibt, aber ganz so arme Menschen gibt es doch nicht in Wirklichkeit. Die Menschen haben doch alle etwas zum Anziehen und sie könnten wenigstens auch eine Wohnung bekommen, dazu brauchen sie ja nur zum Sozialamt zu gehen, nicht wahr?"

Inge bückte sich zu ihr herunter. „Weißt du, es gibt heutzutage wirklich Menschen, denen geht es ganz schlecht. Die haben nichts zum Anziehen, denen fehlt es an Essen und die haben keine Wohnung. Solche Menschen wird es immer geben, egal wie reich die anderen sind. Vieles kann man für solche Menschen tun, man kann ihnen ein Dach über dem Kopf geben, man kann ihnen Anziehsachen geben, gewiss auch Geld, um Essen zu kaufen. Den meisten passiert das so auch, aber es gibt einfach Menschen, die fallen durch dieses Netz hindurch, warum auch immer, vielleicht wollen sie nicht zum Amt gehen, vielleicht sind sie fremd und kennen sich nicht aus. Auf der anderen Seite gibt es immer Menschen, die anderen Menschen helfen. Vielleicht ziehen die nicht ihren Pullover aus, man muss das als ein sich Aufopfern verstehen, weil sie den anderen Menschen helfen. Solche Menschen gibt es. Es gibt nie genügend von ihnen. Sie opfern sich auf, in dem sie anderen Menschen helfen. Sie bekommen kein Geld dafür, sie geben eher noch welches dazu. Und Menschen, die Hilfe brauchen und dafür bezahlen können, die sich ihre Leute sozusagen auf der Straße suchen, die gibt es wirklich und es wird sie immer mehr geben. Ob solche Arbeitssuchenden dabei immer auch an wirklich Vertrauenswürdige geraten, glaube ich nicht, aber es gibt sicher viele, die Glück haben."

Sie hatte ihrer großen Freundin zugehört, die sie dabei die ganze Zeit angesehen hatte. Während Inge sprach, hatte sich ihre Stirn in Falten gelegt, so angestrengt hatte sie gelauscht. Manchmal hatte sie genickt.

Als Inge nun fertig war, sagte sie: „So wie du."

Inge sah sie fragend an. „Ich suche keinen Job oder was meinst du?"

„Naja", war die Antwort, „ich meine, was du über diejenigen gesagt hast, die anderen Menschen helfen, das ist doch so, wie du es bei mir gemacht hast, nicht wahr?"

„Wenn du es so siehst, ja, man kann das so sehen."

Sie sah ihre große Freundin an. „Ich hätte die Geschichte anders erzählt. Inge nickte nur statt einer Antwort.

Sie setzte sich an die Schreibmaschine und schaute aufmunternd auf das Kind. Das stand auf, wie die Erwachsenen, und begann.

„Es war einmal ein Mann, der war eigentlich nicht reich, er hatte sein Auskommen. Eines Tages beschloss er, sich von allen Sachen zu trennen, die er nicht mehr brauchte, die aber anderen Menschen nützlich sein konnten. So verschenkte er seinen Stuhl, er hatte zwei und brauchte nur einen, dann verschenkte er sein Sofa, weil er doch ein Bett hatte. Er verschenkte es an eine Familie, die kein Sofa hatte. Die haben sich sehr gefreut, weil sie nun gemeinsam vor dem Fernsehen sitzen und es sich bequem machen konnten. Dann hat er sein Geschirr verschenkt, weil er sowieso nie Besuch bekam und ihm ein Teller und eine Tasse als Geschirr reichten. Er verschenkte es an alte Leute im Haus, die brauchten sich nun nicht mehr hinzustellen und jedes Teil sofort zu spülen, sie hatten nun Ersatz. Wenn dann die Haushaltshilfe morgens kam, machte die den Abwasch."

„Was für eine Fantasie", sagte Hubert ganz leise.
„Wie jetzt der Mann so alleine in seiner Wohnung saß, klingelte es an der Tür. Es waren ein paar Männer vom Sozialdienst, dort hatte man gehört, dass er praktisch keine Möbel mehr besaß. Man wollte ihm helfen und brachte eine Reihe von Möbeln und Hausrat mit. Damit hatte der Mann mehr als vorher und brauchte sich nie wieder neue Möbel zu kaufen. Zusammen mit seiner Rente kam er gut durchs Leben."
Nun schlug sie die Augen auf und sah ihren Vater an.
Der lächelte: „Das ist aber eine schöne Geschichte. Alles, was er verschenkt hat, hat er zurückbekommen und noch mehr dazu. Manchmal ist das ja wirklich so, dass einem viel in den Schoß fällt, je mehr man verschenkt. Seien es materielle Dinge, wie der Hausrat, aber es ist doch mit Liebe das Gleiche. Je mehr man sie verschenkt, desto mehr Liebe bekommt man zurück." „Das stimmt", sagte das Kind und drückte seine große Freundin. „Was denkst du, Inge?" Inge hatte sie ihrerseits umarmt.

„Ja", sagte sie, „da ist etwas Wahres dran." Niemand sah die Träne, die über ihre Wange rollte, sie sagte auch nichts, in einem unbemerkten Augenblick wischte sie sie beiseite.

„Wollen wir weitermachen?", fragte sie.

Aber niemand antwortete, alle waren müde und kaputt, der Tag war anstrengend gewesen. So klappte sie den Deckel der Schreibmaschine zu, häufte die Papiere auf dem Tisch zu einem ordentlichen Berg. Hubert hatte begonnen, die Zettel auf dem Boden einzusammeln. Er reichte sie ihr.

„Hier", sagte er.

„Sie haben nicht viel gebracht", meinte sie achselzuckend.

„Aber doch, das haben sie. Wir haben die Geschichte von Sultan gehört und wir haben etwas zum Nachdenken bekommen – sogar aus unserer Umgebung. Ist es denn wirklich so, dass das Leben so schwer ist? Geht es allen Menschen schlecht? Ich meine doch nicht. Ja, der eine oder andere ist krank oder arm oder traurig oder alles zusammen, aber ich glaube doch, den meisten Menschen geht es gut, die sind fröhlich, gesund und haben ihr Auskommen."

Inge seufzte. „Hubert, jeder trägt ein Paket mit Trauer und mit Problemen mit sich herum, es geht doch eigentlich nur darum, dass uns das alles nicht auffrisst. Es geht darum, dass wir doch noch das Gute sehen. Es ist doch nicht schlimm, nur drei Pullover zu haben. Man kann eh nur einen zur gleichen Zeit anziehen. Müssen wir denn eine Riesenkühltruhe haben? Einen Riesen-Vorratsschrank, sind wir dadurch reicher? Was ist mit dem vielen Geld auf der Bank? Sind wir reich, wenn wir viel Geld haben? Geld, das wir ungenutzt auf der Bank liegen lassen? Oder sind wir reich, wenn wir Freude schenken können, wenn wir das Geld nutzen können? Wenn wir anderen Menschen helfen oder eine Freude machen?"

„So habe ich die Sache noch nie gesehen", antwortete er.

Inge legte ihre Hand auf seine Schulter. „Denk' darüber nach, denk' für dich darüber nach, was dir eigentlich wirklich wichtig ist, was du eigentlich wirklich brauchst. Von dem Rest befreie dich. Wenn es dich belastet oder runterzieht, dann gib es auf und lass nicht geschehen, dass es dich blockiert. Vielleicht bist du am Ende viel weiter, als am Anfang deines Weges."

Sie sah ihm tief in die Augen.

Er dagegen schlug seine Augen nieder.

„Du hast sicher recht, so habe ich das noch nie gesehen."

Peter sagte: „Wir machen Schluss für heute." Alle nickten einander zu. Einzeln verließen sie das Zimmer. Es war Zeit, zu Bett zu gehen, es war schließlich schon sehr spät. Am nächsten Morgen würden sie weitermachen.

Von Fröschen und Prinzen

Sie hatte in ihrem Bett gelegen, war schon früh wach gewesen und hatte aus dem Fenster gesehen. Wenn es so ruhig im Hause war, dann konnte man alle Geräusche hören, die von der Straße kamen. Da waren Menschen, die gingen die Straße herunter, dann kam ein Auto, ein Klappern war zu hören, das musste ein Fahrrad sein. Sie begann die Passanten zu zählen, aber trotzdem, sie konnte nicht wieder einschlafen. Es war eine aufregende Zeit. Es war Montag, heute war Feiertag, aber morgen würde sie den ersten Tag wieder in die Schule gehen, all die altbekannten Gesichter sehen. Sie würde ihre Geschichte sicher ein paar Mal erzählen müssen. Dann wieder der alte Trott: Schule, Schulaufgaben, Spielen, Schlafen. Aber die erste Woche würde ja nur vier Tage haben, das würde dann schon gehen. Mathematik am Montag würde ausfallen. Befriedigt drehte sie sich auf die Seite. Das machte den Tag heute doppelt schön. Sie streckte sich gerade, als die Tür aufgemacht wurde und ihr Vater sagte: „Du bist ja schon wach, ich habe verschlafen, schnell mach dich fertig, ich bringe dich in die Schule, ich fahre dich. Dann verschwand er, sie konnte ihn draußen hören. Sie schwang ihre Beine aus dem Bett, ging zur Tür und öffnete sie. „Aber heute ist doch Feiertag", sagte sie. Sie konnte ihn in der Küche hören. Er gab keine Antwort, so ging sie die Treppe hinunter, trabte durch die Diele und schob die Küchentür auf.

„Aber heute ist doch Feiertag", sagte sie und blinzelte, weil das Licht sie blendete.

„Wie meinst du das?", fragte er und sah sie verblüfft an.

„Na, wie ich es sage, heute ist Feiertag."

„Ich dachte, heute sei schon Schule."

„Nein, Feiertag", sagte sie und ging wieder in ihr Zimmer.

Er hatte die Tür ganz geöffnet. „Dann geh wieder schlafen, ja?" Aber er bekam keine Antwort. Keine Zeitung, kein Geschäft offen.

Er ging in die Diele, Inge war aufgestanden und stand verschlafen da: „Was ist los, seid Ihr alle schon unterwegs? Heute ist doch Feiertag." Er nickte ihr zu.

Man konnte jemanden laut und ausgiebig gähnen hören. Sie lächelte, okay, Hubert ist auch wach. „Nachdem das nun geklärt ist, gebe ich zu, okay, ich bin schuld, ich habe euch alle wach gemacht. Kaffee ist gleich durch. Wo ist die Kleine?" „Wieder im Bett, denke ich", sagte Inge und schlurfte in Richtung Badezimmer.

Es war sehr still nachher am Frühstückstisch, jeder war mit sich selbst beschäftigt. Alle hingen ihren Gedanken nach. Als das Telefon klingelte, reagierte erst keiner. Hubert sagte,: „Das Telefon klingelt." Inge sagte nur etwas wie ‚ist Feiertag'. Peter, der am nächsten zur Tür saß, sagte etwas wie ‚das hört sicher wieder auf'. Aber das Klingeln wollte nicht aufhören. Hubert legte sein Brot hin, von dem er gerade abgebissen hatte und schob seinen Stuhl zurück, dann ging er dem Klingeln nach. Es war wieder still in der Küche. Er blieb länger weg. Peter ließ sich an die Stuhllehne fallen und seufzte laut. „Es gibt nichts Schöneres, als einen Morgen so zu beginnen: heißer Kaffee, ein weich gekochtes Ei, ein Marmeladenbrot. Kann es Schöneres geben?"

Niemand widersprach ihm. Inge lächelte ihn an.

Als Hubert wiederkam und sich setzte, sagte er nur kurz: „Das war mein Nachbar, der Rechtsanwalt. Nichts Besonderes, er hat mal nachgesehen. Wir müssen nichts beachten. Ich hatte ihn gestern Nacht noch versucht zu erreichen, aber da war nur sein Anrufbeantworter dran."

„Dann ist es ja gut", sagte Peter. „Jetzt, wo wir schon so weit sind, da macht es richtig Spaß, finde ich. Wir sind richtig gut drin. Wir sollten gleich nach dem Frühstück weitermachen.
Meint ihr nicht?" Alle nickten ihm zu.
Hubert sagte: „Ich räume nachher ab und ihr macht euch schon mal ein paar Gedanken, okay?"

Inge leckte ihr Messer ab. Peter schüttelte den Kopf und machte Inge Zeichen. Die war aber ganz in Gedanken versunken.
Er sah seine Tochter an, die lächelte ihn an und sagte: „Ich weiß, Papa, ich mach das schon nicht, ich brauche mir nicht unbedingt in die Zunge zu schneiden."
Nun lächelte er sie an. Sie legte ihren Kopf an seinen Arm. Inge sah dieses Bild und legte ihr Messer hin. „Ich würde sagen, ich gehe rüber. Das mit den Zetteln gestern war okay für Euch?" Alle nickten. „Dann mache ich das wieder so. Kommt Ihr dann?"
„Ja", sagte Peter, „ich hätte eine Idee."

„Schieß los", freute sich Inge.
„'Des Kaisers neue Kleider', das Märchen würde ich gerne mit aufnehmen, das ist doch schön, findet ihr nicht?"
„Papa, das ist Andersen, nicht Grimm."
„Ach was, darum habe ich das Märchen nie wieder gefunden. Wirklich?"
„Wirklich."

„Ich gehe rüber", Inge stand auf, indem sie sich mit beiden Händen auf dem Tisch abstützte.

„Meine Güte", seufzte sie, „wie eine alte Frau. Peter, dein Sessel war auch schon mal bequemer, zumindest nach acht Stunden Schlaf ist er das nicht mehr." Sie streckte sich und ging aus dem Zimmer. Hubert stand auf, stapelte die Brettchen aufeinander und sammelte das Besteck ein.

Da klingelte das Telefon wieder.

„Hubert", rief Inge laut. Hubert legte das Besteck hin.

„Hubert, das ist bestimmt wieder dein Rechtsanwalt."

„Ja", rief er zurück und eilte, das Telefon abzunehmen.

Peter raffte das Besteck wieder zusammen und sortierte es in die Spülmaschine. Wie er so die Spülmaschine füllte, stand seine Tochter auf. Sie hatte immer noch ihr Nachthemd an, keinen der Erwachsenen schien das zu stören. „Zieh dir Schuhe an", rief ihr Vater ihr hinterher. Als sie in der Diele stand, konnte sie Hubert sprechen hören. „Nein", hörte sie und „gestern". Nur lauter Wortfetzen konnte sie hören.

Sie ging in ihr Zimmer. Die Sonne schien vor ihr auf den Boden. Das Bett war zerwühlt. Sie ging wieder aus dem Zimmer und klappte die Tür zu. Hubert telefonierte immer noch. Sie verstand ihn nicht, er schien aber sehr erregt zu sein. Als sie so unschlüssig in der Diele stand, hörte sie Huberts Stimme deutlicher, denn er stand in der Tür und rief in die Diele, in einer Hand hatte er den Telefonhörer.

„Es ist das Radio" ,rief er, „die wollen ein Interview machen."

Man konnte Inge hören, die sagte: „Nein danke, das gestern hat mir völlig gereicht."

„Radio, nicht Fernsehen", sagte Hubert. „Übrigens waren wir gestern gar nicht live, man hatte das Programm kurzfristig geändert, da ist irgendwo etwas Wichtigeres geschehen, das hat man gesendet."

„Wir hätten die Chance alles klarzustellen, findet ihr nicht?"
Mit einem Mal standen alle in der Diele.
„Welche Sendung ist es denn?", fragte Inge.
„Aus deutschen Wohnzimmern", sagte Hubert.
„Na, das ist wenigstens eine seriöse Sendung, die habe ich gerne gehört, das sind auch ganz vernünftige Menschen. Also, ich weiß nicht, wie ihr die Sache seht, aber die kann man einladen, finde ich."

Peter stemmte die Hände in die Seite: „Sag' denen, Hubert, wenn wir nicht unsere Geschichte erzählen können, wie sie ist, dann fliegen die raus. Keine Geheimnisse, keine Tricks wie gestern mit den Fotokopien. Fairness auf beiden Seiten." Hubert nickte. „Mache ich mit denen aus. Die könnten um zwölf, ist das okay für uns?"

Er sah in die Runde. „Du solltest dir etwas anziehen, Kind. Ist dir nicht kalt in dem Nachthemd?" Damit zog er sich wieder zurück und sprach in das Telefon, ohne eine Antwort von ihr abzuwarten. Inge wandte sich ab, um weiter Zettel zu schreiben. Peter verschwand in der Küche, man konnte hören, wie er im Kühlschrank die Marmeladengläser verschwinden ließ.
Sie stand wieder alleine in der Diele.

Sie beschloss, zu Inge zu gehen. Die hockte mit einem Stift auf dem Boden und hatte den Stöpsel des Filzschreibers im Mund. „Willst du mir helfen?", schien sie sagen zu wollen, es klang aber merkwürdig, so dass beide lachen mussten. Inge nahm den Stöpsel aus dem Mund. „Willst du mir helfen?" fragte sie jetzt richtig. „Ein paar habe ich schon." Zusammen schoben sie die Zettel auseinander. „Oh", sagte Inge, „da sind ja zwei unter dem Sofa verschwunden." ‚Frau Holle' stand auf dem einen und ‚Rumpelstilzchen' auf dem anderen. „Schau", sagte sie, „Frau Holle und Rumpelstilzchen habe die Nacht unter dem Sofa verbracht". Dann lächelte sie. „Hoffentlich haben sie gut geschlafen, denn Hubert schnarcht und der lag auf dem Sofa heute Nacht." Beide lachten.

Also ich habe ‚König Drosselbart', ‚Die goldene Gans', ‚Rotkäppchen', ‚Die Bremer Stadtmusikanten', ‚Der Froschkönig' und ‚Aschenputtel'.

Drosselbart haben wir schon. „Oh", sagte Inge, „du hast recht, den nehmen wir weg." Sie drehte ihn herum, um auf die Rückseite einen anderen Titel zu schreiben.

„Inge, der Froschkönig ist doch die Geschichte, in der die Prinzessin den Frosch küsst und der ist dann ein Prinz, nicht wahr?"

„Ja."

„Aschenputtel ist Ruckedigu."

„Ja."

„Die Geschichte mit dem Prinzen und dem gläsernen Schuh." Inge nickte.

„Dann haben wir ganz verschiedene Märchen, Inge."

Sie betrachteten die Zettel am Boden.

„Inge, sind die Bremer Stadtmusikanten ein Märchen oder eine Fabel."

Inge sah sie an. „Wie meinst du das?"

„Also Mama hat mal gesagt, wenn in einer Geschichte die Tiere die Rolle von Menschen übernehmen, dann ist es eine Fabel. Wie bei Aesop."

„Du hast recht, das sind keine Märchen, das sind Fabeln."

Wie die beiden so auf dem Boden saßen, kamen Peter und Hubert herein. „Wie seht ihr das?" fragte

Inge, „die Bremer Stadtmusikanten, ist das eine Fabel oder ein Märchen?"

„Ein Märchen", sagte Peter.

„Wieso?", fragte Hubert.

„Naja, wenn die Rollen von Tieren übernommen werden und die können reden, dann ist das eine Fabel", sagte Inge.

„Nein, das ist ein Märchen", sagte Peter, „es sind schließlich Grimms Märchen."

„Du hast recht, Inge", sagte Hubert, „Fabel."

„Nein, nein, das sind alles Märchen, weil doch darin auch Menschen vorkommen und in einer richtigen Fabel kommen keine Menschen vor."

„Bei den Bremer Stadtmusikanten?"

„Doch, die Räuber", sagte Peter.

„Ach ja", erinnerte sich Hubert, „aber wie ist das beim Hasen und dem Igel, da kommen keine Menschen vor."

Nun schwiegen alle.

Jeder dachte an die Geschichte, Inge nickte.

„Von dem Mäuschen, Vögelchen und der Bratwurst", setzte Hubert nach.

Wieder schwiegen alle.

„Also, so genau habe ich die Geschichte nicht mehr im Kopf, aber es könnte sein", sagte Peter, „aber mit Hase und Igel, das ist richtig."

„Was wollen wir machen?", fragte Inge, „wollen wir es trotzdem mit aufnehmen?" Alle nickten. „Klar, wir bleiben dabei, es sind Märchen", sagte Hubert. „Weil alle so denken, sind es Märchen", setzte er hinzu.

Inge machte eine einladende Handbewegung: „Das, ihr Lieben, ist die Ausbeute." Jeder suchte auf dem Boden herum.

„Die Bremer Stadtmusikanten", sagte Peter. „Die Geschichte der Vertriebenen, die ausziehen, sich zusammentun, ein paar Räuber aus ihrem Haus vertreiben, es sich dort gemütlich machen und die Räuber, als sie zurückkommen wollen, wieder vertreiben."

Er hielt den Zettel hoch. „Soll ich?", fragte er in die Runde. Die anderen nickten, Inge spannte einen Bogen Papier ein und spreizte die Finger.
„Es war einmal ...", sagte er.
Seine Tochter machte es sich auf dem Sofa gemütlich, Hubert setzte sich neben sie, Inge begann zu tippen.
Peter erzählte von vier Menschen, die alt geworden waren, aber immer noch etwas unternehmen wollten. So zogen sie gemeinsam los. Große Ansprüche hatten sie nicht, Geld auch keines. Sie müssen auch unter freiem Himmel übernachten. Auf ihrem Weg durch das Land kommen sie zu einer Firma, in der Gauner sitzen. Gemeinsam schaffen sie es, die Gauner zu vertreiben. So stehen die vier plötzlich alleine in den Verkaufsräumen. Sie beratschlagen, was sie wohl machen könnten. Der älteste von ihnen schlägt vor, den Laden einfach zu übernehmen. Eine alte Frau will die Buchhaltung machen, ein Dritter will Ordnung im Lager und beim Einkauf schaffen, der Vierte will die Kunden beraten. Es ist ein Lebensmittelladen, damit habe ich Erfahrung, sagt der Vierte. So öffnen sie wieder das Geschäft, damit die Leute einkaufen können. Die Lieferanten liefern, wie sie das immer gemacht haben. Als die Kunden merken, dass sie nicht mehr betrogen werden mit verdorbener Ware oder überhöhten Preisen, als sie merken, dass alle plötzlich nett sind in dem Laden, da kommen immer mehr Menschen zum Einkaufen."
Peter redete sich in Fahrt und Inge wurde immer schneller auf der Maschine.

Hubert lächelte. Eine nette Geschichte, dachte er.
Peter erzählte weiter.

„Eines Tages kommt einer der Gauner zurück, die Gauner wollen ihren Laden wiederhaben, mit dem sie bisher so bequem die Kunden ausgenommen haben. Wie einer der Gauner so in seinem alten Laden steht, versucht er einer alten Frau die Geldbörse zu stehlen. Das sieht die alte Frau, die die Buchhaltung macht, sie eilt zu ihm hinüber und rammt ihm ihren Kugelschreiber in den Rücken. ‚Her mit der Börse', sagt sie ‚und verschwinden Sie, machen Sie das nie wieder.' Der Gauner versucht zu verschwinden, doch hektisch wie er ist, stolpert er über die Füße des alten Mannes, der hinter einem Regal hervorgetreten ist. Er rammt sich den Kopf an einer Regalecke, eilt weiter und verschwindet durch die Tür.

Draußen bei seinen Kollegen bleibt er stehen und hält sich den Kopf. ‚Das war schrecklich, die haben einen Detektiv, der hat mich erwischt, jemand hat mir einen Revolver in den Rücken gerammt, dort war auch ein Rausschmeißer, der hat mich gegen ein Regal geworfen. Nein, ich gehe da nie wieder hin.'

Wie die anderen das hören, werden sie ganz ängstlich und verschwinden aus dem Viertel."

Triumphierend lächelte Peter die anderen an. „Wie findet Ihr das?"

Seine Tochter klatschte Beifall.

Inge zog den Bogen aus der Maschine.

Hubert sagte: „Ich weiß nicht, das ist zwar eine schöne Geschichte, aber im Original verdienen die vier kein Geld, sie bleiben da nur einfach wohnen. Das ist doch ein Unterschied."

Inge nickte: „Das stimmt."

„Aber ist das nicht völlig egal?", fragte Peter, „euch hat sie doch trotzdem gefallen, die Geschichte, nicht wahr?"

„Ja", sagte Inge, „sicher, aber eigentlich wollten wir nah am Original bleiben. Wie bei den anderen, da hat Hubert recht."

Sie seufzte. „Wir könnten es so umschreiben, dass sie die Gauner aus einem Haus vertreiben und dann dort bleiben. Ja so ginge es vielleicht." Sie blickte auf ihre Notizen.

„Aber dann ist die Geschichte langweilig. Die Geschichte lebt doch von der Vorstellung, dass alle übereinander steigen und laut schreien, was Musik sein soll, aber keine ist."

Es war Hubert, der sagte: „Könnt ihr euch wirklich vier Rentner vorstellen, wie sie sich einander auf die Schultern setzen und die Gauner glauben, es sei ein Gespenst?"

Keiner antwortete.

„Sie könnten das Haus umzingeln und ‚Halt, Polizei' rufen", schlägt Peter vor. „Oder: Überfall! Genau, es könnten Bankräuber sein und die rufen ‚Überfall!' Und die Räuber verschwinden durch die Hintertür. Das ganze Geld, das da ist, lassen sie zurück."

„Das geht", sagte Inge, „so könnte man es machen."

Das Kind schüttelte den Kopf. „Das geht nicht. Geklaut ist geklaut."

„Ach so", sagte Peter, „da hat sie recht. Die Rentner müssten das Geld zurückgeben."

Hubert seufzte: „Wir haben ein Problem, ihr Lieben."

Das war allen klar.

„Ja", sagte Inge, „es ist nicht so einfach. So tauschen wir nur eine Gruppe von Verbrechern gegen eine andere Gruppe. Räuber gegen Diebe. Das kann man auch nicht machen."

Alle waren ratlos. Es war so eine schöne Geschichte, die Peter erzählt hatte. Niemand wusste eine Alternative. Hubert starrte vor sich hin, Inge strich über die Leertaste der Schreibmaschine, als würde es helfen, diese Taste zu streicheln und die Geschichte würde von alleine in die Maschine sprudeln. Niemandem fiel etwas ein.

Wie alle so ratlos vor sich hin saßen, rutschte das Kind vom Sofa und griff die beiden Zettel, die man gestern noch aussortiert hatte: Frau Holle und Rumpelstilzchen.

„Ich habe noch eine andere Idee", sagte sie.
Die Erwachsenen sahen sie an.
Sie hielt die Zettel hoch. „Was passiert eigentlich, wenn die beiden aufeinandertreffen?", fragte sie. „Schließlich haben sie die Nacht schon gemeinsam unter dem Sofa verbracht."
Peter schüttelte den Kopf: „Das führt zu weit. Wir wollten doch nah an den Märchen bleiben."
„Nein, Peter", sagte Inge, „das stimmt nicht. Du bist nahe an den Märchen geblieben, wir haben allen gesagt, dass wir nahe an den Märchen bleiben wollen, aber vorhin haben wir gemerkt, dass einige gar keine Märchen sind, sondern Fabeln. Warum sollten wir nicht Geschichten erzählen, in denen zwei Märchengestalten aufeinander treffen. Niemand kann uns daran hindern, finde ich."

Peter schüttelte den Kopf: „Wir müssen uns einig sein, was wir wollen." Hubert breitete die Arme aus und blies die Backen auf, Inge drehte ihren Kugelschreiber in den Fingern. Alle sahen die jüngste Mitarbeiterin an. Die saß in ihrem Nachthemd auf dem Boden, sah von einem zum anderen.

„Ich brenne darauf zu erfahren, was die beiden zu bereden haben."

Inge warf ihren Kugelschreiber auf den Tisch, man konnte sie tippen hören. Sie schrieb: Es war einmal. Dann sah sie auf. „Na, dann los", sagte sie.

Es war Hubert, der begann. Rumpelstilzchen wurde zu einem reichen alten Mann, der einer Familie half, die eine kleine Firma hatte. Die hatten ihren Geldgebern Märchen erzählt, sie hätten so tolle Mitarbeiter, die wirklich gute Geschäfte machen konnten, die Gewinne würden nur so sprudeln. Es funktionierte nur nicht. Die ganze Arbeit sollte die Tochter des Ehepaares erledigen, doch schaffte sie es nicht. Wunder konnte sie keine vollbringen, egal was sie tat. Es war Rumpelstilzchen, der half, aber verlangte, dass er die neu gegründete Tochtergesellschaft übereignet bekäme, außer, die Tochter könne erraten, womit er sein Geld verdiene. Das war praktisch Erpressung. Die Tochter willigte dennoch ein, das Geschäft begann zu blühen und eines Tages stand Herr Rumpel wieder in der Tür. Die Tochter hatte ihn schon fast vergessen. Als er da stand wurde ihr heiß und kalt, die Geschäfte liefen wirklich gut und nun wollte Herr Rumpel die ganze Firma haben. So saß die Tochter da und versuchte zu raten, aber ein um den anderen Tag, Herr Rumpel kam immer abends, lag sie falsch. Er war kein Verbrecher, er war kein Fabrikbesitzer. Sie war schon ganz traurig. Der ganze Stolz der Firma würde an Herrn Rumpel gehen. Drei Abende hatten sie ausgemacht. Drei Abende würde er kommen und sie musste raten.

Herr Rumpel, der sich ein Zimmer in der Stadt genommen hatte, weil er die Abende ja zu der Tochter gehen wollte, kam bei einer Frau Holle unter. Das war eine allein stehende alte Frau. Er hätte sich gerne mit ihr unterhalten, eine nette Wirtin, aber sie war den ganzen Tag in ihrer Wohnung beschäftigt. Hier wischte sie Staub, dort putzte sie. Herr Rumpel eilte immer hinter ihr her, aber sie schien sich nicht für ihn zu interessieren. Sie verstehen sicher, sagte Frau Holle, ich muss meine Wohnung in Ordnung halten und es gibt noch so viel zu tun. Sie ließ ihn stehen, während er erzählen wollte. Sie hörte nicht auf ihn, als er in der Diele stand und seine Geschichte erzählte. Die Tochter aus der Firma aber, die ihn just an dem Tag besuchen wollte, stand unter dem Fenster, aus dem Frau Holle gerade die Betten ausschüttelte und hörte ihn reden. Er hatte, als er jung war, im Lotto gewonnen und so musste er nicht nur nicht arbeiten, nein, sein Geld vermehrte sich auch noch ... Aber Frau Holle hörte ihm nicht zu, sie hatte schon wieder die Betten hereingeholt. Man konnte sie in einem anderen Zimmer werkeln hören. Die Tochter jedoch hatte genug gehört, sie eilte nach Hause.

Als an dem Abend Herr Rumpel kam, siegessicher, da begann sie: Herr Rumpel, Sie haben sicher eine tolle Erfindung gemacht.

Herr Rumpel schüttelte den Kopf. Sie kommen nicht darauf, sagte er. Er malte sich schon aus, wie sein Geld gut angelegt wäre, denn er würde die Firma übernehmen und dann wäre er noch reicher. Er hätte eine eigene Firma, das hatte er bisher noch nicht erreicht. Er hatte Häuser und Grundstücke, aber keine eigene Firma.
Sie haben das Geld geerbt. Herr Rumpel sprang von einem Fuß auf den anderen. Sie kommen nicht drauf, sagte er. Sie können aufhören, geben Sie auf. Sie kommen nicht drauf. Raten Sie noch einmal, es ist der letzte Abend heute. Raten Sie noch einmal und dann gehört die Firma mir. So ist die Abmachung. Er sprang immer wilder im Zimmer herum. Das ist die Abmachung, sang er triumphierend.

Sie sind ein Lottogewinner, sagte die Tochter. Mitten im Sprung brach er ab, er wurde blass. Wer hat Ihnen das erzählt? Die Tochter lächelte ihn an. Wer hat Ihnen das erzählt, rief er. Er wurde immer lauter, während er rief, wer war das? Er trampelte auf dem

Boden herum, er warf sich hin und strampelte wild um sich. Wer hat Ihnen das erzählt?

Die Tochter blieb ganz ruhig. Sie haben uns aus der Patsche geholfen und wollten jetzt einen zu großen Preis dafür haben. Das hat nicht funktioniert. Herr Rumpel, es ist Ihr letzter Abend. Ich habe es Ihnen sagen können, das war die Abmachung, die sie getroffen haben. Damit ist unser Pakt beendet.

Er war blass und hielt sich an der Tischkante fest, er war wütend. Sie aber blieb fest. Ich wünsche Ihnen noch einen schönen Tag. Herr Rumpel verließ das Zimmer und wurde nie wieder gesehen."

Hubert war fertig. Er sah in die Runde. „Was haltet ihr davon?" Alle nickten. „Das war schön", sagte Inge. Es war einen Augenblick still.

„Die Geschichte ist so anders als bei den Grimms. Frau Holle ist hier eher eine Frau mit Putzwut, nicht wahr? Aber ist es nicht in dem richtigen Märchen auch schon so? Wichtig ist Frau Holle das Ausschütteln der Betten, aber man kann es ja auch übertreiben. Sonst scheint sie keine Hobbys zu haben, findet ihr nicht? Eigentlich eine komische Frau, die sich dann noch jemanden als Hilfe hereinholt. Frau Holle hatte ja im Märchen kein Hotel oder ähnliches."

„Da hatte sie recht." Es war Inge, die auf die Uhr sah. „Himmel", entfuhr es ihr. „Es ist schon halb zwölf, die vom Radio kommen gleich. Wir müssen aufräumen."

Nun kam Bewegung in die Gruppe. Alle standen auf und rafften die Zettel vom Boden zusammen, Hubert ordnete die Kissen, die auf dem Boden lagen. Inge nahm von allen die Zettel und steckte sie in eine Hülle, dann legte sie ihre Schreibmaschinenseiten zusammen und klappte den Deckel der Maschine zu.

Keinen Augenblick zu früh, denn an der Tür klingelte es. „Oh", entfuhr es ihr, „das sind sie schon." Sie fuhr sich durch das Haar. „Aber Inge, es ist Radio, nicht Fernsehen." Alle lachten und sie schenkte Hubert eine Grimasse.

„Ich mache die Tür auf", sagte sie, „Peter, wir brauchen Kaffee, Hubert, wir brauchen ein paar Kekse. Ich halte sie auf."

So waren alle Erwachsenen aus dem Zimmer geeilt, jeder mit einer Aufgabe. Das Kind war alleine im Zimmer und an das Fenster getreten. Die Straße war leer, schließlich war Feiertag, da waren, wie auch an einem Sonntag, nie viele Menschen unterwegs. Ein Mann ging mit seinem Hund die Straße entlang. Ein rotes Auto kam von rechts, sonst war niemand zu sehen. Der Wagen der Radioleute stand in der Einfahrt. Aus der Diele konnte man Stimmen hören. Sie drehte sich und sah im Zimmer umher, die Stühle standen herum. Sie zog den runden Tisch in die Raummitte und stellte die Stühle drumherum.

Dann holte sie eine Decke aus der Schublade und legte sie über den Tisch. So sah es richtig hübsch aus, fand sie. In diesem Augenblick wurde die Tür geöffnet. Sie hörte ihren Vater: „... und das ist meine Tochter." Eine Frau trat lächelnd durch die Tür. „Guten Tag, Kleines", sagte sie. „Ich bin Frau Graf." Dann drehte sie sich um: „Wollen wir das Interview hier machen? Der runde Tisch ist für die Akustik ideal." Sie sah sich im Raum um, dann sagte sie bestätigend, „Ja, hier sollten wir das Gespräch führen."

So traten alle ins Zimmer. Zwei Männer kamen herein, die einen Apparat trugen. Sie stellten ein Mikrophon auf den Tisch und verlegten eine Reihe von Kabeln auf dem Boden. Dann packten sie einige technische Geräte aus. Alles setzte sich an den Tisch, während die Männer noch auf dem Boden saßen und an den Reglern drehten. „Wie lange haben wir noch?", fragte Frau Graf. „Siebenundzwanzig Minuten und dreizehn Sekunden", sagte einer der Techniker.

„Dann bleibt uns noch genügend Zeit miteinander zu reden, nicht wahr", sagte Frau Graf und zog einen Block und einen Stift aus ihrer Handtasche. „Ich werde mir ein paar Notizen machen, wenn sie gestatten, dann habe ich ein paar Anhaltspunkte. Die Sache ist die, ich werde jetzt einfach ein paar Fragen stellen, nachher im richtigen Interview, wenn wir gesendet werden, dann werde ich die gleichen Fragen stellen, so oder zumindest so ähnlich. Das klingt dann natürlicher und wir sind alle ein wenig vorbereitet auf das, was dann kommt. Es ist dadurch weniger strapaziös für alle. Nachher beantworten Sie die Fragen aber bitte so, als würden Sie sie zum ersten Mal hören. Die Hörer an den Radiogeräten wissen ja nicht, dass ich die Antwort eigentlich schon weiß." Sie sah jeden einzelnen an. „Okay?", fragte sie bestätigend.

Alle nickten.
„So, dann komme ich zu meiner ersten Frage." Alle waren gespannt. Sie klappte ihren Block auf. „Herr äh, darf ich Peter sagen, das macht es einfacher und klingt für die Zuhörer persönlicher." Peter nickte. „Ich heiße Vera, aber das wissen Sie sicher." Er nickte. „Also Peter, erzählen Sie mir bitte, wieso sie Andersens Märchen nicht mögen." Peter sah sie an, machte eine Pause und begann den Satz mit einem Kopfschütteln.

Das Interview

„Aber nein", sagte er, „die Geschichten gefallen mir gut." Vera schien verwirrt. „Aber warum wollen Sie die Geschichten dann anders erzählen, lassen Sie doch alles, wie es ist."

Peter setzte sich auf. „Es geht um Grimms Märchen, Vera." „Oh", sagte Vera und blätterte in ihrem Block. „Mh", sagte sie, „dann habe ich hier völlig falsche Notizen. Grimm, das ist ‚Die sieben Raben' und ‚Die sechs Schwäne', nicht wahr?" Sie sah die anderen am Tisch nach Bestätigung suchend an. Aber niemand schien die Geschichten zu kennen. Während alle still da saßen, hörte man einen der Techniker sagen: „Ja, das sind Grimms Märchen, Vera." Sie schien erleichtert.

„Ach, dann kenne ich ja doch die eine oder andere Geschichte, also, ich will sagen das eine oder andere Märchen. Peter, erzählen Sie einfach mal drauflos und ich frage dann, wenn ich etwas nicht verstanden habe. Es sind Grimms Märchen, wieso können sie nach Ihrer Meinung nicht bleiben, wie sie sind?"

Peter räusperte sich und begann.

„Es war einmal." Alle lachten. Verwirrt sah er in die Runde.

„Du sollst kein Märchen erzählen", sagte Hubert, „sondern was du gemacht hast."

Während alle noch lachten, sagte Vera: „Peter, so müssen wir das Interview beginnen, es geht nur so: Es war einmal. Aber machen Sie weiter."

"Es war einmal", sagte er nachdrücklich, aber diesmal schwiegen alle, sahen ihn gespannt an und hörten zu. Auch die Techniker, die auf dem Boden zwischen den Kabeln saßen, waren mit einem Mal still und lauschten.

"Es war einmal", begann er erneut. "Vor einiger Zeit ist meine Frau mit dem Auto verunglückt. Meine Tochter saß angeschnallt auf dem Rücksitz. Ein anderes Auto hatte ihr die Vorfahrt genommen, meine Frau ist kurze Zeit danach im Krankenhaus gestorben. Meine Tochter war sehr krank, sie konnte nicht aufstehen, ein Trauma, haben die Ärzte gesagt. Sie hat eigentlich nur im Bett gelegen. Letzte Woche hat man eine neue Therapie ausprobiert und seitdem ist sie wieder auf den Beinen. Morgen soll sie sogar wieder in die Schule gehen, wir müssen einfach sehen, wie das geht."

Die Interviewerin nickte. "Dann fragen wir doch gleich, glaubst du, du hast viel aufzuholen?"
Sie schüttelte den Kopf. "Nein, meine Lehrerin war regelmäßig da und Inge hat mir auch geholfen. Das wird schon gehen, glaube ich. Inzwischen habe ich auch etwas in Mathematik gelernt, das ist richtig toll", sagte sie und alle lachten.
"Wie kamen Sie nun auf die Idee, Ihrer Tochter Grimms Märchen zu erzählen."

Peter sah die Frau an. "Ach wissen Sie, das ist doch ganz normal, dass Eltern ihren Kindern Märchen erzählen und gerade an Grimm kommt man nicht vorbei. Eines Tages sagte meine Tochter, sie hätte keine Lust mehr, Grimms Märchen zu hören, da erst habe ich sie bewusst gelesen. Aufmerksam bin ich die Geschichten, also die Märchen, durchgegangen und habe gesehen, dass es dort in jeder zweiten Geschichte Mord und Totschlag gibt. Betrug. Solche Geschichten wollte ich meiner Tochter dann doch nicht erzählen. So habe ich sie umerzählt. Ich habe daraus Geschichten gemacht, die so auch heute passieren könnten. Sie habe ich mir spät abends ausgedacht und dann am nächsten Tag erzählt. Bei einem meiner Besuche in meiner Stammkneipe habe ich mit einer Frau darüber gesprochen, die dann später eine Reportage für die Zeitung dazu geschrieben hat. Damit kam alles ins Rollen. Jetzt haben wir alle vier begonnen, die Geschichten tatsächlich aufzuschreiben und uns neue Geschichten auszudenken."

„Sie sagen immer Geschichten, nicht Märchen", stellte Vera fest.

Hier schaltete sich Inge ein. „Das ist so eine Sache, wir haben gestern gemerkt, dass einige der Märchen in Wirklichkeit Fabeln sind, aber man spricht immer von Märchen, nicht von Fabeln. Wenn man die Geschichten nun erzählt, als wären sie gestern geschehen, sind es doch eigentlich Geschichten und keine Märchen. Bei dem, was wir jetzt aufschreiben, geschehen keine Wunder, keine Tiere sprechen oder ähnliches, es sind einfache Geschichten, die da erzählt werden. Wir haben jetzt auch begonnen in unseren Geschichten zuzulassen, dass ursprüngliche Märchencharaktere aufeinander treffen. So haben wir eine Geschichte geschrieben, in der Frau Holle und das Rumpelstilzchen einander begegnen. Das wirft ein völlig neues Licht auf diese Frau Holle. Im Original ist sie eher sympathisch, bei uns, nachdem wir festgestellt haben, dass sie eigentlich einen Putzfimmel hat, kommt sie nicht so gut weg. Sie scheint sich nicht um ihre Umwelt zu kümmern."

Vera hielt ihren Finger hoch: „Das ist doch, was in dem Artikel stand, dass sie Frau Holle als eine Kapitalistin beschreiben, die um des Profites willen die Welt mit ihren Federn eindeckt. Grimms schreiben da, dass sie das macht, damit es überall in der Welt schneit."

Peter schlug mit der Hand auf den Tisch. „Das war diese Frau von der Zeitung, die hat mich da hineindiskutiert. Also, sie hat mir das in den Mund gelegt. Es ist ja auch rücksichtslos von Frau Holle mit dem Schmutz aus ihren Betten die Welt zu bestreuen, auch wenn es im Märchen etwas so Schönes wie Schnee ist. Jetzt, da wir die Geschichten aufschreiben, kommt Frau Holle vielleicht nicht besser weg, aber sie kommt anders weg."

Vera sah ihn tief an. „Stimmt, irgendwie kann man an Frau Holle nicht so richtig gute Charakterzüge erkennen. Okay, sie belohnt Fleiß und sie schüttet Pech aus über die, die faul sind. Das sind ja gute Prinzipien, aber ansonsten weiß man nichts von ihr, außer dem, wie haben Sie gesagt, Putzfimmel. Ich merke schon, auch bei mir beginnt es damit, dass ich die Märchen in einem neuen Licht betrachte. Man kann ganz andere Dinge sehen oder hinein interpretieren. Was meinen Sie dazu, Sie haben noch gar nichts gesagt", ergänzte sie und schaute Hubert an.
„Ja, wissen Sie, Geschichten sind doch das, was man daraus macht. Die Märchen haben wir alle immer wieder erzählt oder erzählt bekommen, wir haben gar nicht mehr darauf geachtet, was da wirklich passiert. Wir haben Frau Holle am Fenster gesehen, aber gar nicht mehr die Person, sondern nur noch die Bewegung, diese Aktion, dabei hätten wir genauer hinschauen sollen. Ich persönlich finde ja, dass wir immer genauer hinschauen sollten. Es bringt nichts, wenn wir Dinge nachplappern, die wir gehört haben, wir sollten uns ein eigenes Bild machen. Wissen Sie, was mich geärgert hat? Da gab es diese Reportage und danach druckten sie Leserbriefe. Da schreibt jemand Grimms Märchen um, jemand will sie abschaffen. Mich hat geärgert, dass kein Wort davon stimmte, kein Wort war zu der Zeit geschrieben. Niemand wollte oder will die

Märchen abschaffen, es sollte nur eine Alternative her. Niemand würde ja die Bibel abschaffen wollen, nur weil es dort auch so brutal zugeht."

Vera fiel ein: „Da war der, der sein Kind auf dem Altar opfern wollte. Ja, ich verstehe, was sie meinen. Wir haben uns nur daran gewöhnt." Vera hatte eine Idee. „Ach, sagen Sie, können Sie abschließend eine ihrer Geschichten vorlesen, geht das? Damit sich die Hörer ein Bild machen können?"

„Ja", sagte Inge, „natürlich. Wollen wir gleich die Geschichte von Frau Holle und Rumpelstilzchen nehmen?"

Vera dachte kurz nach. „Ich glaube fast, das überfordert die Menschen, weil es das Bild von Frau Holle zu stark revidiert. Haben Sie nichts Einfacheres?" Inge sah in die Runde. „Doch", meinte sie, „da ist die Geschichte von den Bremer Stadtmusikanten. Das sind bei uns vier Rentner, die ein paar Gauner aus einem Lebensmittelladen vertreiben und dann diesen Laden übernehmen." Vera nickte: „Eine nette Idee, aber das ist doch eigentlich auch ein Verbrechen. Verbrechern etwas zu stehlen oder zu rauben ist auch wiederum ein Verbrechen, wissen Sie. Wie passt das mit ihrem Ziel zusammen: Kein Mord und Totschlag in Ihren Geschichten?"

„Ich habe ja nicht gesagt, dass es in meinen Geschichten, also in unseren Geschichten, gewaltfrei zugehen soll oder alles nach dem Strafgesetzbuch straffrei bleibt. Also nicht ganz ohne Verbrechen, aber es geht ohne Wunder ab und man soll sich mit den Geschichten identifizieren können. Man soll sie verstehen können."

„Also eher so ein Mittelding", sagte Vera, „nicht mehr ganz so brutal und voller Verbrechen, aber auch nicht so völlig jugendfrei."

„Was meinen Sie damit?" Peter schien nicht zu verstehen. „Die Märchen der Gebrüder Grimm sind schließlich trotz aller Brutalität jugendfrei."

Vera fasste etwas verwirrt zusammen:" Ja, ich verstehe. Das ist der Punkt, ja, ich glaube, ich hab' verstanden. Ja." Sie nickte. „Wir haben uns bei Grimm daran gewöhnt und da ist es okay, und hier verurteilen wir es, hier kann es nicht steril genug sein. Aber ich denke, Ihnen ist die Message wichtig, dabei."

Inge fragte: „Die was ist wichtig?"

„Die Message, also wie soll ich sagen ...", Vera sah hilflos an die Decke. Es war Hubert, der einsprang. „Das ist wie mit Grimm, jeder benutzt die englischen Worte und kann sie nicht erklären, dafür gibt es im Deutschen so schöne dafür. Sagen Sie doch einfach: Botschaft."

„Ja", sagte Vera kleinlaut, „das ist richtig. Botschaft, das wollte ich ja auch sagen."

Peter führte das Gespräch fort. „Ja, die Botschaft ist wichtig. Mein Kind sollte sich das vorstellen können. Ich wollte nicht in erster Linie erziehen, ich wollte gut unterhalten. Ich respektiere die Geschichten von Grimm, sie sind wichtiges Kulturgut, aber die Geschichte geht weiter, es gibt neue Aspekte, über die man sprechen muss."

Vera machte sich Notizen, dann sah sie Hubert an: „Was haben Sie in dieser Familie für eine Rolle? Sind Sie der Onkel?"

„Nein" sagte Hubert, dann verbesserte er sich: „Doch ja!" Er begann zu erzählen, wie es der Firma schlecht gegangen war und wie sie das Büro hierher verlegt hatten. Jetzt waren sie wie eine kleine Familie. Inge würde zwar irgendwann wieder ihrer Wege gehen, doch dann wäre das Kind trotzdem nicht alleine. Jetzt, wo die Mutter fehle.

Vera machte sich weiter Notizen.

„Wie würden Sie ihre Erziehungsmethode beschreiben?"

Peter sah sie verständnislos an. „Wie beschreibt man die?"

„Ja", Vera wedelte mit der Hand, „also antiautoritär oder so."

Peter schüttelte den Kopf. „Da kenne ich mich nicht aus, was ich meiner Tochter beibringen möchte ist Disziplin, Liebe und Respekt. Respekt vor anderen und Respekt vor dem Besitz anderer. Disziplin, damit aus ihr etwas wird in der Schule und sie ihre Ziele, die sie hat oder mal haben wird, erreichen kann und erreicht. Liebe, weil es einfach das Wichtigste ist. Das Kind soll wissen, dass es geliebt wird, dass ich immer für sie da sein werde, egal was kommt."

„Das haben sie sehr schön gesagt. Das sagen zwar viele Eltern, aber wenn ich mich hier umschaue, dann sehe ich hier so viel Liebe", sie seufzte, „schade, dass das im Radio nicht ganz so toll herüberkommen wird. Aber sie sollten den Satz nachher genauso sagen. Ich glaube, ich habe jetzt genug Notizen gemacht. Wenn wir nachher live sind, bleiben Sie ruhig so locker wie jetzt. Es passiert nichts, wenn Sie sich versprechen, das macht gar nichts. Wir haben Zehn-Minuten-Blöcke und dazwischen gibt es Musik. Dann können wir uns zwischendurch noch einmal kurz unterhalten. Und wie gesagt, kein Grund zur Aufregung. Okay?" Sie sah in die Runde. Alle nickten. „Wir haben jetzt noch sieben Minuten, ich würde sagen, jeder vertritt sich noch etwas die Beine. Damit stand sie auf und fragte Peter, wo sie sich hier etwas frisch machen könne. Peter zeigt ihr den Weg. Hubert stand auf und trat an das Fenster. Inge ging in die Küche, um Kaffee aufzusetzen.

So saß das Kind alleine an dem Tisch, die Techniker standen draußen vor dem Fenster und rauchten, man konnte ihre Stimmen hören. Sie war nicht aufgeregt. Dann dachte sie daran, dass vielleicht die anderen aus der Schule diese Sendung hören würden. Da war sie dann doch aufgeregt. So saß sie auf ihrem Stuhl, schwenkte die Beine, sie hatte ihre Hände unter sie geschoben, ihr war kalt geworden. Die Erwachsenen setzten sich wieder an den Tisch. Vera begann ihre Ansage zu machen. Sie ging die Themen durch, wie sie sie vorher abgestimmt hatten. Manchmal war eine Pause, dann sprachen Sie miteinander. Einmal tranken sie einen Kaffee. „Wir müssen die Tassen aber wieder vom Tisch nehmen, das gibt ganz merkwürdige Geräusche im Radio, wenn da Porzellan auf Porzellan trifft." So stellten sie die Tassen für zehn Minuten auf die Fensterbank. Die Techniker saßen in ihrer Ecke mit den Kopfhörern auf und lauschten dem Gespräch am Tisch.

Sie waren alle sehr locker und das Gespräch war wirklich angenehm. „Das gefällt mir viel besser als das Fernseh-Interview", sagte Inge in einer Pause und alle stimmten zu. Vera lächelte dankbar in die Runde: „Sie machen mir das aber auch alle sehr einfach." So hätte das Gespräch noch ewig weiter gehen können, als Vera plötzlich sagte: „Ihr Lieben, das ist unsere letzte Pause, jetzt noch fünf Minuten und dann ist schon alles vorbei."

Inge stand auf. „Ich hole noch mal neue Tassen, der Kaffee ist sicher kalt."

„Ach, bemühen Sie sich nicht", sagte Vera, „wir kommen mit in die Küche." So waren die Erwachsenen aufgestanden und in die Küche gegangen.

Sie war alleine im Zimmer wie vorhin, die Techniker waren wieder hinaus gegangen an die frische Luft. Sie sah aus dem Fenster, doch was war das? Draußen auf der Straße standen Menschen. Der gegenüberliegende Bürgersteig war voll von Menschen. Sie zuckte zurück. Die Menschen schauten hier herauf. Vorsichtig näherte sie sich wieder der Gardine. Wirklich, die Menschen standen auf dieser Seite des Bürgersteiges und auf der anderen Seite. Es war so voll, dass einige auf die Straße getreten waren. Ein paar Autos fuhren hupend zwischen den Menschen durch. Die Menschen sahen zu ihr hoch, einige standen in Gruppen beisammen und unterhielten sich. Irgendwo hielt jemand ein Transistorradio hoch. Was mochten diese Menschen wollen? Was gab es Besonderes? Sie schob die Gardine ein wenig zur Seite. Aber nichts rührte sich. Dann schob sie die Gardine ein wenig weiter zur Seite und angelte nach dem Fenstergriff, um das Fenster zu kippen. Sie war kaum fertig, da konnte sie durch das gekippte Fenster hören, wie jemand rief: „Seht, da wird ein Fenster aufgemacht." Sie zog die Hand hastig zurück und ließ die Gardine zurückfallen. Sie konnte sehen, wie die Menschen zu ihr hoch sahen. Die waren hier, weil das Radio hier war. Darum hielt auch jemand das Transistorradio hoch. Die Leute standen draußen, hörten Radio und guckten das Haus an. Wie sie so hinter der Gardine stand und die Leute ansah, die das Haus ansahen, fühlte sie einen Kloß im Hals. So viele Menschen. Aber sie war neugierig und sah weiter aus dem Fenster. Jetzt konnte sie auch hören, was die Menschen sprachen.

„Das arme Kind", sagte jemand.
„Völlig vernachlässigt, so was sollte man melden", sagte eine andere Stimme.
„Es ist ein Skandal, Grimms Märchen so zu misshandeln. Wahrscheinlich misshandelt er auch sein Kind."
Den Rest konnte sie nicht verstehen.
„Keine Frau im Haus", hörte sie, als sie sich wieder anstrengte zu lauschen.

„Man sollte ihm das Kind wegnehmen. Es ist doch keine Art, sein Kind alleine zu lassen und ihm dann am Abend solche Geschichten zu erzählen, da kann das Kind sicher nicht schlafen."

„Doch", entfuhr es ihr, sie hielt sich den Mund zu. Wahrscheinlich konnten die Menschen draußen sie genauso hören, wie sie sie hörte.

„Was war das?", fragte die Stimme, die gesagt hatte, man solle ihm das Kind wegnehmen.

Aber das war gemein, was die sagten, so schob das Kind die Gardine zurück, da konnte sie die Menschen sehen und die konnten sie sehen. Sie stellte die Tassen auf den Boden, dann schob sie einen Stuhl ans Fenster, sie machte das Fenster auf und stellte sich auf die Fensterbank.

Eine Frau schrie: „Sie wird herunterfallen, holt das Kind da weg." Eine Männerstimme beruhigte sie, das sei doch kein Kleinkind mehr, da passiere schon nichts, außerdem sei das Hochparterre.

„Mein Papa ist ein ganz lieber Papa, ich will nicht weg von ihm und auch nicht von Inge und von Hubert!" Wie sie da oben stand, suchte sie die Leute, die das gesagt hatten, aber es blieb stumm, niemand widersprach ihr. Alle sahen nur gebannt das Kind an, das da auf der Fensterbank stand in seinem Nachthemd. Es hatte ja noch sein Nachthemd an.

„Das ist doch Verwahrlosung, man sollte ihm das Kind wegnehmen. Noch im Nachthemd um diese Zeit, mit dem Radio im Haus. Was sind das bloß für Menschen."

Da atmete sie tief durch und rief: „Wer war das, wer hat das gesagt?" Eine Frau trat vor.

„Ich sage das und du bist ein Kind."

„Klar bin ich ein Kind, ich hatte noch keine Zeit mich zu waschen oder umzuziehen, bei uns ist das Radio zu Besuch, es ist alles ein wenig durcheinander gekommen. Oder kommt bei Ihnen jeden Tag das Radio zu Besuch. Bei uns nicht. Wir sind alle sehr aufgeregt, wissen Sie. Gibt es nicht auch bei Ihnen Tage, an denen Sie den ganzen Tag im Nachthemd herumlaufen?"

„Aber nicht, wenn Besuch da ist, dann ziehe ich mich ordentlich an und wasche mich. Ich bleibe dann nicht im Nachthemd. Außerdem stelle ich mich dann nicht so ins Fenster."

„Ich stehe hier nur, weil jemand böse Dinge über meinen Vater gesagt hat. Und das ist gemein. Ich hab ihn lieb und er hat mich lieb."

Aber die Frau fiel ihr ins Wort: „Man erzählt einem Kind nicht solche Geschichten mit Rentnern, die Lebensmittelläden überfallen und so."

Sie war wütend, wie sie da oben auf der Fensterbank stand. Sie stampfte mit dem Fuß auf. „Sie haben die Geschichte vorhin gar nicht verstanden."

„Oh doch", sagte die Frau, „da waren vier Rentner, die ein paar Gauner über's Ohr gehauen haben. Das habe ich sehr wohl verstanden."

Das Kind stampfte wieder wütend auf. „Was erzählen Sie denn ihren Kindern?"

Die Frau war verblüfft, dass dieses kleine Mädchen ihr widersprach.

„Ich habe keine Kinder", sagte sie.
Jemand lachte laut und sagte: „... und da maßen Sie sich an, Urteile abzugeben. Schaffen Sie sich selber Kinder an, dann wissen Sie, um was es geht."
Nun wurde die Frau rot.

Die Stimme sprach weiter. „Wenn Sie Kinder haben, dann laufen die tagsüber im Nachthemd herum, steigen auf Fensterbänke und auf Bäume. Das kommt vor." Der Mann, zu dem die Stimme gehörte, trat vor. Er hatte einen Hund an der Leine. „Wissen Sie", sagte er zu der Frau, „heute bin ich Opa. Meine Tochter war eher still, die wäre nie auf die Fensterbank gestiegen und hätte sich mit einer fremden Frau angelegt. Ich finde das sehr mutig!" Er rief zu ihr hinauf und winkte.

Jemand klatschte.

Immer mehr Menschen klatschten.
Die Frau war rot geworden und verschwunden.
Der Mann mit dem Hund rief zu ihr hoch: „Hast du noch eine Geschichte, die du hier erzählen könntest?"

Sie zitterte etwas, da war wieder dieser Kloß im Hals, sie hielt sich am Fensterrahmen fest. „Also, ich weiß nicht", sagte sie, „also lassen Sie mich mal nachdenken." Sie sah herum und suchte nach einer Geschichte. Dann dachte sie an Inge und wie die Zettel auf dem Boden herumgelegen hatten. Sie brauchte sich nur vorzustellen, wie sie eine der Geschichten aufhob, der Rest würde sich von selbst finden.

„Es war einmal", sagte sie.

Es war ganz still geworden, die Straße war jetzt voll von Menschen, es fuhren auch keine Autos mehr vorbei, die Autofahrer waren ausgestiegen und hatten ihre Autos stehen lassen. Einige Zuschauer waren auf die Mauer gestiegen, um besser sehen zu können. Irgendwo zischte jemand, die anderen sollten leise sein. Da erschien es vor ihren Augen:

Der Fischer und seine Frau.

„Es war einmal", begann sie wieder. Sie bemerkte gar nicht, dass hinter ihr die Tür aufgegangen war, es waren die Erwachsenen, die aus der Küche kamen. Peter wollte etwas rufen, aber Inge legte ihm die Hand auf den Mund. Ganz leise traten Vera und Hubert ein. So standen die Erwachsenen im Zimmer, während das Kind auf der Fensterbank stand. Vera ging auf Zehenspitzen aus dem Zimmer und suchte ihre Techniker. Sie fand sie nicht in der Diele, so ging sie hinaus vor die Tür und um die Ecke. Die Menschen standen dicht an dicht vor dem Haus. Da sah sie ihre Techniker. Die hatten vor dem Fenster gestanden, als es aufgemacht wurde. Beide machten Vera Zeichen, doch sie verstand erst nicht. Dann nickte sie bestätigend. Man war auf Sendung, die ganze Zeit lang hatten die Techniker ihr Mikrofon ausgerichtet, alles wurde im Radio übertragen, alles, was sie zu der Frau gesagt hatte. Und nun, wie sie da so stand, kam Wind auf, der ihr ins Haar blies und ihr Hemd bewegte. Aber das störte sie gar nicht, sie merkte es fast nicht.

„Da war ein Arbeitsloser gewesen, der hatte einem reichen Mann geholfen, als der einmal in einer dummen Lage war. Als Belohnung versprach der reiche Mann dem Arbeitslosen eine neue Arbeit. Da freute sich der Mann und ging nach Hause zu seiner Frau.

Stell' dir vor, ich habe eine neue Arbeit und verdiene wieder Geld. Er erzählte die ganze Geschichte. Du bist blöd, sagte die Frau, gleich morgen gehst du hin und verlangst mehr Geld. Wenn er dir schon einen neuen Job gibt, dann solltest du auch mehr Geld bekommen. Also ging er am nächsten Tag zu dem reichen Mann, der die Fabrik leitete, und fragte nach mehr Geld. Der reiche Mann hatte nach einem Tag schon gemerkt, dass der Mann fleißig war. Da sagte er, ich mache dich zum Abteilungsleiter, dann verdienst du auch mehr Geld. Da war der Mann froh.

Abends erzählte er seiner Frau davon. Die sagte, du bist doch blöd, du hättest auch gleich nach einem Auto und einem Haus fragen sollen, damit wir standesgemäß wohnen können. Am nächsten Morgen redete sie wieder auf ihn ein. So ging der Mann wieder zu dem Fabrikleiter und sagte, meine Frau ist nicht zufrieden, sie will auch ein Haus und ein Auto haben, wo ich doch nun Abteilungsleiter bin. Gut, sagte der Chef, es ist eines der Häuser frei, die zu der Fabrik gehören, das könnt ihr haben und ein Auto ist auch dabei. Da war der Mann sehr glücklich und bedankte sich.

Daheim angekommen machte ihm seine Frau Vorwürfe. Jetzt, wo wir das neue Haus haben, brauchen wir auch mehr Geld, weil wir doch große Feiern machen müssen und wir werden viele Freunde haben. Morgen gehst du wieder hin und fragst nach noch mehr Geld. Und wir brauchen auch ein größeres Haus. Als der Mann am nächsten Tag in das Büro des Chefs trat, fragte der nur noch: Okay, was will sie dieses Mal haben? Er bekam eine Villa und auch mehr Geld.

Als er nach Hause in die neue Villa kam, seine Frau war schon eingezogen, da stand sie und sagte, morgen gehst du hin und verlangst, dass du die Firma leitest, jetzt wo wir solch eine Villa haben und du so viel Geld verdienst. Da musst du auch eine Fabrik haben, damit unsere neuen Freunde staunen.

Als er das am nächsten Tag seinem Chef sagte, sagte dieser, weißt du, du bist mir zwar sympathisch, aber ich bin hier der Chef und ich glaube, das möchte ich auch bleiben. Ich muss dich leider wieder entlassen. Du bist mir zu teuer. Eine Villa, ein großes Auto, dein Gehalt, das kann ich mit der Fabrik nicht erwirtschaften.

Da ging der Mann traurig nach Hause. Seine Frau stand mit allen Sachen vor der Tür, man hatte sie schon aus der Villa gewiesen. Nun hatten sie wieder kein Einkommen, aber dafür war auch die Wohnung weg, weil die Frau sie gleich beim Einzug in das Haus gekündigt hatte. So zogen sie mit ihren Sachen von dannen. Man hat nie wieder von ihnen gehört, sie müssen weit weg gezogen sein."

Alle hatten aufmerksam zugehört. Jetzt, als sie fertig war, begannen die ersten Menschen zu klatschen, immer mehr klatschten. Sie winkte zu den Menschen hinunter. Peter trat hinter sein Kind und umfasst es von hinten. Sie schlang ihre Arme um ihn und gab ihm einen Kuss auf die Wange. Dann stellte er sie wieder auf die Fensterbank und trat etwas zurück. Es war Vera, die jetzt herantrat, sich aus dem Fenster lehnte und sich von den Technikern das Mikrophon geben ließ. Sie sprach hinein, die Menschen draußen klatschten heftig. Das Kind strahlte über beide Wangen.

Inge legte ihre Hand in Peters. „Was hat Hubert vorhin gesagt? Es ist alles wie in einer kleinen Familie", sagte sie ganz leise. Er drückte als Antwort ihre Hand und sah ihr tief in die Augen. „Meinst du?" Sie nickte, da legte er seinen Arm um ihre Schulter.

Was weiter geschah

Inge und ihr Vater haben später doch nicht geheiratet.

Am nächsten Tag ist sie in die Schule gegangen, alle haben natürlich gefragt und sie hat die Geschichte vom Vortag noch einmal vortragen müssen. Wieder klatschen alle vor Begeisterung. „Und die Geschichte hast du dir selbst ausgedacht?" Sie nickte. „Jetzt, da ich weiß, wie man das macht, ist es ganz einfach, nicht wahr?" „Wenn du meinst", hatte ihre Lehrerin gesagt und weiter geklatscht.

Peters Stammkneipe wurde später umbenannt in ‚Grimms Gasthaus', aber das passierte alles zu einer Zeit, als Peter dort schon nicht mehr hinging. Es wurde außen an der Kneipe ein Schild angebracht: ‚Hier entstanden die ‚Neuen Geschichten zu Grimms Märchen'.

Sie haben dann zu viert die Geschichten wirklich aufgeschrieben und ein Buch herausgebracht. Niemand hat mehr darüber gesprochen, dass man damit Grimms Märchen entweihen würde. Die Journalistin hat sich später entschuldigt, dass sie den Artikel geschrieben hatte, Peter hat ihr verziehen. Das Fernseh-Interview wurde nie gesendet, den Mann vom Fernsehen, der zum Interview zu Besuch war, hatte man entlassen, er arbeitet heute in einem Laden für Tapezierbedarf.

Aber das wussten sie alles noch nicht, an diesem Tag, an dem sie auf der Fensterbank gestanden hatte. Das Bild war später auf der ersten Seite in der Zeitung erschienen. Es war ein Bild, als ihr gerade der Wind in die Haare und in das Hemd geblasen hatte. Ein Bild wie bei Sterntaler, hatte jemand darunter geschrieben. Sie war mächtig stolz, als sie es am nächsten Tag sah.

Als ihr Vater sie von der Fensterbank heruntergehoben hatte, war Vera gekommen, war in die Knie gegangen und hatte gesagt: „Weißt du was, das war eine richtig tolle Geschichte. Aber weißt du, ich bin untröstlich, ich kenne deinen Namen nicht. Ich habe ganz vergessen zu fragen und niemand hat ihn mir genannt. Sei mir nicht böse, aber wie heißt du?"

Sie war ganz dicht an Veras Ohr gegangen und hatte ihren Namen gesagt: „Ich heiße Nina." Sie lächelte und Vera schloss sich an.

Ende

Das Buch ist entstanden zwischen Juli und November 2005. Es wurde in Frankfurt, in Hamburg und auf Sylt geschrieben. Es wurde in deutsch verfasst und später in die neue Schreibweise des Deutschen übertragen. Damit soll es jungen Lesern einfacherer gemacht werden, es zu lesen.
Der Arbeitstitel war: „Mit Ingrimm".

Holger Beirant ist nur ein Anagramm.
Er ist aus einem Irrtum heraus entstanden:
Der Autor hatte jemanden kennen gelernt. Man schrieb sich Mails. Der Vorname stimmte, die Email-Adresse auch. Nur wurde immer der falsche Nachname in der An-Zeile mitgeliefert. Aber man ließ es so.

In diese Zeit fällt auch der Entschluss, aus vielen Geschichten im Kopf eine lange Geschichte auf dem Papier zu machen. Es wurde darüber viel gemailt und telefoniert. Der Gesprächspartner starb, das Gegenüber, ein Mensch, der ansporne, der neugierig war, der lobte, dieser Mensch fehlte von einem Tag auf den anderen.
Erst auf einer Feier zu Ehren des zu früh Verstorbenen, an seinem einjährigen Todestag, keimte der Entschluss auf, doch ein Buch zu schreiben. So entstand es: Das Buch vom Erzählen.

Keine der Personen gibt es in Wirklichkeit, es gibt das Haus nicht, keine Nina, keine Inge, keinen Peter, keinen Hubert. Es wäre reiner Zufall, wenn sich jemand erkennen würde, es war nicht beabsichtigt, wahre Menschen die Geschichte erleben zu lassen.

Der Autor lebt in Frankfurt, er kann von seinem Wohnzimmerfenster aus zwar die Bürotürme sehen, aber nicht sein eigenes Büro.

Danksagung

Danke an meine Eltern
für alles

Danke an Holmer für
‚Schreib's auf'

Danke an Gerald.
Du fehlst sehr.

Danke an Stephan für
die Geduld

Danke an Sylvie für
die Hilfe

Danke an Eva für
das Lektorat

und Danke an alle anderen,
die geholfen haben, damit Du
dieses Buch in dieser Form
in der Hand haben kannst.